基礎から学ぶ入門地方自治法
増補

松村 享
元四日市市会計管理者
名古屋学院大学法学部教授

ぎょうせい

はじめに

地方自治法は、昭和22年５月３日に日本国憲法とともに施行され、平成29年に70年の節目を迎えました。

地方自治法は、施行以来、地方自治の変革、進展とともに、時代の要請に応じてさまざまな改正がなされてきました。特に平成12年４月には、いわゆる地方分権一括法により大幅に改正され、国と地方の役割分担の明確化、機関委任事務制度の廃止、国の関与のルール化等が図られました。これにより、地方分権が大きく進展し、各地方公共団体が自主的、自律的な行政運営を行うことが可能となりました。その後も数次にわたる地方分権一括法が施行され、権限移譲をはじめとするさまざまな形で地方分権が進められています。

地方自治法の改正によって地方分権は大きく進展しました。しかし、いまだに地方自治法の規律密度は非常に高く、地方公共団体の行政手続の細部にわたって規定しています。このことが地方公共団体の自立性を阻害していることも否定できません。

今後、地方公共団体がさらに自主自立のまちづくりを進めるためには、地方公共団体の職員のみならず住民のみなさんが、地方自治法を十分に理解し、法の枠組みの中で独自の政策を立案していくことが求められるのです。

いうまでもなく地方自治法は、地方公共団体の行政運営の基本となる法律です。地方自治法を理解することなく真の地方自治の実現はできないといっても過言ではないのです。

本書の最大の特徴は、私が地方公共団体で20年以上にわたって法務を担当するなかで得た経験を踏まえて、実務家の視点から、そして研究者としての視点も踏まえて、実務家である地方公共団体の職員のために、実務上必要な知識、役立つ知識に重点をおいて地方自治法を解説した点です。また、実務という視点から判例の解説にも重点を置きました。地方公共団体におけるさまざまな法的課題や紛争は、最終的には訴訟において判断されることになります。地方公共団体の行政運営が、違憲、違法として、訴訟において否定されることは避けなければなりません。そのために、各章ごとに「判例から学ぶ」として、各章にかかわりのある判例を取り上げ、判例を通じて、具体的事例をイメージしながら、各章の理解を深めることとしています。

本書は、私の地方公務員としての経験の集大成として執筆したものです。地方公務員、そして地方自治法を学ぶすべての人にとって本書が学習の一助となり、真の地方自治が進展することを心から願っています。

平成30年４月

松村　享

contents

第５章　住民の自治権

凡　例

本書では、法令等を以下の略称として解説しました。

〔法令〕

・地方自治法　⇒法（カッコ内のみ。本文は、原則フルネームとした）
・地方自治法施行令　⇒施行令（カッコ内のみ。本文は、原則フルネームとした）
・日本国憲法　⇒　憲法
・地方教育行政の組織及び運営に関する法律　⇒　地教行法
・地方公共団体の財政の健全化に関する法律　⇒　財政健全化法
・地方公営企業法　⇒　地公企法
・地方独立行政法人法　⇒　地方独法法

〔判例誌等〕

・最高裁判所民事判例集　⇒　民集
・最高裁判所刑事判例集　⇒　刑集
・最高裁判所裁判集民事　⇒　集民
・判例時報　⇒　判時
・判例タイムズ　⇒　判タ
・判例地方自治　⇒　判例自治

〔裁判所〕

・最高裁判所　⇒最高裁（カッコ内は、最）
・○○高等裁判所　⇒○○高裁（カッコ内は、○○高）
・○○地方裁判所　⇒○○地裁（カッコ内は、○○地）

地方制度の基礎

地方自治法は、地方制度の歴史、地方自治権の根拠、地方自治の本旨などさまざまな歴史や理論に基づいて制定されています。

地方自治法の学習に当たっては、単に条文のみならずその背景となる歴史や理論を踏まえることで、条文の奥に込められている真の意味を理解することができます。

第1節

地方制度の歴史

この節では、地方自治制度の歴史を学びます。今日の地方公共団体は、地方の総合的政策主体として位置づけられ、国と対等な関係であることが明言されていますが、かつては中央集権的・官治主義的な性格を強く有し地方自治といえるような状況にはありませんでした。こうした地方自治の変遷を理解することが地方自治法の理解に役立ちます。

地方制度はさまざまな変遷を経て今日のような形になっています。歴史的には大きく分けると、3つの時期に区分することができます。

まず、第1期は、明治憲法が制定される前年の明治21年に、市制町村制（明治21年法律第1号）が制定されたことに始まります。市制町村制においては、市町村会（議会）の公選制は認められていたものの、一定以上の納税義務（国税年間2円以上）を果たす男子のみに認められた制限選挙でした。さらに明治23年には、府県制（明治23年法律第35号）と郡制（明治23年法律第36号）が制定され、市制町村制は「府県制」「郡制」に改められました。この府県制・郡制も、中央集権的、官治主義的な性格を強く有していました。府県及び郡の行政は、官選による府県知事と郡長の下にあり、その府県知事と郡長は内務大臣の監督下にありました。そのため、地方自治といえるような状況にはありませんでした。

このような中央集権的な制度の背景には、急激な西欧化に向けて全国を牽引するために中央集権制度を必要としたこと、あるいは高まっていた自由民権運動の波及を抑えるために、中央政府が地方をコントロールしようとする狙いなどがありました。

第2期は、現行憲法が制定された第二次世界大戦後です。現行の日本国憲法（以下「憲法」といいます。）は、第8章に「地方自治」を規定し、地方自治の保障を明らかにしています。国民主権の下、知事・市町村長、議員は、直接公選となり、地方議会は地方公共団体の長と対等になるよう権限が強化されました。しかし、憲法とともに制定された地方自治法において機関委任事務が規定され、国の包括的な指揮命令を認めることとされていました。このため、中央集権的色彩は強く残されることとなりました。

第３期は、地方分権改革の時代です。平成７年の地方分権推進法の制定に始まり、数次にわたる地方分権推進委員会勧告、そして勧告を受けての地方分権推進計画の策定、さらに、それに基づいてなされた地方自治法の大改正という一連の分権改革の流れがありました。最終的に平成12年にいわゆる「地方分権一括法」が施行され大幅な地方分権改革が実施されました。

これにより、前述の機関委任事務制度は廃止されることになり、地方制度において残されていた中央集権的残滓がほぼ一掃されたということができます。その際に、地方自治法の改正により地方公共団体は、地方の総合的政策主体として位置づけられ、国と対等な関係であることが明言されました。今日では、中央政府に対して地方政府と呼ばれることも多くなっています。

Point　地方制度の変遷

１　第１期

明治21年、市制町村制の制定。

明治23年、府県制と郡制の制定。府県及び郡の行政は、官選による府県知事と郡長の下にあり、その府県知事と郡長は内務大臣の監督下にあるなど中央集権的な体制であった。

２　第２期

第二次世界大戦後施行された日本国憲法では第８章に「地方自治」を規定し、地方自治の保障を明文で規定。ただし、地方自治法では、機関委任事務が規定されているなど中央集権的色彩は強く残されていた。

３　第３期

平成７年の地方分権推進法の制定に始まる地方分権改革の時代。最終的に平成12年にいわゆる「地方分権一括法」が施行され大幅な地方分権改革が実施された。これにより、中央集権的残滓がほぼ一掃された。

第2節

地方自治とは

この節では、憲法において地方自治権が保障される根拠と、地方自治制度が果たす役割を学びます。特に近年進展している地方分権の考え方を理解するために、その基礎的な知識として地方自治権の理解を深めることが重要です。

1 憲法92条と地方自治の本旨

憲法92条は「地方公共団体の組織及び運営に関する事項は、地方自治の本旨に基いて、法律でこれを定める」と規定しています。ここでは「地方公共団体の組織及び運営に関する事項」について、二つの重要な内容を定めています。

まず、地方公共団体の組織及び運営に関する事項は「地方自治の本旨」に基づいていなければならないとしています。もう一点、地方公共団体の組織及び運営に関する事項は「法律」で定めなければならないと規定しています。つまり、地方公共団体の組織及び運営については、「地方自治の本旨」に反することなく、住民の代表である国会によって民主的に「法律」で定めることが求められているのです。

憲法92条の2つのポイント

地方公共団体の組織及び運営に関する事項は
① 地方自治の本旨に基づき ＝ 地方自治の本旨に反する内容は許されない。
② 法律で定める ＝ 住民の代表である国会によって民主的に定めなければならない。

このように憲法は、地方公共団体の組織及び運営は「地方自治の本旨」に基づかなければならないとしていますが、そもそも「地方自治の本旨」とは何かということを明らかにする必要があります。

「地方自治の本旨」については、二つの要素から成り立っているものと考えられています。一つは、「団体自治」といわれるもので、一定の地域を基礎として国からは独立した団体（地方公共団体）を設け、この団体の権限と責任において地域の行政を処理する原則のことです。もう一つは、「住民自治」といわれるもので、地方における行政をその地方の住民の意思と責任に基づいて処理するという原則です。地方公共団体の組織及び運営について、法律で定めるに当たっては、この二つの原則に反してはならないと考えられています。

（１）団体自治とは

団体自治は、中央政府に権力が集中することによって生ずる弊害を防止するための一種の権力分散です。国における三権分立（国会＝立法府、内閣＝行政府、裁判所＝司法府の三権が互いにチェックし合う仕組み）と同じように、自由主義的な要請によるものです。国において立法、行政、司法という三権分立がとられていることに加えて、さらに地方公共団体についても一定の権限を確保し、国への権限の集中を防いでいます。国における三権、そして地方公共団体による地方自治、いわば四権分立のような形で、権力の分散を図っているのです。

これは、地方の行政運営に対する国の介入を排除し、国と対等に行政を行うことを目的とするもので、ドイツで発達した考え方です。中央政府の権力分立を水平的権力分立と呼ぶのに対して、団体自治のことを垂直的権力分立と呼ぶこともあります。ただし、この垂直的権力分立という表現は「国＝上、地方＝下」という意識が感じられます。本来であれば、「立法」・「行政」・「司法」の水平的権力分立及び「国」・「地方」という水平的権力分立という意味で、二段階水平的権力分立というべきだと考えます。

●二段階の水平的権力分立

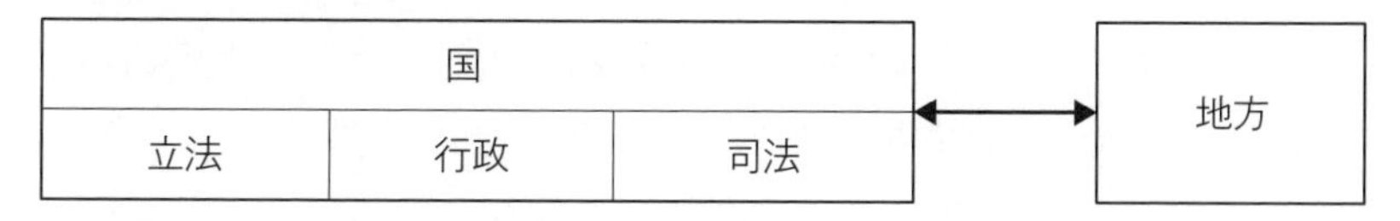

（2）住民自治とは

住民自治とは、地方行政がその地域の住民の意思に基づいて処理されることをいいます。これは、国家的レベルの問題は広く国民の意思によって、ま

●団体自治と住民自治のイメージ

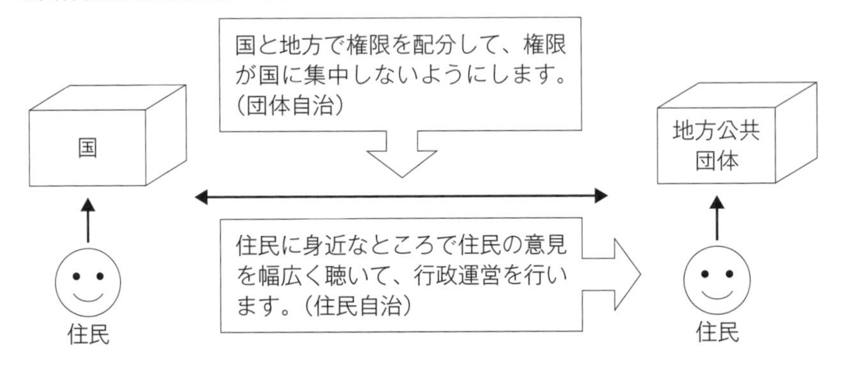

自由主義、権力分立と民主主義

自由主義とは、個人の自由意思及び自由な活動を尊重する考え方をいいます。個人の人格や尊厳を重んじ、個人の自由な思想や活動を可能な限り保障しようという思想であり、日本国憲法の基本理念の一つに位置づけられています。

また、権力分立は、国家権力が一つの機関に集中すると、権力が濫用され、国民の権利・自由が侵害されるおそれがあるので、国家の作用を立法・行政・司法に区別し、それぞれを異なる機関に担当させて、相互に抑制させ権力の均衡を保たせるという制度で、自由主義のために重要な役割を果たします。

さらに、民主主義とは、主権が国民（住民）にあり、国民（住民）全体の利益をもととし、国民（住民）の意思をもとにして政治を行う考え方いいます。つまり、個人の意思を尊重し、国や地方の行政運営についての決定、選択を行うことです。

このような自由主義、権力分立と民主主義という考え方が相互に関係して、日本の行政制度は形成されています。

た一定地域だけの利害にかかわる問題はその地域の住民の意思によって処理するという、民主主義的な考え方に立脚したものです。

かつてイギリスの政治学者Ｊ・ブライスが「地方自治は民主主義の学校である」と述べましたが、この原則は、国政における民主主義を補完して、住民自らが地方自治に参加することによって、住民の意思を政治に反映させようとするものです。この考え方はイギリスで発達したもので、わが国の現行法上では、長・議員の選挙（憲法93条２項）、地方自治特別法（13頁参照）の住民投票（憲法95条）、直接請求（法74～75条）などに具体化されています。

2 地方自治権の根拠

地方自治権の根拠をどこに求めるのか、あるいは国の統治権に対して地方の自治権はどのように認められるべきなのかという点については、学説が分かれています。

この点は、地方分権が進展するなかで、地方公共団体が国に対してどの程度主体性をもって行政運営を行うことができるかを考えるための基礎となる重要な知識です。ただし、理念的でとても分かりにくいので、初学者の人は「そんな考え方があるんだ」という程度の理解で十分です。

（1）固有権説

地方自治権は国家によって認められるものではなく、基本的人権と同様に、地方公共団体が本来的に有している前国家的権利（国家の存在を前提としない権利）であるとする説です。この説によると、国が地方の固有の権限を制限することは許されず、自治権が非常に強く保障されることになります。最も古く主張された考え方ですが、次のような課題があるとされています。

① 主権を国家と地方公共団体との双方に認めることになり、主権が単一不可分であるとする原則に反する。

② 憲法92条で地方自治の組織・運営について「法律でこれを定める」と規定し、国家が地方自治の組織・運営を定めることとされている。しかし、前国家的な権利であるとすれば、「法律でこれを定める」とするこの規定の説明がつかない。

●固有権説における地方自治権

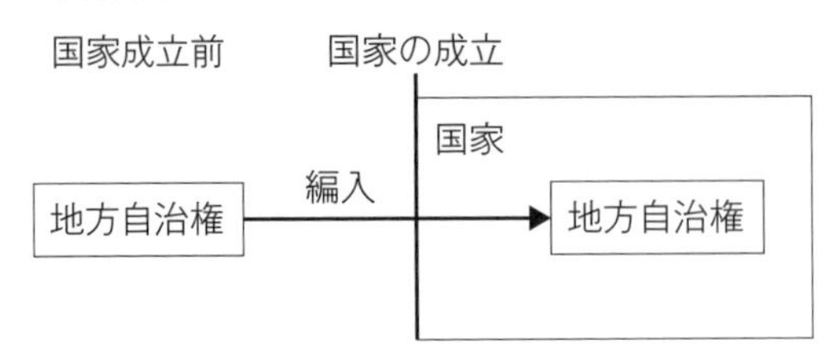

地方自治権は、国家成立前から存在し、国家の成立により国家の中に編入されるが、その権利は国家によって制限することはできない。

（２）伝来説

伝来説は、明治憲法下の地方自治の実態に対応するもので、地方自治権の本質は、国家の統治権から伝来するものとする説です。つまり、近代国家における主権は、すべて国家に統合され、具体的な権力の源は国家にあり、地方自治権もその例外ではないとします。したがって、地方公共団体は、国家の統治機構の一環として位置づけられます。国は地方自治の保障の範囲を法律（国家の意思）によって定めることができるとするのです。

しかし、伝来説では、結局のところ、「地方自治の本旨」に特別の法的意味を認めないことになり、憲法が、第８章において特に地方自治を規定した意味がなくなってしまうことになります。

●伝来説における地方自治権

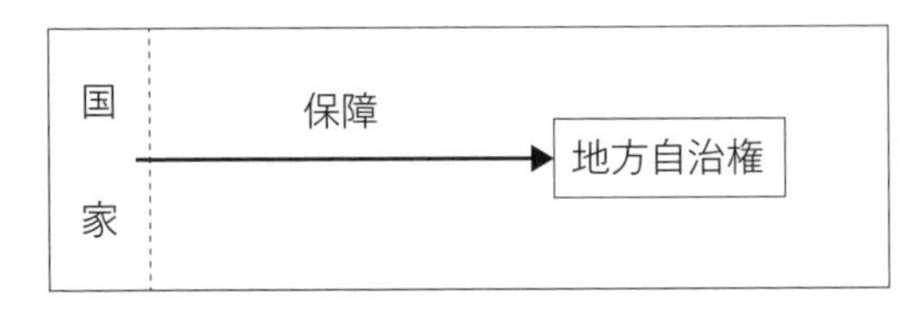

国家統治権を前提として、そこから伝来すると考える。あくまで、国家統治権の中で、地方自治権を位置づける考え方である。

（３）制度的保障説

地方自治は、憲法において「制度」として保障されているものであり、国は、その「制度」を空洞化するような自治権の内容を規定することはできないとする説です。つまり、国は、法律によっても地方自治制度の本質的内容や核心的部分を侵すことはできないと考えるものです。

この説は現在の通説とされていますが、次のような批判もあります。

●制度的保障説における地方自治権

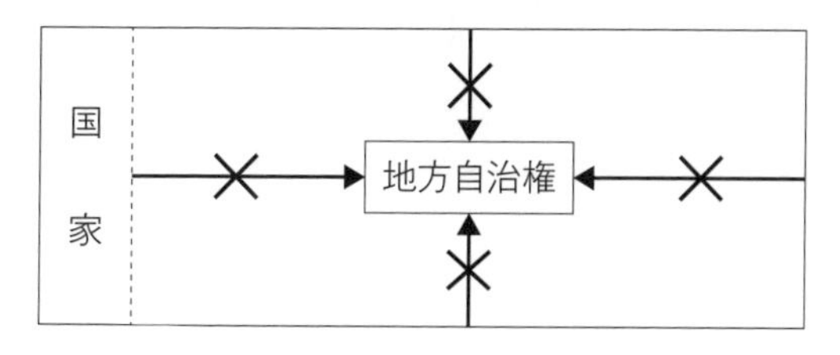

地方自治権は、国家によって保障されているが、その制度の基本的な枠組みは、国家によっても侵すことはできない。

① 地方自治の本質的内容が明確ではないため、憲法上保障されている制度の具体的内容が不明である。

② 地方自治権の最低限度を保障する機能はもつが、「地方自治という制度さえ設ければいい」と考えることも可能になり、地方自治権の範囲を限定する方向に働く危険性がある。

③ 基本的には地方自治権は国家に伝来すると考えるため（伝来説）、例えば、法律と条例とが同一問題について規定をおいた場合には、自動的に法律が優越するといういわゆる法律先占論が解釈上導かれることになり、保障の範囲がはっきりしないという弱点を有している。

（4）新固有権説

新固有権説は、固有権説の前国家的存在という弱点を克服し、地方自治権は憲法に基づく国民主権原理や人権保障原理により保障される固有の権利であると考える説です。この説にはいくつかのものがありますが、代表的なものを挙げると、人民主権説（杉原泰雄氏）、基本的人権説（手島孝氏）などがあります。

まず、人民主権説は、憲法は社会契約説を根拠とする人民主権（プープル主権）を採用しており、地方公共団体は、その地域住民の社会契約によって成立していると考えます。その意味で、地方公共団体は国家と同一の構造を持ちうることから、国からの伝来ではなく、地方公共団体固有の権限として自治権を是認することができると考える説です。

次に基本的人権説は、国民は基本的人権の内容として適切な統治を国家に請求する権利を有していることを前提として、その統治が適切かつ効率的で

●新固有権説における地方自治権

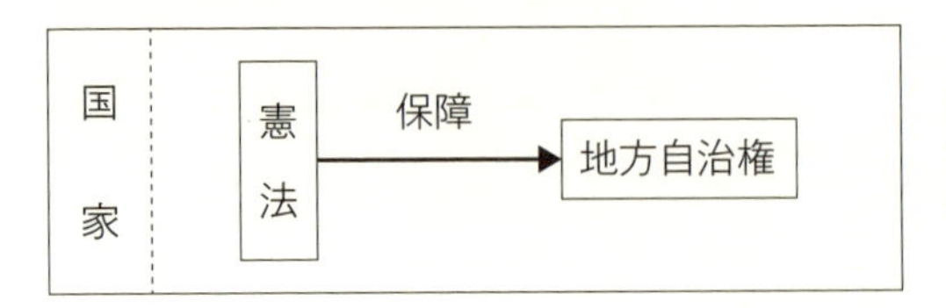

憲法によって保障された国民主権や人権に基づく固有の権利であると考える。

あるためには、基礎的統治団体、すなわち地方公共団体が統治を行う必要があるとして、地方公共団体に固有の権限を認めます。

（５）まとめ（私見）

このように四つの説がありますが、まず固有権説については、地方自治制度があくまで国家の存在を前提とするものである以上、前国家的権利と考えることは困難だと考えられます。また、伝来説は「地方自治権」を憲法上の権利として認めないものであり、地方分権あるいは地域主権の進展する今日、このような考え方は容認できません。また、制度的保障説も憲法上の権利として認めているといっても、結局は伝来説に根ざすため、そこからは、国から独立した主体、つまり政府としての地方公共団体を認めることは難しいと考えられます。

地方分権改革により、地方公共団体は国と対等な独立行政主体となり、地域の総合政策の主体となりました。また、地方公共団体は民主主義の学校とも称されてきましたが、近年ではさらに参加と協働の意識が高まっており、その地域の行政運営はまさに地域住民の負託に基づくものであるということができます。そのことから、地方公共団体固有の権限として自治権を是認すると考える新固有権説が現状に最も適合していると考えられます。

1　地方自治の本旨の保障

憲法92条では、地方公共団体の組織及び運営に関する事項は地方自治の本旨に基づくことを規定している。この地方自治の本旨とは、団体自治と住民自治からなる。

①　団体自治：団体自治は、一定の地域を基礎とする国から独立した団体（地方公共団体）を設け、この団体の権限と責任において地域の行政を処理する原則のことである。

②　住民自治：地方における行政を行う場合にその地方の住民の意思と責任に基づいて処理するとする原則のことである。

2　地方自治権の根拠

①　固有権説：地方自治権は、基本的人権と同様に、地方公共団体が本来的に有している前国家的権利である。

②　伝来説：地方自治権は、近代国家における主権はすべて国家に統合され、地方自治権も国家の統治権から伝来する。

③　制度的保障説：地方自治権は、憲法において「制度」として保障されているものであり、国は、法律によっても地方自治制度の本質的内容や核心的部分を侵すことはできない。

④　新固有権説：地方自治権は、憲法に基づく国民主権原理や人権保障原理により保障される固有の権利である。

第3節

判例から学ぶ

ここで取り上げる旭川学力テスト事件上告審判決は、教育行政に関する地方自治について判断が示された重要な事例です。

旭川学力テスト事件上告審判決（最判昭和51年5月21日・刑集30巻5号1178頁）

・事件のポイント

文部省が実施する全国一斉学力調査に反対する人たちが、この調査の実施を阻止するため、校舎内に立ち入り、校長の行動の自由を束縛したなどとして、建造物侵入、公務執行妨害等に問われた事案です。

・判決のポイント

「学校等の教育に関する施設の設置、管理及びその他教育に関する事務は、普通地方公共団体の事務とされ（法２条３項５号)、公立学校における教育に関する権限は、当該地方公共団体の教育委員会に属するとされる（地教行法23条、32条、43条等）等、教育に関する地方自治の原則が採用されているが、これは、戦前におけるような国の強い統制の下における全国的な画一的教育を排して、それぞれの地方の住民に直結した形で、各地方の実情に適応した教育を行わせるのが教育の目的及び本質に適合するとの観念に基づくものであつて、このような地方自治の原則が現行教育法制における重要な基本原理の一つをなす」とした上で、「地教委（地方公共団体の教育委員会、筆者注）の有する教育に関する固有の権限に対する国の行政機関である文部大臣の介入、監督の権限に一定の制約が存する」としています。

・学習のポイント

この判決は、教育の自由や教育権に関する有名なものですが、地方自治についても重要な判断を示しています。教育に関する地方自治を認めた上で、地方公共団体の教育委員会に対する文部大臣の介入、監督の権限に一定の制約が存することを認めています。国と地方公共団体と関係を示す重要な判例です。

地方自治特別法

憲法95条では「一の地方公共団体のみに適用される特別法は、法律の定めるところにより、その地方公共団体の住民の投票においてその過半数の同意を得なければ、国会は、これを制定することができない。」と規定しています。いわゆる地方自治特別法といわれるもので、国の立法権を地方自治の観点から制限するものです。この「一の地方公共団体のみに適用される特別法」の意味については、一つの地方公共団体という意味ではなく、複数であっても特定の地方公共団体の本質にかかわるような不平等・不利益な特例を設けることを防止するところにその趣旨があると一般的に解されています（佐藤幸治『日本国憲法論』（成文堂、平成23年）560頁）。

憲法学者の木村草太教授は、沖縄県のアメリカ軍基地問題（普天間基地移設問題）について、この地方自治特別法の観点から興味深い意見を述べています。木村教授は、まず、アメリカ軍基地の移設は「国政の重要事項」であるため憲法41条に定められる「立法」の管轄事項であって、辺野古の基地設置は法律により決定されるべきであるとします。そして、この法律を制定する場合は、一の地方公共団体のみに適用される特別法に当たるため、憲法95条に基づいて住民投票を行う必要があると主張しています（木村草太『憲法という希望』（講談社、平成28年）93頁）。

国の統治権と地方との関係を考える上で、非常に興味深い指摘です。

第2章

地方公共団体

この章では、地方公共団体の意義、地方公共団体の広域連携や相互協力の仕組み、地方公共団体の組織などを学びます。

特に近年、生活圏の拡大や過疎化等によって単独の地方公共団体のみで処理することが非効率な場合も多くなっています。そのため、地方自治法上のさまざまな連携のための方策を理解することは以前にも増して重要になっています。

第1節

憲法及び地方自治法における地方公共団体

この節では、地方公共団体の意義について学びます。憲法第８章では、地方公共団体に関する基本的な事項を規定しています。地方公共団体には、必ず議事機関として議会を設置しなければならないこととされています。また、地方公共団体については、その長や議会の議員をその地方公共団体の住民が、直接これを選挙しなければならないことが規定されています。さらに、この憲法の規定を受けて、地方自治法ではさまざまな地方公共団体が定められています。このように、憲法あるいは地方自治法で規定する地方公共団体について理解することは、地方自治法を学ぶ第一歩だといえます。

1 憲法上の地方公共団体

憲法第８章の各条文には「地方公共団体」に関することが規定されています。しかし、この「地方公共団体」に関しては、憲法上明確に定義づけされていないため、その意義については争いがあります。この点に関しては、いくつかの説がありますが、ここでは通説のみ説明することにします。

通説によると、憲法第８章各条で規定されている「地方公共団体」とは、都道府県及び市町村を指すと考えられています。このような結論を導き出すのは、二段階保障説という考え方です。二段階保障説では、現在の「市町村」と「都道府県」のような二段階の地方公共団体の存在を憲法上の要請と考えます。したがって、都道府県制度を廃止して地方公共団体を「市町村」のみの一段階にすることは憲法に違反し許されないことになります。

なお、地方自治制度に関しては、都道府県をすべて廃止し、全国をいくつかのブロックに区分し「道州」を設置しようとする道州制の議論があります。この二段階保障説では、上位の地方公共団体について都道府県を維持するか、道州制のような地方行政の広域化に対応した地方公共団体を設けるかは、立法政策の問題であり憲法には反しないと考えられています。

2 地方自治法上の地方公共団体

地方自治法では、地方公共団体として普通地方公共団体と特別地方公共団体が規定されています（法１条の３第１項）。

（１）普通地方公共団体

普通地方公共団体は、一般的、普遍的な団体であり、地方自治法上、都道府県と市町村が位置づけられています（法１条の３第２項）。都道府県も市町村もお互い対等で、特に法令の定めがない限り、監督をしたり、監督を受けたりといった、上下関係にあるわけではありません。

❶ 都道府県

都道府県は、市町村を包括する広域の地方公共団体です。所掌する事務として、次のものが規定されています（法２条５項）。

①　広域にわたるもの

②　市町村に関する連絡調整に関するもの

③　その規模又は性質において一般の市町村が処理することが適当でないと認められるもの

❷ 市町村

市町村は、基礎的な地方公共団体として、都道府県が処理するものとされているものを除き、一般的に、地域における事務を処理するものです。ただし、都道府県の事務のうち、その規模又は性質において一般の市町村が処理することが適当でないと認められるものについては、当該市町村の規模及び能力に応じて、これを処理することができるとされています（法２条４項）。この規定を受けて、後に説明する大都市制度が規定され、大都市において都道府県の所掌事務を処理することとなる制度が置かれています。

市となる要件は、次のとおりです（法８条１項）。

①　人口５万以上を有すること

②　当該地方公共団体の中心の市街地を形成している区域内にある戸数が、

全戸数の６割以上であること

③　商工業その他の都市的業態に従事する者及びその者と同一世帯に属する者の数が、全人口の６割以上であること

④　①～③に定めるもののほか、当該都道府県の条例で定める都市的施設その他の都市としての要件を具えていること

町となる要件については、「当該都道府県の条例で定める町としての要件

●**市と町村との相違点**

		市	町村
要件		○人口５万人以上 ○当該市の中心の市街地を形成している区域内にある戸数が、全戸数の６割以上 ○商工業その他の都市的業態に従事する者及びその者と同一世帯に属する者の数が、全人口の６割以上 ○都道府県の条例で定める都市的施設その他の都市としての要件を備えていること（法８条１項）。	【町の要件】 ○都道府県の条例で定める町としての要件を備えていること ⇒市街地要件、商工業従事者要件などを定めている例が多い（法８条２項）。 【村の要件】 なし
事務	生活保護	福祉事務所を設置し、生活保護法に基づく保護の決定等の事務を行う（社会福祉法14条、生活保護法19条）。	福祉事務所を設置する町村においては、生活保護法に基づく保護の決定等の事務を行う。なお、福祉事務所を設置していない町村の区域においては、都道府県の社会福祉事務所が生活保護の決定等の事務を行う。
	都市計画	知事が都市計画区域を指定し、当該区域内における都市計画決定の事務を行う（都市計画法５条）。 都市計画区域又は準都市計画区域について都市計画を決定しようとするときは、あらかじめ、都道府県知事に協議しなければならない（都市計画法19条３項）。	知事が指定する都市計画区域を有する場合に限って、当該区域内における都市計画決定の事務を行う（都市計画法５条）。 都市計画区域又は準都市計画区域について都市計画を決定しようとするときは、あらかじめ、都道府県知事に協議し、同意を得なければならない（都市計画法19条３項）。

（総務省資料を基に筆者が修正・加筆）

を具えていなければならない」とされています（法８条２項)。

市町村と包括的に表現されることが多いのですが、市と町村とでは、主に18頁の表のような制度上の違いがあります。

このほかにも、町村には「町村総会」という制度があります（法94条)。町村総会とは、条例によって、議会を置かずに、選挙権を有する者全員が構成員となる総会として設けるものです。町村総会が、地方公共団体には議会を設けることとしている憲法93条１項の規定に反しないかが問題となります。しかし、直接民主主義が本来的な制度であり、議会制民主主義は次善の策としてとられているため、違憲とはいえないとされています（宇賀克也『地方自治法概説　第７版』（有斐閣、平成29年）42頁)。なお、高知県大川村（人口396人。離島を除けば全国で最も人口が少ない村）では、地方自治法に基づき村議会を廃止し、「町村総会」を設置する検討を始めたとされています。

（２）大都市制度

市町村であってもその人口規模には大きな開きがあります。人口の最も少ない市町村は、東京都青ヶ島村の178人、最も少ない市は北海道歌志内市の3,585人、最も多い市は神奈川県横浜市の372万4,844人です（平成27年国勢調査)。これほど人口規模の違う地方公共団体を同様のものとして扱うのは合理的でありません。そこで、大規模の都市について人口などに応じて、政令指定都市、中核市に区分して所掌する事務等が異なることとされています。

❶ 政令指定都市

政令指定都市とは、地方自治法252条の19の規定に基づいて、政令で指定する人口（法定人口）50万以上の市のことです。法文上は、単に「指定都市」と規定されていますが、政令で指定することとされているため「政令指定都市」と呼ばれています。

法律上は人口50万人以上が要件として規定されていますが、実務上の取扱いは異なります。実務上は、かつては人口100万人が要件とされていましたが、その後人口80万及び他の政令指定都市に準じた行財政能力や都市機能等が要件とされることになりました。さらに、近年では静岡市や岡山市は人口70万人前後で指定されています。

●政令指定都市の指定年月日

札幌市 （昭和47年４月１日）	仙台市 （平成元年４月１日）	さいたま市 （平成15年４月１日）
千葉市 （平成４年４月１日）	川崎市 （昭和47年４月１日）	横浜市 （昭和31年９月１日）
相模原市 （平成22年４月１日）	新潟市 （平成19年４月１日）	静岡市 （平成17年４月１日）
浜松市 （平成19年４月１日）	名古屋市 （昭和31年９月１日）	京都市 （昭和31年９月１日）
大阪市 （昭和31年９月１日）	堺市 （平成18年４月１日）	神戸市 （昭和31年９月１日）
岡山市 （平成21年４月１日）	広島市 （昭和55年４月１日）	北九州市 （昭和38年４月１日）
福岡市 （昭和47年４月１日）	熊本市 （平成24年４月１日）	

a．事務配分上の特例

政令指定都市は、下表の事務のうち政令で定める事務を行うこととされています（法252条の19第１項）。

①　児童福祉に関する事務 ②　民生委員に関する事務 ③　身体障害者の福祉に関する事務 ④　生活保護に関する事務 ⑤　行旅病人及び行旅死亡人の取扱いに関する事務 ⑥　社会福祉事業に関する事務 ⑦　知的障害者の福祉に関する事務 ⑧　母子家庭及び父子家庭並びに寡婦の福祉に関する事務 ⑨　老人福祉に関する事務 ⑩　母子保健に関する事務	⑪　介護保険に関する事務 ⑫　障害者の自立支援に関する事務 ⑬　生活困窮者の自立支援に関する事務 ⑭　食品衛生に関する事務 ⑮　医療に関する事務 ⑯　精神保健及び精神障害者の福祉に関する事務 ⑰　結核の予防に関する事務 ⑱　土地区画整理事業に関する事務 ⑲　屋外広告物の規制に関する事務

この他にも、地教行法58条等の個別法において、政令指定都市が処理すべき事務が規定されています。

b. 関与の特例

市町村が事務を処理するに当たって、都道府県知事等の許可、認可、承認等を要することとされていたり、知事等から命令を受けることとされている場合があります。しかし政令指定都市については、これらの規定を適用せずに、主務大臣の許可、認可等の処分を要することとされていたり、主務大臣の命令を受けることとされている場合があります。

一般的に市町村に対する国の関与は都道府県を通じて行われますが、政令指定都市に対しては、都道府県を通じることなく国が直接に関与することとされています。これを「関与の特例」といいます。

●関与の特例のイメージ

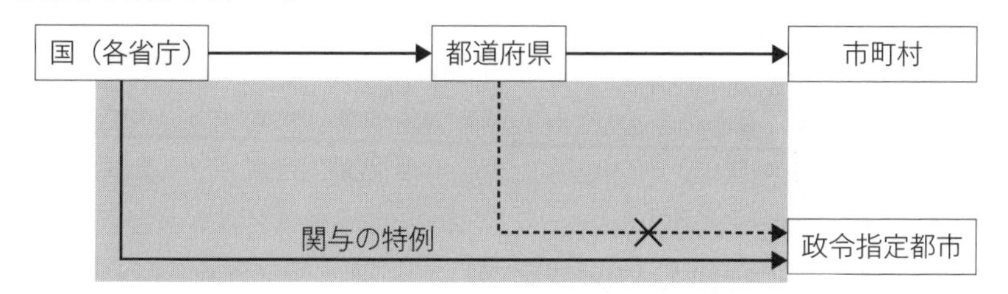

c. 税財政上の特例

政令指定都市については、事務配分上の特例により所掌事務が一般の市より拡大することになります。このため、その財政需要に対して、地方交付税の算定において所要の措置がなされるほか、地方道路譲与税の増額等の措置がなされるなど、財政基盤の強化が図られています。

d. 行政組織上の特例

政令指定都市には、地方自治法において、行政組織に関しても特例が設けられています。政令指定都市は市長の権限に属する事務を分掌させるために、条例でその区域を区分して行政区（区役所）を設置することが義務づけられています（法252条の20第１項）。また、区の事務所の長として区長（法250条の２第３項）、区会計管理者（施行令174条の42）及び区選挙管理委員会（法252条の20第５項）を置かなければなりません。

e. 移行手続

政令指定都市への移行手続は法律上、規定されていません。実務上、おお

総合区

総合区は、政令指定都市の市長の権限に属する事務のうち、主としてその区域内に関するものを処理させるため、行政区に代えて設ける地域をいいます（法252条の20の２）。この制度は、平成26年の地方自治法の改正によって導入されました。総合区を設置するに当たっては、総合区の事務所又はその出張所の位置、名称及び所管区域並びに総合区の事務所が分掌する事務を条例で規定しなければなりません（法252条の20の２第２項）。

総合区には、事務所の長として総合区長を置き、市長が議会の同意を得てこれを選任します（法252条の20の２第３項、４項）。総合区長の任期は、４年です。ただし、市長は、任期中においてもこれを解職することができます（法252条の20の２第５項）。

総合区長は、総合区の区域に係る政策及び企画をつかさどるほか、法律等で総合区長が執行することとされた事務及び市長の権限に属する事務のうち主として総合区の区域内に関する次の事務を執行しその市を代表します（法252条の20の２第８項）。

① 総合区の区域に住所を有する者の意見を反映させて総合区の区域のまちづくりを推進する事務

② 総合区の区域に住所を有する者相互間の交流を促進するための事務

③ 社会福祉及び保健衛生に関する事務のうち総合区の区域に住所を有する者に対して直接提供される役務に関する事務

むね次のような手続がとられています。

① 市議会で政令指定都市に関する意見書を議決

② 知事、都道府県議会に政令指定都市の実現を要望（要望書を提出）

③ 都道府県議会で政令指定都市に関する意見書を議決

④ 総務大臣に政令指定都市の実現を要望（市、都道府県から要望書を提出）

⑤ 都道府県と市による関係省庁への説明

⑥ 政令指定都市移行の閣議決定

●政令指定都市の総合区、行政区と特別区の比較

		総合区	行政区	特別区
1　位置づけ		指定都市の内部組織	指定都市の内部組織	特別地方公共団体
2　法人格		なし	なし	あり
3　長		総合区長	区長	区長
	主な事務	「総合区の政策、企画の立案、総合区のまちづくり等の事務」及び「市長の権限に属する事務のうち、条例で定めるもの」を執行	市長の権限に属する事務のうち、条例で定めるものを分掌し、補助執行	特別区の政策・企画の立案 市が処理することとされている事務を処理（上下水道等、一部の事務は都が処理）
	権限	・職員任命権 ・予算意見具申権	—	・職員任命権 ・予算編成権 ・条例提案権 等
	身分	特別職	一般職	特別職
	選任	市長が議会の同意を得て選任	市長が任命	公選
	任期	４年	—	４年
	市長との関係	市長の指揮監督を受ける	市長の指揮監督を受ける	—
	リコール	あり	なし	あり
議会		なし （市議会の判断で区常任委員会を設置する等の工夫が可能）	なし	あり

（総務省資料）

⑦　政令の公布（政令指定都市移行の正式決定）

⑧　政令指定都市移行

❷ 中核市

中核市は、地域の中核的都市に、都道府県の事務を移管し地方分権の受け皿とするために、平成６年の地方自治法の改正によって創設された制度です。中核市しての要件として、現在は人口20万以上ということのみが定められていますが、これまでは下表「中核市要件の変遷」のような変遷があります。なお、平成30年４月１日現在、54市が指定されています。

中核市指定の手続としては、市からの申し出に基づき、政令により指定されることになります（法252条の22第１項）。指定を受ける際には、市は、あらかじめ、市の議会の議決を経て、都道府県の議会の議決に基づく都道府県知事の同意を得なければなりません（法252条の24第２項）。

中核市の所掌事務としては、政令指定都市が処理することができる事務のうち、都道府県がその区域にわたり一体的に処理することが、中核市が処理することに比して効率的な事務を除き、中核市に対して移譲するものとされ

●中核市要件の変遷

制度創設時から平成11年改正（地方分権一括法）まで
①　人口30万人以上を有すること ②　面積100m^{2}以上を有すること ③　人口50万未満の市にあっては昼夜間人口比率が100を超えること
平成11年改正（地方分権一括法）
①　人口30万人以上を有すること ②　面積100m^{2}以上を有すること
平成14年改正
①　人口30万人以上を有すること ②　人口50万未満の市にあっては面積100m^{2}以上を有すること
平成18年改正
人口30万人以上を有すること
平成26年改正
人口20万人以上を有すること

●中核市指定の手続

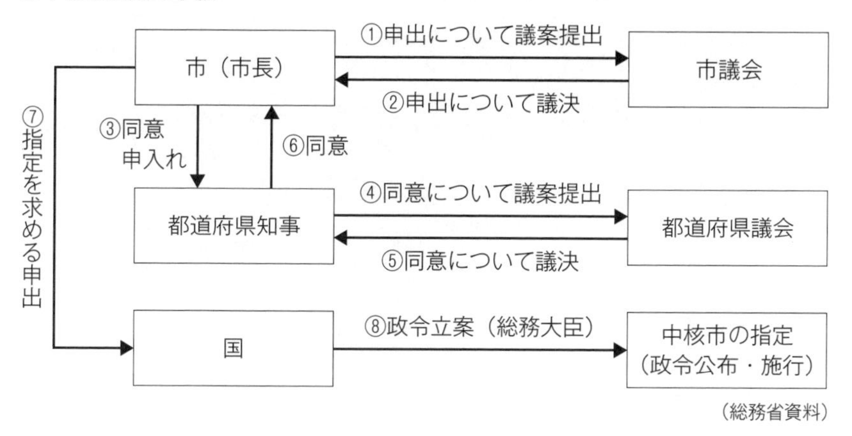

（総務省資料）

ています（法252条の22第１項）。

また、中核市についても、都道府県知事の関与をなくして、あるいは都道府県知事の関与に代えて主務大臣の関与を受けるいわゆる「関与の特例」が認められています（法252条の22第２項）。

❸ 施行時特例市

特例市は、平成12年に施行された、いわゆる地方分権一括法による地方自治法の改正によって創設された制度です。20万人以上が要件とされていましたが、平成27年に中核市の人口要件が20万以上に見直されたことに合わせて廃止されました。ただし、制度の廃止時に特例市だった市のうち中核市等に移行しなかった市は施行時特例市と呼ばれ、経過措置として従来どおりの事務処理権限を有することとされています。なお、平成30年４月１日現在31市あります。

（3）人口の定義

地方自治法では、この大都市制度などさまざまな制度において人口による区分を行っています。そこで、この人口の意味が問題となりますが、地方自治法では254条で「この法律における人口は、官報で公示された最近の国勢調査又はこれに準ずる全国的な人口調査の結果による人口による。」と規定

●指定都市・中核市・施行時特例市の主な事務

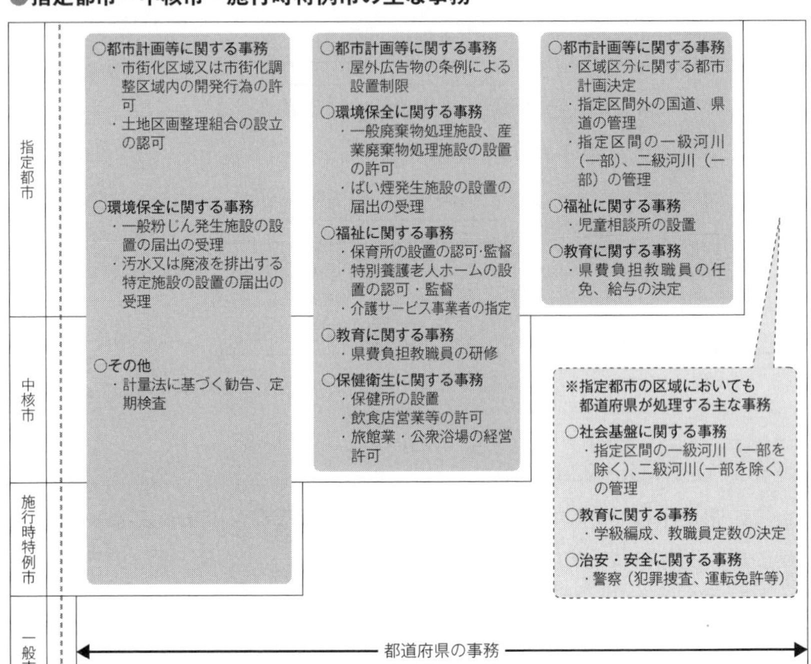

（総務省資料）

し、原則として国勢調査によるものとしています。なお、国勢調査の人口は確定人口が官報に告示されるまでの間は、要計表によって積算された人口で官報告示された人口が本条にいう人口であるとの運用が実務上されています（行政実例昭和55年9月3日）。

（4）区　域

地方公共団体の区域は、地方公共団体の構成要素の一つで、次のような法的効果があります。

① 地方公共団体の区域内に住所を有する者は、その地方公共団体の住民になる。

② 地方公共団体の統治権は、原則としてその区域内に限る。

そのため、地方公共団体の区域内にいる者は、住民はもちろんのこと、一時的な滞在者や通過者であっても、条例など地方公共団体の権能の下にある場合もあります。なお、地方自治法５条では、「普通地方公共団体の区域は、従来の区域による。」と規定されていますが、この「従来の区域」とは地方自治法施行時の区域を意味しています。また、同条２項で「都道府県は、市町村を包括する。」と規定されているように、市町村はいずれかの都道府県に属することになります。

市町村の境界に関し争論があるときは、都道府県知事は、関係市町村の申請に基づき、自治紛争処理委員による調停に付することができます（法９条１項）。なお、明治以降当該境界を変更又は確定する法定の措置がとられたことがなく、江戸時代における関係町村の当該係争地域に対する支配・管理・利用等のおおよその区分線を知り得るときは、これを基準として境界を確定すべきであるとされています（最判昭和61年５月29日・民集40巻４号603頁）。

地方公共団体の区域の変更には、次の３つの方法があります。

①　配置分合

②　境界変更

③　未所属地の編入

まず、①配置分合とは、地方公共団体の新設や廃止による区域の変更です。いわゆる市町村合併として、多くの地方公共団体の配置分合が行われてきました。

市町村の廃置分合は、関係市町村の申請に基づき、都道府県知事が当該都道府県の議会の議決を経てこれを定め、直ちにその旨を総務大臣に届け出ることとされます（法７条）。一方、都道府県については、地方自治法施行後、配置分合は行われていません。なお、都道府県が都道府県からの申請ではなく、法律で定めることとされています（法６条１項）。

次に、②境界変更とは、関係する地方公共団体の法人格自体に変更はなく区域の変更だけが行われるものです。なお、都道府県が境界変更をしようとするときは、法律でこれを定めることとされています（法６条１項）。境界変更の手続は、配置分合の手続と同様です。

最後に、③未所属地の編入とは、どの地方公共団体の区域にも属していない土地をいずれかの地方公共団体の区域に組み入れることです。未所属地を都道府県又は市町村の区域に編入する場合には、あらかじめ利害関係があると認められる都道府県又は市町村の意見を聴いた上で内閣が決定することになります（法7条の2）。なお、市町村の区域内に新たに土地を生じたときは、市町村長は、当該市町村の議会の議決を経てその旨を確認し、都道府県知事に届け出ることとされています。都道府県知事は、この届を受理したときは、直ちにこれを告示しなければなりません（法9条の5）。この新たに土地を生じたときとは、埋立・干拓等の人口的な原因による場合と海底の隆起による新島の出現等の自然的原因による場合があります。

（5）地方公共団体の名称、位置、休日

地方公共団体の名称は、従来の名称によるとされており（法3条1項）、地方自治法施行時の名称を引き継いだものとされています。なお、都道府県の名称を変更しようとするときは、法律で定めることとされています（法3条2項）。都道府県以外の地方公共団体の名称を変更しようとするときは、地方自治法に特別の定めのあるもの以外は、都道府県知事と協議の上、当該地方公共団体の条例で定めることになります（法3条3項）。

地方公共団体の事務所の位置については、地方公共団体が位置を定め又はこれを変更しようとするときは、条例で定めなければなりません（法4条1項）。この条例の制定や改廃をしようとするときは、議会において出席議員の3分の2以上の者の同意がなければなりません（法4条3項）。なお、事務所の位置を定め又はこれを変更するに当たっては、住民の利用に最も便利であるように、交通の事情、他の官公署との関係等について適当な考慮を払わなければなりません（法4条2項）。

地方公共団体の休日は、条例で定めることとされており（法4条の2第1項）、現在、次のものが休日とされています（同条第2項）。

①　日曜日及び土曜日

②　国民の祝日に関する法律に規定する休日

③　年末又は年始における日で条例で定めるもの

このほかに、その地方公共団体において特別な歴史的、社会的意義を有し、

住民が記念することが定着している日で、当該地方公共団体の休日とすることについて広く国民の理解を得られるようなものは、あらかじめ総務大臣に協議した上で、地方公共団体の休日として定めることができます（法４条の2第３項）。

このように地方公共団体の休日が規定されていることから、地方公共団体の行政庁に対する申請、届出その他の行為の期限のうち法令で定められたものがこの休日に当たるときは、法律又は法律に基づく命令に別段の定めがある場合以外には、休日の翌日をもってその期限とみなすことになります（法４条の２第４項）。

（６）特別地方公共団体

特別地方公共団体は、立法政策上、特別の目的をもって地方公共団体として制度化されているもので、①特別区、②地方公共団体の組合、③財産区があります。

❶ 特別区

地方自治法上の特別区とは、東京都の23区のことです。地方自治法252条の20に基づいて政令指定都市に設置される行政区とは異なり、独立した法人であり市町村に準じた地方公共団体として機能しています（法281条）。

特別区は、従来は東京都23区のみを意味していましたが、平成24年８月29日に国会において「大都市地域における特別区の設置に関する法律」が成立し、東京都以外の都道府県にも特別区を設けることが可能になりました（同法３条）。特別区設置のためには、①人口200万人以上の政令市又は②政令市と同一道府県内の隣接市町村の人口の合計が200万人以上であることが要件とされています（同法２条１項）。

❷ 地方公共団体の組合

地方公共団体の組合として、一部事務組合及び広域連合が規定されています（法284条１項）。

a. 一部事務組合

一部事務組合は、複数の地方公共団体が行う事務の一部を共同処理するために設けられる法人です（法284条２項）。一部事務組合を設立すると、事務処理権限は設立主体である地方公共団体から一部事務組合に移ることになります。そのため、設立団体はその事務の処理権限を有さないことになります。

例えば、消防、上下水道、ゴミ処理、福祉、学校、公営競技の運営などの共同処理が一部事務組合によって行われています。

組合には、執行機関である管理者のほか、議会、監査委員等が置かれます。

b. 広域連合

広域連合とは、平成７年６月に創設された制度で、一部事務組合と同様に複数の地方公共団体や特別区が行う事務の一部を共同処理するために設けられる法人です（法284条３項）。一部事務組合とは異なり、議会の議員が直接

複合的一部事務組合

一部事務組合の一つとして、複合的一部事務組合があります。複合的一部事務組合とは、市町村及び特別区の事務に関し、相互に関連するものを共同処理するためのものです。一般の一部事務組合とは異なり、共同処理する事務が市町村間で異なる場合でも一つの組合で処理することができる点が特徴的です（法285条）。例えば、A町の下水道事務とB町の下水道事務及びゴミ処理事務を共同処理するような場合です。

その組合の事務のうち一部の市町村又は特別区のみを対象とする事務に関して議決しようとする場合、その事務と関係しない市町村又は特別区の議決権の比率を小さくするなど、議決方法の特例を定めることができます（法287条の３第１項）。

また、複合的一部事務組合には、管理者に代えて理事会を置くことができます（法287条の３第２項）。理事は、一部事務組合を組織する市町村・特別区の長が自ら就任するほか、長が議会の同意を得て市町村・特別区の職員のうちから指名する者をもって充てます（法287条の３第３項）。

●地方公共団体の組合における共同事務処理のイメージ

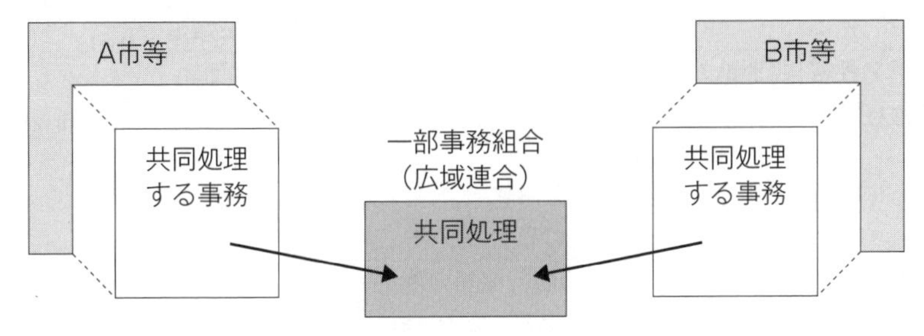

※共同処理する事務については、一部事務組合の事務となり、それぞれの市は事務処理権限を持ちません。

又は間接選挙にすることとにされているなど、住民自治が強化されています。

c. 財産区

財産区は、市町村又は特別区の一部の区域が保有、管理していた財産や公の施設について、市町村合併等の後も従来と同様に排他的に利用する権利等をその区域の住民に排他的に享受させるために、その地域にその財産の権利主体となる地位を特別に認めるために設立された特別地方公共団体です。

財産区には、二つの種類のものがあります。まず戦前から、町村の一部である、いわゆる部落で財産や公の施設の保有に関して設置されたものがあります。もう一つは、戦後、町村合併促進法等によって市町村の一部（部落）が財産や公の施設を利用する権利を確保するために設置されたものです。

財産区の財産及び公の施設の管理、処分は、市町村の議会及び執行機関が行います。ただし、財産区の収入及び支出は、市町村の会計と分別して行わなければなりません（法294条）。

財産区には、議会又は総会を設置することができます（法295条）。また、議会又は総会を設けない場合には、財産区管理会を置くことができます（法296条の２）。

●一部事務組合と広域連合との比較

区分	一部事務組合	広域連合
団体の性格	特別地方公共団体	特別地方公共団体
構成団体	・都道府県、市町村及び特別区（284条２項） ・ただし、複合的一部事務組合は、市町村及び特別区のみ（285条）	・都道府県、市町村及び特別区（284条２項）
設置の目的等	・構成団体又はその執行機関の事務の一部の共同処理（284条２項）	・多様化した広域行政需要に適切かつ効率的に対応するとともに、国からの権限移譲の受入れ体制を整備する（291条の２）
処理する事務	・構成団体に共通する事務 ・複合的一部事務組合の場合は、全市町村に共通する事務である必要はない（285条）	・広域にわたり処理することが適当である事務 ・構成団体間で同一の事務である必要はない（291条の３）
国等からの事務移譲等	－	・国又は都道府県は、その行政機関の長（都道府県についてはその執行機関）の権限に属する事務のうち広域連合の事務に関連するものを、当該広域連合が処理することとすることができる（291条の２第１項）
構成団体との関係等	－	・構成団体に規約を変更するよう要請することができる（291条の３第７項） ・広域計画を策定し、その実施について構成団体に対して勧告が可能（291条の７） ・国の地方行政機関、都道府県知事、地域の公共的団体等の代表から構成される協議会を設置できる（291条の８）

設置の手続	・関係地方公共団体が、その議会の議決を経た協議により規約を定め、都道府県の加入するものは総務大臣、その他のものは都道府県知事の許可を得て設ける（285条２項）	・同左（ただし、総務大臣は、広域連合の許可を行おうとするときは、国の関係行政機関の長に協議）
直接請求	・法律に特段の規定はない	・普通地方公共団体に認められている直接請求と同様の制度を設けるほか、広域連合の区域内に住所を有する者は、広域連合に対し規約の変更について構成団体に要請するよう求めることができる（291条の６）
組織	・議会及び執行機関としての管理者（287条） ・複合的一部事務組合にあっては、管理者に代えて理事会の設置が可能（287条の３） ・監査委員、公平委員会は必置（195条、地方公務員法7条3項） ・教育事務を目的とする一部事務組合については、管理者の他に教育委員会を設置しなければならない（地教行法２条）	・議会及び執行機関としての長又は理事会（287条、291条の13で291条の３を準用） ・公平委員会、監査委員、管理委員会は必置（291条の４）
議員等の選挙の方法等	・議会の議員及び管理者は、規約に基づき、選挙され又は選任される（287条）。したがって、特定の職の者をもって充てる、いわゆる充て職も可能である	・議会の議員及び長は、直接公選又は間接選挙によらなければならない（291条の５）

（注）（　）内は地方自治法の条文を指す。

（総務省資料を基に筆者が修正・加筆）

足抜けは許さない

協議会や機関等の共同設置、一部事務組合から一部の地方公共団体が脱退しようとする場合には、その協議会等を構成するすべての地方公共団体の議会の議決が必要とされていました。つまり、一つの地方公共団体が反対するのみでも、脱退することができなかったのです。しかし、このような縛りは、そもそも協議会に参加する際の一つの障害となっていました。より柔軟に協議会等を設置し事務の共同処理を行うために、平成24年の地方自治法改正により、協議会、機関等の共同設置、一部事務組合から地方公共団体が脱退しようとする場合には、２年前までに予告することにより、他の関係地方公共団体との協議を経ずに脱退可能になりました（法286条の２第１項）。

なお、協議会からの脱退によって他の地方公共団体が損害を被ったとする損害賠償請求を認めた裁判例もあるので、やはり協議会等への参加や脱退については慎重な対応が求められます。

この裁判例の事案では、横須賀市、三浦市及び葉山町が、ごみ処理広域化のために協議会を設立し、協議を続けていましたが、町長選挙において、ごみ処理広域化の見直しを公約の一つとして当選した葉山町長が、ごみ処理広域化の取組から離脱しました。横須賀市及び三浦市は、葉山町の行為は債務不履行又は契約締結上の過失に該当するとして協議会に出向させた職員の人件費及び協議会の経費相当額の損害賠償を求めました。

判決では、「遅くとも本件基本計画案が策定された平成19年３月には、２市１町によって一部事務組合の形によるごみの広域処理を行う旨の法的拘束力のある合意が成立したものというべきである。また、それに先立つ平成18年２月（本件協議会の設立）の時点においても、２市１町が、それぞれ、もはやごみ処理の広域化は既定の方針となったと信頼することが当然といえるような関係が成立していたものといえるから、各市町は、ごみ処理の広域化実現に向けて誠実に取り組むべき信義則上の義務を負うに至ったというべきである。」として、損害賠償責任を認めました（横浜地判平成23年12月８日・判時2156号91頁）。

（７）基礎的団体と広域的組織・制度

地方自治法においては、地方公共団体について、①普通地方公共団体と②特別地方公共団体という区分がなされています。しかし、基礎的団体と広域的組織・制度という分類の方が実態に即していると考えられます。そのような視点から分類すると下図「地方行政における基礎的団体と広域的組織・制度」のようになります。

●地方行政における基礎的団体と広域的組織・制度

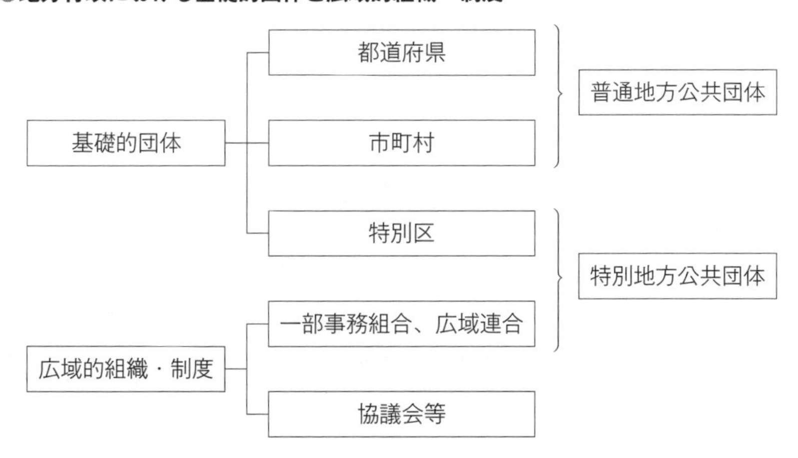

3 地方公共団体、地方自治体、地方政府

「地方自治体」と「地方公共団体」という言葉は、どちらもよく耳にするけれど、違いははっきりしないのではないでしょうか。地方公共団体は、一般的には、普通地方公共団体を指すものとして使われています。これに対して「地方自治体」は法令上の用語ではありません。地方の自治という点に重点をおいて、地方公共団体の通称として日常用語で使われています。

これに対して、近年の地方分権の流れを受けて国の政府に対置する意味で「地方政府」といわれることもあります。「地方政府」は、「中央政府」に対して使われる用語です。地方分権が進展するなかで、単に地方の事務を行うだけでは、地方統治権をもつ組織という意味であえて地方政府という表現をすることが多くなってきています。私も、今日的には、単に「地方公共団体」

というのではなく「地方政府」と表現する方が望ましいと考えています。ただし、本書では、地方自治法の解説であることを踏まえて、法律の規定どおり「地方公共団体」と表現することにします。

条例による地方公共団体内組織の設置可能性

岡山県吉永町で吉永町区長等設置条例に基づき町に14の区を設置して各区に区長らを置き、報酬を支払ったのは違憲、違法であると住民が主張して、吉永町長に対して、町に代位して不法行為による損害賠償請求又は不当利得返還請求を行った訴訟がありました（岡山地判平成11年３月24日・判例自治195号10頁）。

判決では、「区は、自らが事業主体となって、区の総会で策定された事業計画に基づいて、区の住民から徴収した区費を用いて、地域住民のための事業を独自に行うものであり、当該事業の中には、町行政と関連するものもあり、町の見解を求めることとなるものもあれば、町から補助金の交付を受けるものもあるが、これも町ないしは町長の権限を分掌して行うものではなく、あくまでも区独自の事業である。また、区の機関や役員も、区長設置条例で規定される区長及び区長代理者のみならず、区の事業計画の策定、執行、管理の必要に応じて独自に総会の設置や会計役員の選任等がなされており、こうした地域住民の自主的な事業活動にこそその本質があるのであって、区長設置条例は、それら区の活動のうち、町行政と関連する面のみをとらえてこれを制度化したものにすぎない」。したがって、「区長設置条例上の区の主体性や独自性に鑑みれば、それは指定都市の市長の権限を分掌することを本質とする地方自治法252条の20所定の区とは、全くその性質を異にするものといわざるを得ない」。さらに、「区長設置条例及び本件区長制度上の区が少なくとも自主立法権を有しないことは明らかであり、したがって、憲法92条にいう地方公共団体にあたるとは認められないから、本件区長制度を条例で設置したとしても、これをもって憲法92条に違反するということはできない。」として、公金支出は適法である旨の判断をしました。

Point

1　憲法上の地方公共団体

憲法第８章各条で規定されている「地方公共団体」とは、都道府県及び市町村をいう。

2　地方自治法上の地方公共団体

①　普通地方公共団体とは、都道府県及び市町村をいう。

②　特別地方公共団体とは、特別区、地方公共団体の組合（一部事務組合及び広域連合）及び財産区をいう。

・特別区：独立した法人であり市町村に準じた地方公共団体として機能している。

・一部事務組合：複数の地方公共団体が行う事務の一部を共同処理するために設けられる法人

・広域連合：複数の地方公共団体や特別区が行う事務の一部を共同処理するために設けられる法人。議会の議員及び長は、直接公選又は間接選挙によらなければならないなど、一部事務組合より住民自治の視点から強化が図られている。

・財政区：市町村又は特別区の一部を区域で財産や公の施設を管理するために設けられる法人

3　大都市制度

①　政令指定都市：政令で指定する人口50万以上の市。事務配分上の特例、関与の特例、税制上の特例、行政組織上の特例が認められている。

②　中核市：政令で指定する人口20万以上の市。事務配分上の特例、関与の特例が認められている。

③　施行時特例市：特例市制度の廃止時に特例市だった市のうち中核市等に移行しなかった市。経過措置として従来どおりの事務処理権限を有することとされている。

第2節

地方公共団体相互間の協力

この節では、地方公共団体相互間の協力について学びます。

地方公共団体が行う事務の中には、一つの地方公共団体で行うよりも複数の団体で行った方が効率的な事務があります。また、人口減少等の課題に直面する地域では、単独の地方公共団体では公共サービスの提供が困難となっている場合もあります。

地方自治法では、このような場合に、住民に適正に行政サービスを提供するために、地方公共団体が相互に協力して事務を行うさまざまな制度を規定しています。各地方公共団体が効率的かつ効果的に事務を処理するために、その制度を理解して、最もふさわしい制度を選択することが求められます。

交通・情報通信手段の発達や経済活動の活発化に伴い、住民の日常社会生活圏は、現在の市町村の区域を越えてますます拡大しています。このため個々の市町村の行政区画を越えるさまざまな住民ニーズが生じ、また、個々の市町村で対応していては、効率性や総合性の観点から無駄が多い行政分野も多くなっています。さらには、人口減少等の課題に直面する地域では、もはや単独の地方公共団体では十分な公共サービスの提供が困難となっている場合もあります。

こうしたことから、複数の地方公共団体が連携した上でさまざまな行政事務を実施する例が数多く見られています。そのための制度としては、地方公共団体の組合や協議会等の制度が活用されています。また、近年では、連携のための基本的な方針を定める連携協約制度が設けられています。

1 連携協約

連携協約は、地方公共団体が、他の地方公共団体と連携して事務を処理するに当たっての基本的な方針及び役割分担を定める制度です（法252条の2第1項)。連携協約を締結した地方公共団体は、当該連携協約に基づいて、分担すべき役割を果たすため必要な措置をとるようにしなければなりません

●連携協約の締結関係

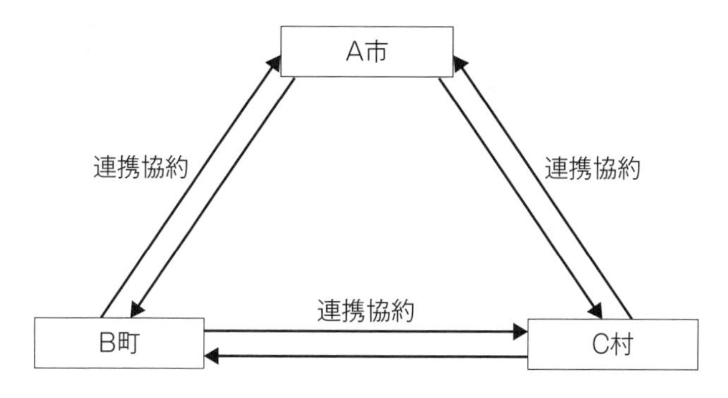

（法252条の２第６項）。連携協約に基づき、事務の委託等により事務の共同処理を行う場合は、それぞれの事務の共同処理制度の規定に基づき規約を定める必要があります。

なお、連携協約に係る紛争がある場合は、自治紛争処理委員による処理方策の提示を求め、提示を受けることができます（法252条の２第７項）。

2　協議会

複数の地方公共団体が協議により規約を定め、協議会を設置し、①事務の一部を共同して管理及び執行し、もしくは②事務の管理及び執行について連絡調整を図り、又は③広域にわたる総合的な計画を共同して作成します（法252条の２の２）。一部事務組合のように法人格を有するものではなく、いわば関係地方公共団体の共同の執務組織というべきものです。

①の管理及び執行を行う協議会を一般的に「管理執行協議会」といい、②の連絡調整を行う協議会を「連絡調整協議会」といいます。さらに③の計画作成を行う協議会は、昭和36年の地方自治法の改正により追加されたもので、「計画作成協議会」といいます。地方自治法は、このように３種類の協議会がありますが、複数の性格を併せ持つものもあります。協議会の設置に当たっては、②の協議会を除いて、議会の議決が必要です（法252条の２の２）。

●**管理執行協議会のイメージ**

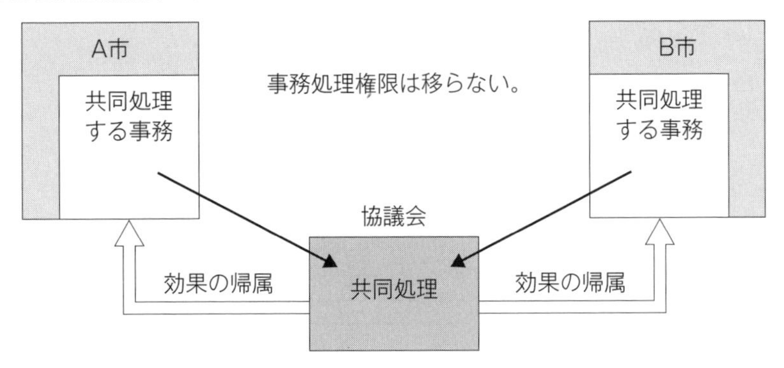

※一部事務組合、広域連合とは異なり、共同処理を行った事務についての法的効果はそれぞれの市に帰属することになります。

3 機関等の共同設置

複数の地方公共団体が協議により規約を定め、機関等を共同設置することができます（法252条の７）。共同設置する機関等が管理、執行したことの効果は、関係地方公共団体の機関等がしたと同様に、それぞれの地方公共団体に帰属します。

●**共同設置することができる機関等**

・執行機関としての委員会又は委員及びその事務局又はその内部組織
・執行機関の附属機関
・執行機関又は議会の事務を補助する職員、書記その他の職員
・専門委員
・保健所等の行政機関
・議会事務局又はその内部組織

4 事務の委託

協議により規約を定め、地方公共団体の事務の一部を他の地方公共団体に委託することができます。委託を受けた地方公共団体は、受託事務の範囲において自己の事務として処理する権限を有することとなります（法252条の

●事務の委託のイメージ

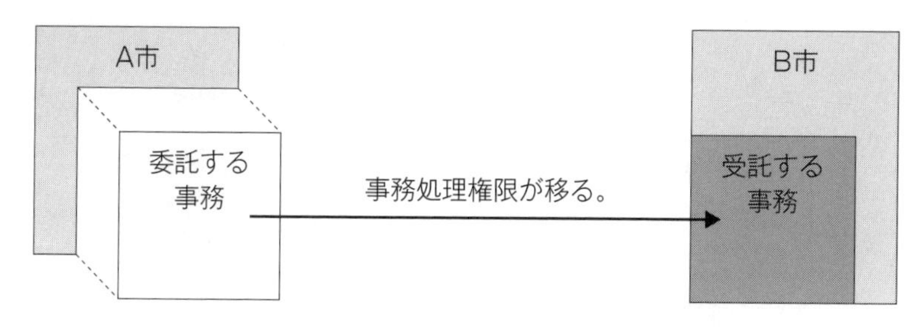

※A市は委託した事務について事務処理権限を持たずに、B市のみが有することになります。

14)。当該事務についての法令上の管理執行権限及び責任は、受託した地方公共団体に帰することになります（法252条の16)。そのため、委託を行った地方公共団体は、その事務を管理執行する権限を有しません。

5 事務の代替執行

事務の代替執行は、地方公共団体の事務の一部の管理執行を、その地方公共団体の名前で、他の地方公共団体が行う制度です（法252条の16の２)。代替執行は、地方公共団体が、協議により定める規約に基づき行うことになります（法252条の16の３)。地方公共団体が他の地方公共団体に事務を代替執行させることにより、事務を任せた地方公共団体が、自らその事務を管理執行した場合と同様の効果を生じます（法252条の16の４)。その事務についての法令上の責任は事務のもとの地方公共団体に帰属したままで、その事務を管理執行する権限の移動も伴いません。

なお、代替執行に要する経費は、すべて事務を任せた地方公共団体が事務の代替執行をする地方公共団体に対する負担金として予算に計上し、負担すべきその経費の支弁の方法は規約の中で定めることとされています（法252条の16の３第３号)。

●事務の代替執行のイメージ

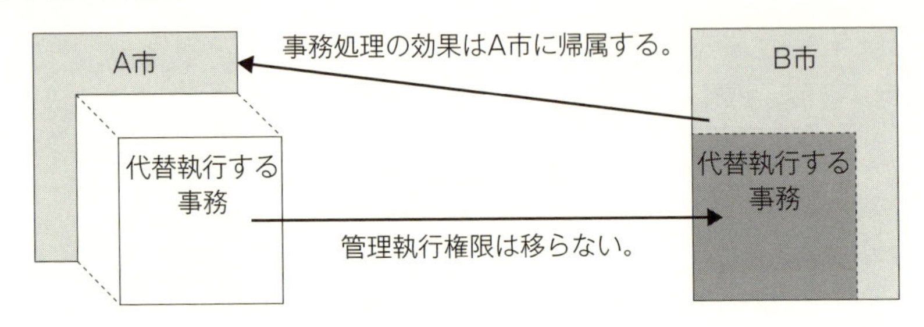

●地方自治法における広域連携の仕組み

	共同処理	制度の概要
法人の設立を要しない簡便な仕組み	連携協約	複数の地方公共団体が、連携して事務を処理するに当たっての基本的な方針及び役割分担を定めるための制度
	協議会	複数の地方公共団体が、共同して管理執行、連絡調整、計画作成を行うための制度
	機関等の共同設置	地方公共団体の委員会又は委員、行政機関、長の内部組織等を複数の地方公共団体が共同で設置する制度
	事務の委託	地方公共団体の事務の一部の管理・執行を他の地方公共団体にゆだねる制度
	事務の代替執行	地方公共団体の事務の一部の管理・執行を当該地方公共団体の名において他の地方公共団体に行わせる制度
別法人を設立する仕組み	一部事務組合	複数の地方公共団体が、その事務の一部を共同して処理するために設ける特別地方公共団体
	広域連合	複数の地方公共団体が、広域にわたり処理することが適当であると認められる事務を処理するために設ける特別地方公共団体。国又は都道府県から直接に権限や事務の移譲を受けることができる。

（総務省資料を元に筆者が修正）

6 職員の派遣

地方公共団体の長、委員会・委員は、その事務の処理のため特別の必要があると認めるときは、他の地方公共団体の長、委員会・委員に対して、その地方公共団体の職員の派遣を求めることができます（法252条の17第１項）。東日本大震災や熊本地震等の災害に関連して、各地方公共団体の支援としてこの規定に基づき多くの職員が派遣されています。

なお、派遣された職員は、派遣先と派遣元の両地方公共団体の職員としての身分をあわせもつことになります（法252条の17第２項）。ただし、派遣された職員の身分取扱いに関しては、派遣元の地方公共団体の職員に関する法令の規定の適用があります（法252条の17第４項）。また、その給料、手当（退職手当を除きます。）及び旅費は、職員の派遣を受けた地方公共団体の負担とし、退職手当及び退職年金又は退職一時金は、当該職員の派遣をした地方公共団体の負担とされています。

派遣期間が長期間にわたるなどの特別の事情があるときは、派遣先と派遣元の地方公共団体間の協議により、その派遣の趣旨に照らして必要な範囲内において、派遣先の地方公共団体がその職員の退職手当の全部又は一部を負担することができます（法252条の17第２項）。

なお、地方公共団体の委員会・委員が、職員の派遣を求め、又は求めに応じて職員を派遣しようとするときは、あらかじめ、派遣元である地方公共団体の長に協議しなければなりません。また、退職手当の負担について協議しようとするときも同様です（法252条の17第３項）。

7 定住自立圏構想

定住自立圏構想は、「中心市」の都市機能と、「周辺市町村」の農林水産業、自然環境、歴史、文化など、それぞれの魅力を活用して、NPO法人や企業といった民間の担い手を含め、相互に役割分担し、連携・協力することにより、地域住民のいのちと暮らしを守るため圏域全体で必要な生活機能を確保し、地方圏への人口定住を促進する制度です。

定住自立圏の形成に当たっては、医療や買い物など住民生活に必要な機能について一定の集積があり、周辺の市町村の住民もその機能を活用しているような都市が「中心市」となり、圏域全体において中心的な役割を担うことを想定しています。「中心市」が周辺の市町村と役割分担した上で、NPO法人や企業など民間の担い手とも連携して生活機能の確保のための事業を実施し、人口定住を図っていきます。

（１）定住自立圏の中心市と近隣市町村との役割分担

定住自立圏の中心市は、大規模商業・娯楽機能、中核的な医療機能、各種の生活関連サービス機能など生活に必要な都市機能について一定の集積があり、その市の住民のみならず、近隣の市町村の住民もその機能を活用しているような都市です。一方、近隣市町村においては、環境、地域コミュニティ、食料生産、歴史・文化などの観点からの重要な役割が期待されています。

定住自立圏構想は、このような中心市の機能と近隣市町村の機能が、協定によって有機的に連携し、「定住」のための暮らしに必要な諸機能を総体として確保するとともに、「自立」のための経済基盤や地域の誇りを培い、全体として魅力あふれる地域の形成を目指していくことになります。

（２）定住自立圏形成に向けた手続

定住自立圏形成に向けた手続は、次のとおりです。

① 一定の要件を満たす「中心市」が「中心市宣言」により圏域における定住自立圏形成に向けた中心的な役割を担う意思を表明する。

② 中心市宣言を行った市が、住民生活等において密接な関係を有する周辺の市町村との間で、議会の議決を経た上で、１対１で「定住自立圏形成協定」を締結し、人口定住のために必要な生活機能を確保するための相互の役割分担を決める。中心市が、生活機能確保の役割を担う民間や地域の関係者、圏域住民で構成する「圏域共生ビジョン懇談会」での検討を経て、協定締結した他の市町村との協議の上、「定住自立圏共生ビジョン」（おおむね５年を想定）を策定し、圏域の将来像や、具体的な取組内容及びその成果を決める。

③ 「定住自立圏共生ビジョン」に基づき、中心市及び周辺市町村が役割

分担した上で、具体的な取組を展開する。

④　「定住自立圏共生ビジョン」は、取組の成果を勘案しながら、毎年度見直す。

(3)「定住自立圏構想」での支援制度

定住自立圏の取組に対する支援策として、総務省が示している主なものは次のとおりです。

①　中心市及び近隣市町村の取組に対して特別交付税の交付を受けることができる。

②　総務省をはじめ、文部科学省、国土交通省、農林水産省、厚生労働省、

●定住自立圏のイメージ

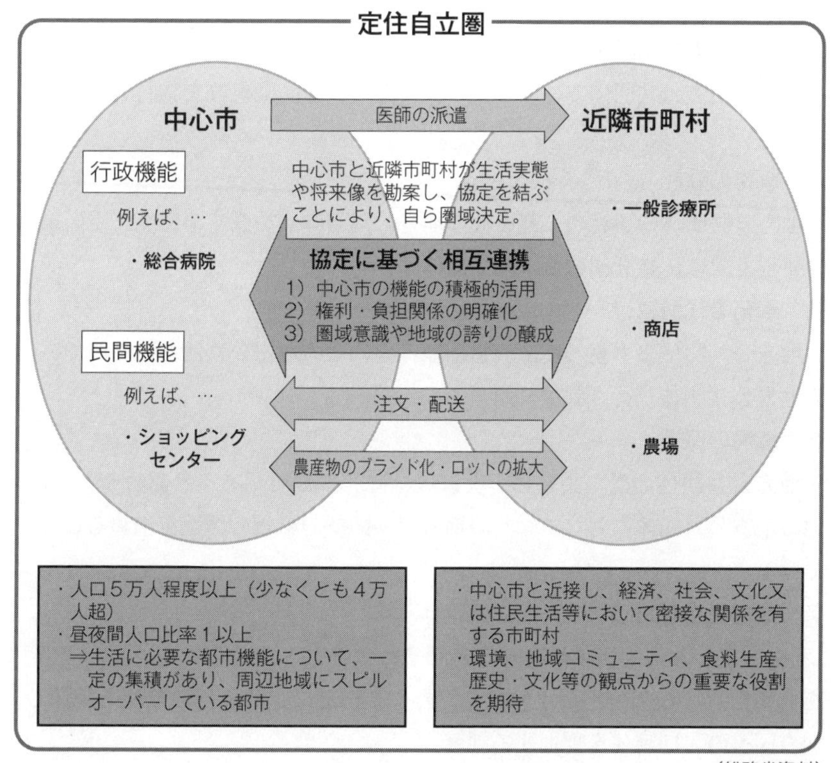

（総務省資料）

経済産業省における事業の優先採択等の支援を受けることができる。

1　**連携協約**

地方公共団体が、他の地方公共団体と連携して事務を処理するに当たっての基本的な方針及び役割分担を定める制度

2　**協議会**

複数の地方公共団体で、①事務の一部を共同して管理及び執行し、もしくは②事務の管理及び執行について連絡調整を図り、又は③広域にわたる総合的な計画を共同して作成する組織

3　**機関等の共同設置**

複数の地方公共団体で、委員会、附属機関、補助職員等を共同して設置する制度

4　**事務の委託**

地方公共団体の事務の一部を他の地方公共団体に委託する制度。委託事務の処理権限は、委託団体から受託団体に移る。

5　**事務の代替執行**

地方公共団体の事務の一部の管理執行を、その地方公共団体の名前で、他の地方公共団体が行う制度

6　**職員の派遣**

地方公共団体の長、委員会・委員は、特別の必要があると認めるときに、他の地方公共団体に対して、その地方公共団体の職員の派遣を求めることができる。

7　**定住自立圏構想**

「中心市」と「周辺市町村」がそれぞれの魅力を活用して、民間の担い手を含め相互に役割分担し、連携・協力することにより、生活機能を確保し、地方圏への人口定住を促進する制度

第3節

地方公共団体の活動を支える組織

ここでは、地方公共団体の活動を支える組織について学びます。地方における行政事務は、地方公共団体が中心となって行われています。しかし、地方における行政事務を担うのは地方公共団体だけではありません。必要に応じて地方公営企業や地方独立行政法人を設置して、行政サービスを提供している場合があります。効果的・効率的な行政事務を進めるためには、さまざまな形の行政主体のあり方を十分に理解して、最もふさわしい形を考えることが重要です。

1 地方公営企業

地方公共団体が、直接、社会公共の利益を目的として、その地域住民の日常生活の利便のために経営しているものが、「地方公営企業」です。

地方公営企業として設置されるものとして、水道、工業用水道、バス、地下鉄などの交通、病院、下水道等の事業がありますが、いずれも地域住民の生活に密接にかかわるものです。水道、工業用水道、軌道、自動車運送、鉄道、電気、ガスの７事業及び病院については、企業経営の組織、財務、身分取扱等に関する地方自治法の特例を定めた地公企法の適用が義務づけられます。病院以外の７事業は、地公企法の全部が適用され、病院事業は財務に関する規定のみ適用されます（地公企法２条）。

これらの事業以外にも、主としてその経費を当該事業の経営に伴う収入をもって充てるものについては、地方公営企業として、条例（一部事務組合及び広域連合の場合は規約）で定めることにより地公企法の全部又は財務規定等を適用することができます（地公企法２条３項）。

地方公営企業の経理については、特別会計を設けて行い、その経費はその事業の経営に伴う収入をもって充てなければなりません。ただし、次の経費については、地方公共団体の一般会計又は他の特別会計で負担することとされています（地公企法17条の２）。

① その性質上、地方公営企業の経営に伴う収入をもって充てることが適当でない経費（消火栓に要する経費等）

② 当該地方公営企業の性質上能率的な経営を行っても経営に伴う収入のみをもって充てることが困難な経費のうち政令で定めるもの（救急の医療を確保するために要する経費、山間地等における医療・高度又は特殊な医療に要する経費等）

さらに、災害の復旧その他特別の理由により必要がある場合には、一般会計等から地方公営企業の特別会計に補助をすることができるほか、一般会計等から長期の貸付けを行うこともできます。

地方公営企業には、地方公営企業の業務を執行する機関として、原則として管理者を置くこととされています（地公企法７条）。管理者は、地方公営企業の経営に関し識見を有する者のうちから、地方公共団体の長が任命します（地公企法７条の２第１項）。管理者は、地方公営企業の業務を執行し、当該業務の執行に関し当該地方公共団体を代表します。ただし、次の事項については、地方公共団体の長の権限とされています（地公企法８条１項）。

① 予算を調製すること

② 地方公共団体の議会の議決を経るべき事件につきその議案を提出すること

③ 決算を監査委員の審査及び議会の認定に付すること

④ 条例に基づく過料及び分担金・使用料・加入金・手数料に規定する過

●地方公営企業管理者と地方公共団体の長の代表権

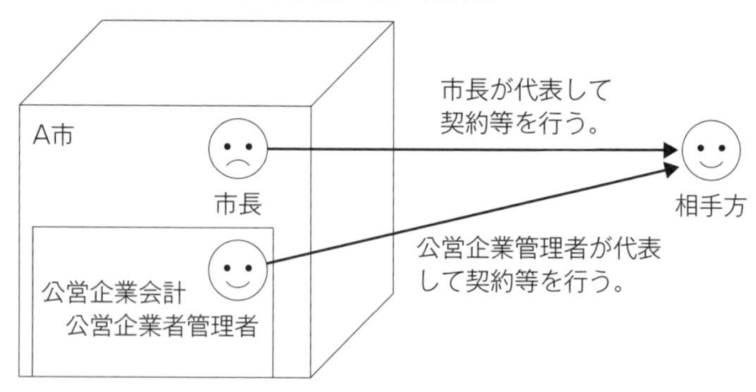

料を科すること

地方公共団体の代表権は、原則として、地方公共団体の長が有することとされています（法147条）が、公営企業を設置した場合には、公営企業の業務の執行に関しては、公営企業管理者が地方公共団体を代表することになります（48頁参照）。

このように、同一の地方公共団体であっても事務ごとに代表権を有する者が異なる場合があるのです。なお、管理者を置かない公営企業については、管理者の権限は地方公共団体の長が行います（地公企法８条２項）。

2 地方独立行政法人

住民の生活、地域社会及び地域経済の安定等の公共上の見地からその地域において確実に実施されることが必要な事務及び事業であっても、地方公共団体自らが主体となって直接に実施する必要のない事務や事業もあります。しかし、そのような事務でも、民間の主体に任せたのでは必ずしも実施されないおそれがあるものもあります。そのような事務を効率的かつ効果的に行わせることを目的として、地方公共団体が設立する法人が「地方独立行政法人」です。いわば官と民の中間的な立場で、事務を行う存在といえます。

地方独立行政法人が行う対象となる事務としては、次のものがあります（地方独法法21条）。

①　試験研究

②　公立大学の設置、管理

③　公営企業に相当する事業の経営（水道事業、工業用水道事業、軌道事業、自動車運送事業等）

④　社会福祉事業の経営（特別養護老人ホーム、保育所、ホームヘルプサービス事業等）

⑤　その他の公共的な施設で、政令で定めるもの（会議場施設等）の設置・管理

⑥　転入届、住民票の写しの交付請求の受理等のいわゆる窓口関連業務

平成29年６月に、外部委託の受け皿として地方独立行政法人を活用するために、地方独法法が改正されました。⑥は、この改正によって平成30年

４月１日から、地方独立行政法人の業務に追加されたものです。

地方独立行政法人制度の基本理念として、次の４点が挙げられています。

①　自己責任

・３～５年の中期目標、中期計画により計画的に業務を遂行する。

・第三者機関の評価委員会が定期的に評価・勧告する。

・中期目標期間終了時に、組織・業務を全般的に見直す。

②　企業会計原則

・発生主義、複式簿記等の企業会計的手法を取り入れる。

・財務諸表を作成、公表する。

・使途が制限されない運営費交付金を交付する。

③　ディスクロージャー

・中期目標、中期計画、財務諸表、業務の実績、評価結果、給与基準等広汎な事項を積極的に公開する。

・インターネット等幅広い公表手段を活用する。

④ 業績給与制

・法人の実績、職員の業績を反映した給与の仕組みを取り入れ、法人が決定して地方公共団体に届出・公表する。

地方独立行政法人の設立に当たって、設立団体が議会の議決を経て定款を定め、都道府県や政令指定都市が設立しようとする場合は総務大臣の、市町村が設立しようとする場合は都道府県知事の認可を受けます（地方独法法７条）。

また、地方独立行政法人は、業務開始の際、業務方法書（法人の目的、基本方針、業務内容が記載され、定款に規定する業務を補足する形でまとめたもの）を作成し、設立団体の長の認可を受けなければなりません（地方独法法22条）。この業務方法書については、地方独立行政法人法の改正により平成30年４月１日からは、業務の適正を確保するための体制の整備に関する事項の記載も義務づけられることとなりました。

職員の身分については、地方独法法２条２項で「その業務の停滞が住民の生活、地域社会若しくは地域経済の安定に直接かつ著しい支障を及ぼすため、又はその業務運営における中立性及び公正性を特に確保する必要があるため、その役員及び職員に地方公務員の身分を与える必要があるもの」を特定地方独立行政法人とし、その役員及び職員に地方公務員の身分を与えるものとしています。一方、その他の一般地方独立行政法人については、地方公務員の身分を有しません。

特定地方独立行政法人として設立するためには、その旨を定款で定めなければなりません（地方独法法８条１項）。なお、一般地方独立法人が定款の変更により特定地方独立行政法人になることはできません（地方独法法８条３項）。

理事長及び監事は設立団体の長が任命し、その他の役員及び職員は理事長が任命します（地方独法法14条）。

地方独立行政法人の自主性を担保しつつ、公共性と透明性を確保するため、設立団体の関与を最小限にとどめ、法人の自主運営を尊重する形で目標による管理と評価の仕組みが定められています。

❶ 中期目標（地方独法法25条）

地方独立行政法人の設立団体である地方公共団体の長は、３～５年間（公立大学法人は６年間）に法人が「達成すべき業務運営に関する目標」である「中期目標」を議会の議決を経て定めなければなりません。「中期目標」は、「中期目標の期間」のほか、

・住民に対して提供するサービスその他の業務の質の向上に関する事項
・業務運営の改善及び効率化に関する事項
・財務内容の改善に関する事項

などで構成され、「中期目標」を当該地方独立行政法人に指示するとともに、住民に公表しなければならないとされています。

❷ 中期計画（地方独法法26条）

各法人は、中期目標に基づき、その目標達成のための計画である「中期計

画」を作成し、設立団体である地方公共団体の長の認可を受け、認可を受けた場合は公表しなければなりません。「中期計画」では、以下のことなどについて定めるものとされています。

・住民に対して提供するサービスその他の業務の質の向上に関する目標を達成するためとるべき措置
・業務運営の改善及び効率化に関する目標を達成するためとるべき措置
・予算（人件費の見積りを含みます。）
・収支計画及び資金計画
・剰余金の使途

③ 年度計画（地方独法法27条）

各法人は、毎事業年度の開始前に、中期計画に基づいて、業務運営に関する計画である「年度計画」を定め、設立団体の長に届け出るとともに、公表しなければなりません。

④ 評価委員会

これらの計画に基づく各法人の成果について、地方独法法11条により、設立地方公共団体の執行機関の附属機関として置かれる地方独立行政法人評価委員会が評価を行います。法人は、法律の規定により、毎事業年度における業務の実績について評価委員会の評価を受けなければなりません。

さらに、中期目標期間終了時の業務全体についての総合的な評定を行うことを義務づけられています。この評価結果は、公表するとともに、議会に報告しなければなりません（地方独法法28条）。

⑤ 会　計

法人の会計は、原則として企業会計原則によるものとされています（地方独法法33条）。また、法人は、毎事業年度、財務諸表等を作成、公表するとともに、設立団体の長の承認を受けなければなりません（地方独法法34条）。さらに、一定の基準に達する法人は、監事の監査のほか、会計監査人の監査を受ける必要があります（地方独法法35条）。

3 指定地域共同活動団体

第33次地方制度調査会（内閣総理大臣の諮問機関）が行った答申（令和５年12月21日）において、経営資源が制約される中で持続可能な形で行政サービスを提供し、住民の暮らしを支えていくためには、地方公共団体が多様な主体と連携・協働していく視点が一層重要になるとされました。この答申を受けて、令和６年の地方自治法改正により、地域住民の生活サービスの提供に資する活動を行う団体として指定地域共同活動団体の制度が創設されました。

（1） 指定地域共同活動団体の指定

市町村長は、地域的な共同活動を行う団体のうち、以下の要件を備えるものを、指定地域共同活動団体として指定することができることとされました（法260条の49第２項）。

●指定の要件

① 地縁による団体その他の団体（当該市町村内の一定の区域に住所を有する者を主たる構成員とするものに限る）又は当該団体を主たる構成員とする団体であること。
② 良好な地域社会の維持及び形成に資する地域的な共同活動であって、地域において住民が日常生活を営むために必要な環境の持続的な確保に資するものとして条例で定めるもの（特定地域共同活動）を、地域の多様な主体との連携その他の方法により効率的かつ効果的に行うと認められること。
③ 民主的で透明性の高い運営その他適正な運営を確保するために必要なものとして条例で定める要件を備えること。
④ 目的、名称、主としてその活動を行う区域等の事項を内容とする定款、規約その他これらに準ずるものを定めていること。
⑤ ①～④のほか、条例で定める要件を備えること。

（2） 市町村による支援

市町村は、指定地域共同活動団体が行う特定地域共同活動に関し必要な支援を行い、その状況について公表するものとされています（法260条の49第３項、第４項）。一方、指定地域共同活動団体からも、特定地域共同活動を他の団体と連携して効率的かつ効果的に行うための調整を行うよう市町村長に求めることができることとされています（同条５項）。

また、市町村は、市町村の事務が、特定地域共同活動と一体的に行われることにより、住民の福祉の増進が効率的かつ効果的に図られると認めるときは、市町村の規則で定める手続により、指定地域共同活動団体への委託について、競争入札を行わず、随意契約を行うことができます（同条６項）。

さらに市町村の行政財産を使用して特定地域共同活動を行うことによって、住民の福祉の増進が効率的かつ効果的に図られると市町村が認めるときは、指定地域共同活動団体に対して、行政財産を用途又は目的を妨げない限度において、貸し付けることができます（同条７項）。

Point

1　地方公営企業

地方公共団体が、その地域住民の日常生活の利便のために経営しているもので、水道、工業用水道、バス、路面電車、地下鉄などの交通、病院、下水道などが対象となる。

2　地方独立行政法人

住民の生活等の公共上の見地からその地域において必要な事務であっても、地方公共団体が自ら主体となって直接に実施する必要のない事務を実施するために設置する。

・対象事務：①試験研究、②公立大学の設置、管理、③公営企業に相当する事業の経営、④社会福祉事業の経営、⑤その他の公共的な施設で、政令で定めるもの（会議場施設等）の設置・管理、⑥窓口関連事務など。

・基本理念：①自己責任、②企業会計原則、③ディスクロージャー、④業績給与制

3　指定地域共同活動団体の指定

市町村長は、地域住民の生活サービスの提供に資する活動を行う団体として、指定地域共同活動団体として指定することができる。

・市町村の支援

①　市町村は、一定の要件を満たす地域的な共同活動に関し、指定地域共同活動団体が行う必要な支援を行い、その状況について公表する。

②　市町村は、市町村の事務が、特定地域共同活動と一体的に行われることにより、住民の福祉の増進が効率的かつ効果的に図られると認めるときは、指定地域共同活動団体に対して随意契約により委託を行うことができる。

③　市町村は、住民の福祉の増進が効率的かつ効果的に図られると認めるときは、指定地域共同活動団体に対して、行政財産を用途又は目的を妨げない限度において、貸し付けることができる。

第４節

判例から学ぶ

ここでは、判例を通じて、地方公共団体の意義、そして地方公共団体とその外郭団体との関係を学ぶことにしましょう。

1 憲法上の地方公共団体の意義（最判昭和38年３月27日・刑集17巻２号121頁）

・事案の概要

特別区の区長候補の決定に当たって現金を供与したとして贈収賄罪で起訴された事案です。特別区が憲法93条２項に規定する地方公共団体に該当するならば区長の選任制を定める法の規定は憲法に反し無効となり、区議会議員は区長を選任する職務権限を有さないことになるため贈収賄罪に当たらないことから、特別区が憲法93条で規定する地方公共団体に当たるかが争われました。

・判決のポイント

「地方公共団体といい得るためには、単に法律で地方公共団体として取り扱われているということだけでは足らず、事実上住民が経済的文化的に密接な共同生活を営み、共同体意識をもつているという社会的基盤が存在し、沿革的にみても、また現実の行政の上においても、相当程度の自主立法権、自主行政権、自主財政権等地方自治の基本的権能を附与された地域団体であることを必要とするものというべきである。」とした上で、特別区は「地方自治法をはじめその他の法律によつてその自治権に重大な制約が加えられているのは、東京都の戦後における急速な経済の発展、文化の興隆と、住民の日常生活が、特別区の範囲を超えて他の地域に及ぶもの多く、都心と郊外の昼夜の人口差は次第に甚だしく、区の財源の偏在化も益々著しくなり、23区の存する地域全体にわたり統一と均衡と計画性のある大都市行政を実現せんとする要請に基づくものであつて」「憲法93条２項の地方公共団体と認めることはできない。」としています。

・学習のポイント

この判決では、憲法上の地方公共団体というために、①事実上住民が経済的文化的に密接な共同生活を営み、②共同体意識をもっているという社会的基盤が存在し、③沿革的にみても、また現実の行政の上においても、相当程度の自主立法権、自主行政権、自主財政権等地方自治の基本的権能を附与された地域団体である、という三つの要件をしています。この判決では、特別区は憲法上の地方公共団体に当たらないと判断されましたが、近年の特別区の実態は市町村と異ならないことから、市町村と同様に憲法上の地方公共団体に当たるものと考えるべきでしょう。

2 第三セクターのための損失補償契約（最判平成23年10月27日・判時2133号３頁）

・事案の概要

長野県南安曇郡三郷村（合併後は安曇野市）が出資して設立された株式会社に融資した複数の金融機関等と同村との間で、この融資によって金融機関等に生ずべき損失を補償する旨の契約を締結しました。このことにつき、住民が、この損失補償契約は「政府又は地方公共団体は、会社その他の法人の債務については、保証契約をすることができない。」と規定する、法人に対する政府の財政援助の制限に関する法律３条に違反して無効であると主張して、市に対して地方自治法242条の２に基づき、この契約に基づく金融機関等への公金の支出の差止め等を求めた事案です。

・判決のポイント

「地方公共団体が法人の事業に関して当該法人の債権者との間で締結した損失補償契約について、財政援助制限法３条の規定の類推適用によって直ちに違法、無効となる場合があると解することは、公法上の規制法規としての当該規定の性質、地方自治法等における保証と損失補償の法文上の区別を踏まえた当該規定の文言の文理、保証と損失補償を各別に規律の対象とする財政援助制限法及び地方財政法など関係法律の立法又は改正の経緯、地方自治の本旨に沿った議会による公益性の審査の意義及び性格、同条ただし書所定の総務大臣の指定の要否を含む当該規定の適用範囲の明確性の要請等に照らすと、相当ではないというべきである。上記損失補償契約の適法性及び有効性は、地方自治法232条の２の規定の趣旨等に鑑み、当該契約の締結に係る公益上の必要性に関する当該地方公共団体の執行機関の判断にその裁量権の範囲の逸脱又はその濫用があったか否かによって決せられるべきものと解する」べきであるとしました。

・学習のポイント

地方公共団体は、会社その他の法人の債務については、保証契約をすることができないとされているため、地方公共団体が設立した会社等の債務についても保証することはできません。これに対して「損失補償」は、主債務から独立した性質を有する損害担保契約のことで、主債務が期限を経過して履行されないだけではなく、執行不能や倒産等、現実に債権回収が望めない事態に至って初めて、損失を補塡するための債務を負うもので、債務保証とは異なるとされています。そのため、従来から、損失補償については、この法律に抵触せずに可能であるとされてきました。しかし、この判決では、債務保証と損失補償という形式的な分類ではなく、その契約の適法性及び有効性は、地方自治法232条の２「普通地方公共団体は、その公益上必要がある場合においては、寄付又は補助をすることができる。」の規定の趣旨等に鑑み、当該契約の締結に係る公益上の必要性に関する当該地方公共団体の執行機関の判断にその裁量権の範囲の逸脱又はその濫用があったか否かによって決せられるべきものとされました。

この判決を踏まえて、地方公共団体として第三セクター等外郭団体に対する支援のあり方を考える必要があります。

第3章

国と地方公共団体、市町村と都道府県との関係

地方公共団体は、国や他の地方公共団体から独立して行政運営を行うことができます。それが団体自治の考え方です。しかし、一方では、国家として統一した行政運営も求められています。そのために、地方公共団体の行政運営に関して、国や他の地方公共団体が関与する場合もあります。

この章では、国や他の地方公共団体との関係や関与のルール、さらに紛争処理の方法などを学びます。

第1節

国と地方公共団体との関係

この節では、国と地方公共団体との関係について学びます。

平成12年のいわゆる地方分権一括法による地方自治法の改正により、国と地方との関係は大きく転換しています。それ以前の機関委任事務については、国の包括的な関与が許されており、それが地方分権の障害となっていました。しかし、この地方自治法改正により、関与のあり方が大幅に見直されて、①法定主義の原則、②関与の必要最小限の原則、③公正・透明の原則、の三つの原則が定められました。

地方公共団体において、自主自立の行政運営を行うために、国からの関与のルールを十分に理解しておくことが不可欠です。

1 国等の関与

地方公共団体に対する関与とは、地方公共団体の事務の処理に関して、国の行政機関、市町村に対してはさらに都道府県の機関が何らかの助言、勧告などを行うことです。地方自治の本旨の一つの柱である「団体自治」を前提とするならば、地方の行政運営は地方公共団体の自主的な判断に任せ、できる限り国等の関与は避けることが望ましいのは当然のことです。しかし一方では、国全体としてある程度統一性をもった行政運営が求められる場合もあります。そのため、地方公共団体に対する国等の関与は、地方公共団体の自主性と全国的な統一性というバランスのもとで行われる必要があります。

平成12年の地方分権以前の機関委任事務については国の包括的な関与が許されており、それが地方分権の障害となっていました。そのため、平成12年の地方分権一括法で、関与のあり方が大幅に見直されて、次の三つの原則が定められました。

① 関与の法定主義の原則

② 関与の必要最小限の原則

③ 関与の公正・透明の原則

（１）関与の法定主義の原則

地方公共団体は、その事務の処理に関し、法律又はこれに基づく政令によらなければ、国又は都道府県の関与を受けないこととされています（法245条の２）。つまり、国等が地方公共団体に関与を行うためには、国民の民主的なチェックを行うという意味で法律又はこれに基づく政令に基づかなければならないとしているのです。これが関与の法定主義の原則です。

かつての機関委任事務については、包括的な指揮監督権が認められていましたが、その考え方を否定し、必ず法律の根拠が必要であるとされています。

（２）関与の必要最小限の原則

地方公共団体の事務の処理に関し、国又は都道府県の関与を受け、又は要することとする場合には、その目的を達成するために必要な最小限度のものとするとともに、地方公共団体の自主性及び自立性に配慮しなければならないとされています（法245条の３第１項）。関与の必要最小限の原則といわれています。

（３）関与の公正・透明の原則

関与する手続について、書面の交付、許可・認可等の審査基準や標準処理期間の設定及び公表を行うことなどが義務づけられ、関与の公正・透明性が守られています（法247条～250条の６）。

（４）関与の基本的な類型

地方自治法は、関与の基本的な類型として、①助言又は勧告、②資料の提出の要求、③是正の要求、④同意、⑤許可、認可又は承認、⑥指示、⑦代執行、⑧協議を規定しています（法245条）。

このうち、自治事務については、①助言又は勧告、②資料の提出の要求、③是正の要求、⑧協議が基本的な類型とされ、④同意、⑤許可、認可又は承認、⑥指示、⑦代執行は例外的にのみ認められています。法定受託事務については、①助言又は勧告、②資料の提出の要求、④同意、⑤許可、認可又は承認、⑥指示、⑦代執行、⑧協議が基本的な類型として規定されています。

なお、この他にも個別法において、国等の関与を規定する場合もあります。

❶ 技術的な助言・勧告

各大臣又は都道府県の執行機関は、地方公共団体に対して地方公共団体の事務の運営等について適切と認める技術的な助言、勧告を行うことができます。また、その助言、勧告をするため、あるいは地方公共団体の事務の適正な処理に関する情報を提供するために、必要な資料の提出を求めることができます（法245条の４第１項）。

❷ 資料の提出の要求

各大臣は、都道府県の執行機関に対して、市町村に対する助言、勧告又は資料の提出の求めに関して、必要な指示をすることができます（法245条の４第２項）。

また、地方公共団体の執行機関は、各大臣、都道府県の執行機関に対して、技術的な助言、勧告又は必要な情報の提供を求めることができます（同条３項）。

❸ 是正の要求

各大臣は、都道府県の自治事務の処理が、①法令の規定に違反していると認めるとき、又は②著しく適正を欠き、かつ、明らかに公益を害していると認めるときは、当該都道府県に対し、当該自治事務の処理について違反の是正又は改善のため必要な措置を講ずべきことを求めることができます（法245条の５第１項）。

また、各大臣は、①市町村の事務処理が法令の規定に違反していると認めるとき、又は②著しく適正を欠き、かつ、明らかに公益を害していると認めるときは、当該事務の処理について違反の是正又は改善のため必要な措置を講ずべきことを市町村に求めるよう、都道府県の執行機関に対して指示をすることができます（同条２項）。なお、対象となる事務と各大臣が指示することができる都道府県の機関は、次のとおりです。

指示を受ける都道府県の機関	指示の対象となる事務
①　都道府県知事	市町村の執行機関（教育委員会及び選挙管理委員会を除く。）の担任する事務（第一号法定受託事務を除く。）
②　都道府県教育委員会	市町村教育委員会の担任する事務（第一号法定受託事務を除く。）
③　都道府県選挙管理委員会	市町村選挙管理委員会の担任する事務（第一号法定受託事務を除く。）

さらに、各大臣は、その担任する事務に関し、市町村の事務（第一号法定受託事務を除きます。）の処理が①法令の規定に違反していると認める場合又は②著しく適正を欠き、かつ、明らかに公益を害していると認める場合において、緊急を要するときなど特に必要があると認めるときは、各大臣自ら当該市町村に対して、事務の処理について違反の是正又は改善のため必要な措置を講ずべきことを求めることができます（同条４項）。

❹ 是正の勧告

都道府県の執行機関は、市町村の自治事務の処理が①法令の規定に違反していると認めるとき又は②著しく適正を欠き、かつ、明らかに公益を害していると認めるときは、市町村に対して、当該自治事務の処理について違反の是正又は改善のため必要な措置を講ずべきことを勧告することができます（法245条の６）。

勧告を行う都道府県の執行機関	勧告の対象となる市町村の事務
①　都道府県知事	教育委員会及び選挙管理委員会以外の市町村の執行機関の担任する自治事務
②　都道府県教育委員会	市町村教育委員会の担任する自治事務
③　都道府県選挙管理委員会	市町村選挙管理委員会の担任する自治事務

❺ 是正の指示

各大臣は、所管する法律又はこれに基づく政令に係る都道府県の法定受託事務の処理が、①法令の規定に違反していると認めるとき又は②著しく適正を欠き、かつ、明らかに公益を害していると認めるときは、都道府県に対して当該法定受託事務の処理について違反の是正、改善のため講ずべき措置に関して、必要な指示をすることができます（法245条の７第１項）。

また、都道府県の執行機関は、市町村の法定受託事務の処理が①法令の規定に違反していると認めるとき、又は②著しく適正を欠き、かつ、明らかに公益を害していると認めるときは、市町村に対して当該法定受託事務の処理について違反の是正、改善のため講ずべき措置に関して、必要な指示をすることができます（同条２項）。指示を行う都道府県の執行機関及び指示の対象となる市町村の執行機関は、次のとおりです。

指示を行う都道府県の執行機関	指示の対象となる市町村の事務
①　都道府県知事	教育委員会及び選挙管理委員会以外の市町村の執行機関の担任する法定受託事務
②　都道府県教育委員会	市町村教育委員会の担任する法定受託事務
③　都道府県選挙管理委員会	市町村選挙管理委員会の担任する法定受託事務

各大臣は、所管する法律又はこれに基づく政令に係る市町村の第一号法定受託事務の処理について、都道府県の執行機関に対して、市町村に対する是正の指示に関して必要な指示をすることができます（同条３項）。さらに、各大臣は、所管する法律又はこれに基づく政令に係る市町村の第一号法定受託事務の処理が、①法令の規定に違反していると認める場合又は②著しく適正を欠き、かつ、明らかに公益を害していると認める場合において、緊急を要するときなど特に必要があると認めるときは、自ら当該市町村に対して第一号法定受託事務の処理について違反の是正又は改善のため講ずべき措置に関し、必要な指示をすることができます（同条４項）。

❻ 代執行

代執行とは、地方公共団体の法定受託事務に関する事務処理が①法令の規定、当該各大臣の処分に違反するものがある場合又は②事務処理を怠っている場合に、地方公共団体に代わって是正のための措置を行うことをいいます（法245条）。

代執行は、団体自治の例外的手続であるため、勧告、指示、裁判という慎重な手続を経た上で、地方公共団体の長が違反の是正等を行わない場合に初めて行うことができます。

なお、勧告、指事等の手続及び代執行は、都道府県知事に対しては各大臣、市町村長に対しては都道府県知事が行うこととされています（法245条の８）。

（５）処理基準

各大臣は、所管する法律又はこれに基づく政令に係る法定受託事務の処理について、都道府県が当該法定受託事務を処理するに当たりよるべき基準を定めることができます（法245条の９第１項）。

また、都道府県の執行機関は、法定受託事務の処理について市町村が法定受託事務を処理するに当たりよるべき基準を定めることができます（同条２項）。ただし、都道府県の執行機関の定める基準は、各大臣の定める基準に抵触してはなりません。

基準を定める都道府県の執行機関	基準の対象となる市町村の事務
①　都道府県知事	市町村の執行機関（教育委員会及び選挙管理委員会を除く。）の担任する法定受託事務
②　都道府県教育委員会	市町村教育委員会の担任する法定受託事務
③　都道府県選挙管理委員会	市町村選挙管理委員会の担任する法定受託事務

なお、これらの基準は、その目的を達成するために必要な最小限度のものでなければなりません（同条５項）。

2 大規模な災害、感染症のまん延等の事態における国の関与の特例

新型コロナウイルス感染症への対応に関する検証を踏まえて、令和６年に地方自治法が改正され、大規模な災害、感染症のまん延等の国民の安全に重大な影響を及ぼす事態が発生し、又は発生するおそれがある場合における、国の関与の特例が定められました。

(1) 国による地方公共団体への資料又は意見の提出の求め

各大臣又は知事等の都道府県の執行機関は、国民の安全に重大な影響を及ぼす事態への対処に関する基本方針の検討、国民の生命等の保護の措置地方公共団体に対する関与等のため、必要があると認めるときは、地方公共団体に対し、資料の提出を求めることができます（法252条の26の３第１項）。また、必要な場合には、地方公共団体に対し、意見の提出を求めることができることも併せて規定されています（同条２項）。

(2) 都道府県と市町村との事務処理の調整に関する国の指示

各大臣は、生命等の保護の措置の的確かつ迅速な実施を確保するため、都道府県の事務の処理と市町村の事務の処理との間の調整を図る必要があるときは、都道府県に対して、必要な措置を講ずるよう指示をすることができます（法252条の26の４）。ただし、この市町村の事務は、法令により政令指定都市又は中核市が処理することとされている事務、条例による事務処理の特例として市町村が処理することとされている事務等に限られます。

特に、感染症について、保健所設置市の事務処理に関して、都道府県との調整を図ることが想定されます。

(3) 生命等の保護の措置に関する指示

各大臣は、国民の安全に重大な影響を及ぼす事態に関する状況を勘案して、生命等の保護の措置の的確かつ迅速な実施を確保するため特に必要があるときは、閣議の決定を経て、地方公共団体に対して事務の処理について必要な指示をすることができることとされました（法252条の26の５第１項）。なお、各大臣は、この指示を行ったときは、その旨及びその内容を国会に報告しなければなりません（同条４項）。

(4) 地方公共団体相互間の応援又は職員派遣に係る国の役割

地方公共団体の長等の執行機関は、他の地方公共団体の長等の執行機関に対して、応援を求めることができることが規定されました。なお、応援を求められた地方公共団体の長等の執行機関は、正当な理由がない限り、求めに応じなければなりません（法252条の26の６第１項）。

また、都道府県知事は、都道府県の区域内の市町村長等の執行機関に対して他の市町村長を応援することを求めることができます（法252条の26の７第１項、）。この求めによって応援が円滑に実施されないときは、知事は、市町村長等の執行機関に対して応援の指示を行うことができます（同条２項）

各大臣は、都道府県知事等の執行機関に対して他の都道府県又は市町村を応援することを求めることができ（法252条の26の８第２項、第３項）、この求めによって応援が円滑に実施されないときは、各大臣は、知事、市町村長等の執行機関に対して応援の指示を行うことができます（同条４項）。

3　国と地方との間の紛争処理手続

（1）国地方係争処理委員会の趣旨

国と地方公共団体は、対等、協力を基本としていますが、もし係争が生じた場合には、国が優越的な立場に立つことを前提とした方法によりその解決を図るのではなく、国と地方公共団体とが対等の立場で係争を処理するために、国地方係争処理委員会が設置されています。

この委員会は、地方公共団体に対する国の関与の適正の確保を手続面から担保するものであると同時に、地方公共団体が処理する事務の執行段階における国・地方公共団体間の権限配分を確定するという意義をも有するものです。そのため、対等・協力の関係にある国と地方の間に立ち、公平・中立にその任務を果たす審判者としての第三者機関として位置づけられています。

（2）審査対象（法250条の13第１項）

国地方係争処理委員会の審査対象とされているのは、次の三つです。

①　地方公共団体に対する国の関与のうち是正の要求、許可の拒否その他公権力の行使に当たるもの

②　不作為（申請等が行われた場合で、国の行政庁が相当の期間内に許可その他の処分など公権力の行使に当たるものをすべきにもかかわらず、これをしないこと）

③　協議（協議に係る地方公共団体の義務を果たしたと認めるにもかかわらず、

その協議が整わないとき）

（３）審査手続

地方公共団体の長その他の執行機関は、国の関与に不服があるときは、当該関与があった日から30日以内に、この委員会に対し、当該関与を行った国の行政庁を相手方として、文書により審査を申し出ることができます（法250条の13）。なお、通常の訴訟の提起については地方自治法96条の規定により議会の議決が必要とされていますが、この申出については申出人が地方公共団体ではなく執行機関とされているため議会の議決は必要でないと考えられます。

委員会は、審査の申出があった日から90日以内に審査を実施しなければなりません（法250条の14第５項）。

（４）審査権の範囲

委員会の審査権の範囲は、自治事務に関する場合と法定受託事務に関する場合とで異なります。

まず、自治事務の場合は、国の行政機関の行った関与が違法であるか否かという点にとどまらず、地方公共団体の自主性及び自立性を尊重する観点から見て不当でないかという点にまで及びます（法250条の14第１項）。これに対して、法定受託事務については、委員会が審査するのはその関与の違法性の有無に限られます（法250条の14第２項）。

（５）審査後の手続

委員会は、審査結果に応じて、審査後に次の手続をとります。

❶ 自治事務についてその関与に違法性・不当性がないと認めるとき

その旨の審査を申し出た地方公共団体の執行機関及び国の行政庁に通知し、さらに公表しなければなりません。

❷ 自治事務についてその関与に違法性・不当性があると認めるとき

国の行政庁に対して理由を付して、かつ期間を示して必要な措置を講ずべきことを勧告するとともに、審査を申し出た地方公共団体の執行機関に対してその勧告内容を通知し、さらに公表しなければなりません。

❸ 法定受託事務については違法性がないと認めるとき

自治事務についてその関与に違法性・不当性がないと認めるときと同様に、その旨の審査を申し出た地方公共団体の執行機関及び国の行政庁に通知し、さらに公表しなければなりません。

❹ 法定受託事務については違法性があると認めるとき

自治事務についてその関与に違法性・不当性があると認めるときと同様に、国の行政庁に対して理由を付して、かつ期間を示して必要な措置を講ずべきことを勧告するとともに、審査を申し出た地方公共団体の執行機関に対してその勧告内容を通知し、さらに公表しなければなりません。

❺ 不作為についてその審査の申出に理由がないと認めるとき

理由を付してその旨を審査の申出をした地方公共団体の執行機関及び相手方である国の行政庁に通知するとともに、公表しなければなりません。

❻ 不作為についてその審査の申出に理由があると認めるとき

国の行政庁に対し、理由を付し、かつ期間を示して必要な措置を講ずべきこと勧告するとともに、その勧告の内容を地方公共団体の執行機関に通知し、かつ、公表しなければなりません。

❼ 協議について

審査申出に係る協議について、地方公共団体がその義務を果たしているかどうかを審査し、理由を付してその結果について審査を申し出た地方公共団体の執行機関及び相手方である国の行政庁に通知するとともに、これを公表しなければなりません。

4 関与に関する訴訟（法251条の５）

国地方係争処理委員会による審査・勧告によっても、紛争が解決しない場合には、訴訟によって解決を図る制度が置かれています。国地方係争処理委員会に審査の申出を行った地方公共団体の執行機関は、次の場合に、審査の相手方となった国の行政庁を被告として違法な国の関与の取消し又は国の不作為の違法確認の訴訟を提起することができます。

①　委員会の審査の結果又は勧告に不服があるとき

②　委員会の勧告に対する国の行政庁の措置に不服があるとき

③　審査の申し出をした日から90日を経過しても委員会が審査又は勧告を行わないとき

④　国の行政庁が期間内に委員会の勧告に対する措置を講じないとき

この訴訟は、国地方係争処理委員会による審査を経た後でなければ提起することができないとされています。また、裁判所の管轄としては、審査を申し出た地方公共団体の区域を管轄する高等裁判所になります。

この訴訟については、通常の行政事件訴訟法の出訴期間よりも短い出訴期間が定められています。具体的には次のとおりです。

①　委員会の審査の結果又は勧告に不服があるとき
　委員会の審査結果又は勧告の内容の通知のあった日から30日以内

②　委員会の勧告に対する国の行政庁の措置に不服があるとき
　委員会の通知があった日から30日以内

③　審査の申し出をした日から90日を経過しても委員会が審査又は勧告を行わないとき
　審査の申出をした日から90日を経過した日から30日以内

④　国の行政庁が期間内に委員会の勧告に対する措置を講じないとき
　委員会の勧告に対する措置を講ずべき旨示された期間を経過した日から30日以内

5 国による違法確認訴訟

国が是正の要求等を行った場合に、地方公共団体がこれに応じた措置を講じず、かつ、国地方係争処理委員会への審査の申出も行わない場合等には、国は不作為の違法確認訴訟を提起することができます（法251条の７）。

●国と地方との係争処理の仕組み

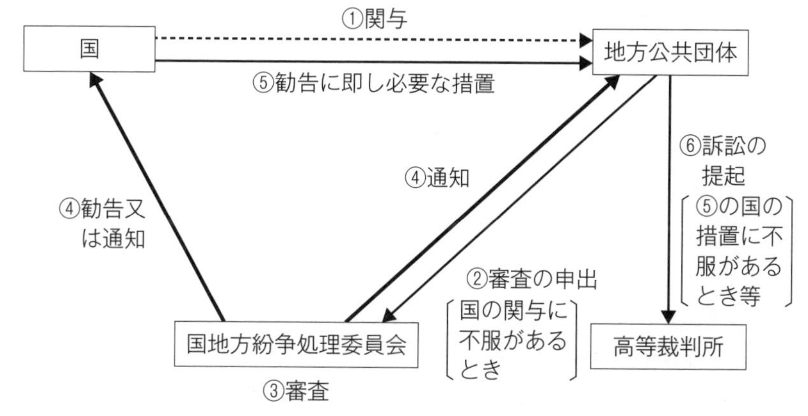

（川﨑政司『地方自治法基本解説 第７版』（法学書院、平成30年）396頁）

Point

1　地方公共団体に対する国等の関与のルール

地方公共団体に対する国等の関与については、次のルールが規定されている。

①　関与の法定主義

国等が地方公共団体に対して関与を行うためには、必ず法律の根拠が必要である。

②　関与の必要最小限の原則

関与は必要最小限のものでなければならず、地方公共団体の自主性と自立性への配慮を求めている。

③　関与の公正・透明の原則

関与について、書面の交付、許可・認可等の審査基準や標準処理期間の設定及び公表を行うことなどが義務付けられている。

④　自治事務に対する関与

地方自治法において自治事務に対する関与の基本的な類型として「助言又は勧告」「資料の提出の要求」「是正の要求」「協議」が規定されている。

⑤　法定受託事務に対する関与

地方自治法において関与の基本的な類型として「助言又は勧告」「資料の提出の要求」「同意」「許可、認可又は承認」「指示」「代執行」「協議」が規定されている。

2　大規模な災害、感染症のまん延等の事態における国の関与の特例

①　国による地方公共団体への資料又は意見の提出の求め

各大臣等は、国民の安全に重大な影響を及ぼす事態への対処に関する基本方針の検討、国民の生命等の保護の措置地方公共団体に対する関与等のため、必要があると認めるときは、地方公共団体に対し、資料の提出又は意見の提出を求めることができる。

②　都道府県と市町村との事務処理の調整に関する国の指示

各大臣は、生命等の保護の措置の的確かつ迅速な実施を確保するため、都道府県の事務の処理と市町村の事務（法令により政令指定都市又は中核市が処理することとされている事務、条例による事務処理の特例として市町村が処理する事務に限る）の処理との間の調整を図る必要があるときは、

都道府県に対して、必要な措置を講ずるよう指示をすることができる。

③　生命等の保護の措置に関する指示

各大臣は、国民の安全に重大な影響を及ぼす事態に関する状況を勘案して、生命等の保護の措置の的確かつ迅速な実施を確保するため特に必要があるときは、閣議の決定を経て、地方公共団体に対して事務の処理について必要な指示をすることができる。なお、各大臣は、この指示を行ったときは、その旨及びその内容を国会に報告しなければならない。

④　地方公共団体相互間の応援又は職員派遣に係る国の役割

地方公共団体の長等の執行機関は、他の地方公共団体の長等の執行機関に対して、応援を求めることができる。応援を求められた長等の執行機関は、正当な理由がない限り、求めに応じなければならない。

都道府県知事は、都道府県の区域内の市町村長等の執行機関に対して他の市町村長を応援することを求めることができる（法252条の26の７第１項、）。この求めによって応援が円滑に実施されないときは、市町村長等の執行機関に対して応援の指示を行うことができる（同条２項）。

各大臣は、知事等の執行機関に対して他の都道府県又は市町村を応援することを求めることができる。この求めにより、応援が円滑に実施されないときは、知事、市町村長等の執行機関に対して応援の指示を行うことができる。

3　国と地方との間の紛争処理手続

国と地方公共団体との間で係争が生じた場合に国と地方公共団体とが対等の立場で係争を処理するために、国地方係争処理委員会が設置される。

4　関与に関する訴訟

国地方係争処理委員会や自治紛争処理委員による審査・勧告によっても、紛争が解決しない場合には、訴訟によって解決を図る制度が置かれている。

5　国による違法確認訴訟

国が是正の要求等を行った場合に、地方公共団体がこれに応じた措置を講じず、国地方係争処理委員会への審査の申出も行わない場合等には、国は不作為の違法確認訴訟を提起することができる。

第2節

市町村と都道府県との関係

この節では、市町村と都道府県との関係を学びます。

地方において、市町村は基礎的な地方公共団体として、また、都道府県は市町村を包括する広域の地方公共団体として、それぞれが地域における行政事務を担っています。市町村と都道府県とは相互に連携協力をする必要がありますが、場合によっては紛争が生じる場合もあります。そのような紛争を未然に防ぎ、各地方公共団体がより積極的な行政運営を進めるために、市町村と都道府県の役割分担を理解することは不可欠の知識だといえます。

1 対等・協力関係

市町村と都道府県とは、対等・協力の関係の下、それぞれ次の事務を担うこととされています。市町村は、基礎的な地方公共団体として、都道府県が処理するものとされているものを除き、一般的に地域における事務及びその他の事務で法令により処理することとされる事務を処理するとされています(法2条3項)。また、都道府県は、市町村を包括する広域の地方公共団体として、広域にわたる事務、市町村に関する連絡調整に関するものなどを処理するとされています(法2条5項)。このように基礎的地方公共団体としての市町村と、広域的地方公共団体である都道府県の役割の明確化が図られています。

市町村と都道府県の事務配分の基本原則は、補完性の原理に基づくものと考えられます。この補完性の原理とは、原則として基礎的団体が事務を担当し、対応できない場合に限って広域的団体が担当するという考え方で、この補完性の原則に基づき都道府県の事務か市町村の事務か明確でない場合は市町村優先と考えられています。この趣旨を踏まえて、地方自治法2条6項では、都道府県及び市町村は、その事務を処理するに当たっては、相互に競合しないようにしなければならないと規定しています。ただし、広域的に統一した事務処理を行うために、「市町村及び特別区は、当該都道府県の条例に違反してその事務を処理してはならない。」と定めています(法2条16項)。

2 条例による事務処理の特例

（1）制度の概要

都道府県は、市町村長との協議を経た上で、都道府県条例の定めるところにより、都道府県知事の権限に属する事務の一部を市町村長が処理することとすることができます（法252条の17の２）。条例による事務処理の特例といわれるもので、平成12年の地方自治法の改正により新たに設けられました。

（2）手　続

移譲に当たっては、あらかじめその権限に属する事務を処理することとなる市町村長と協議を行わなければなりません。ただし、この協議については、市町村長の同意は要さないものとされています。

（3）対象事務

この制度の対象となるのは、都道府県知事の権限に属する事務に限られ、委員会・委員の事務は含まれていません。ただし、都道府県教育委員会の権限に属する事務については、地教行法55条の規定に基づいて、市町村教育委員会が処理をすることとできます。なお、これら制度については、自治事務も法定受託事務も対象とすることができます。

（4）効　果

この制度は、委任（130頁参照）などとは異なり、事務処理権限の配分自体を都道府県知事から市町村長に変更するものです。ある事務を市町村長が処理することとした場合には、それによって市町村長の事務となり、都道府県知事はその事務を処理する権限を有さないことになります。

条例による事務処理の特例の効果としては、次の４点が規定されています（法252条の17の３）。

① 市町村が処理することとされた事務について規定する法令、条例又は規則中都道府県に関する規定は、当該事務の範囲内において、当該市町村に関する規定として当該市町村に適用がある。

●事務処理特例による事務の移譲のイメージ

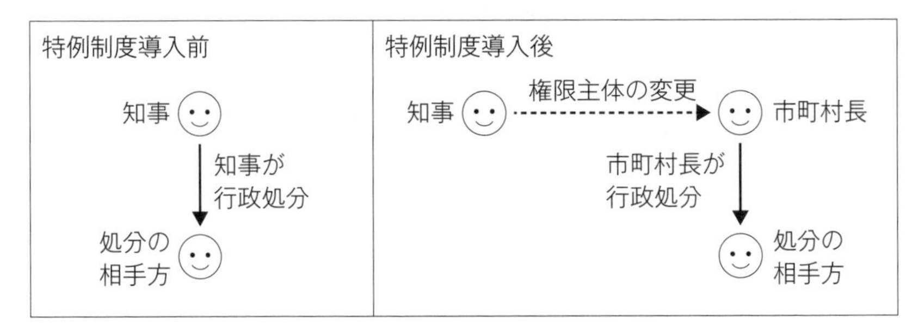

②　市町村に適用があるものとされる法令の規定により国の行政機関が市町村に対して行うものとなる助言等、資料の提出の要求等又は是正の要求等は、都道府県知事を通じて行うことができるものとする。

③　市町村に適用があるものとされる法令の規定により市町村が国の行政機関と行うものとなる協議は、都道府県知事を通じて行う。

④　国の行政機関が市町村に対して行うものとなる許認可等に係る申請等は、都道府県知事を経由して行う。

なお、この特例制度により、市町村が行うこととなった事務を処理する経費は、都道府県が全額負担することとされています（地方財政法９条）。

3　自治紛争処理委員

（１）制度の概要

都道府県と市町村の関係は、国と地方公共団体と同様に、対等・協力の関係です。そのために、国と地方公共団体との紛争処理と同様に、自治紛争処理委員が置かれています（法251条）。かつては地方公共団体の紛争処理制度として自治紛争調停委員が置かれていましたが、この調停制度を市町村に対する都道府県の関与に関する紛争も対象として広げたものです。

自治紛争処理委員は３人とし、事件ごとに、優れた識見を有する者のうちから、総務大臣又は都道府県知事がそれぞれ任命します。この場合に、総務大臣又は都道府県知事は、あらかじめ当該事件に関係のある事務を担任する各大臣又は都道府県の委員会等に協議するものとされています。

（2）紛争処理手続（法251条の2）

地方公共団体相互の間又は地方公共団体の機関相互の間に紛争があるときは、都道府県又は都道府県の機関が当事者となるものについて、当事者は文書により総務大臣に紛争処理を申請することができます。また、それ以外のものについては、当事者は文書により都道府県知事に申請することができます。この申請を受けた総務大臣又は都道府県知事は、紛争の解決のため、自治紛争処理委員を任命し、その調停に付することになります。

自治紛争処理委員は、当事者及び関係人の出頭・陳述を求め、調停案を作成しその受諾を勧告します。調停は、当事者のすべてから調停案を受諾した旨を記載した文書が総務大臣又は知事に提出されたときに成立します。

調停による解決の見込みがないときは、自治紛争処理委員は、総務大臣又は都道府県知事の同意を得て、調停を打ち切り、事件の要点及び調停の過程を公表することになります。

（3）審査・勧告（法251条の3）

自治紛争処理委員の審査・勧告の対象となるのは、次の三つです。

①　都道府県の関与のうち是正の要求、許可の拒否その他の処分その他公権力の行使に当たるもの

②　都道府県の不作為（申請等が行われた場合で、都道府県の行政庁が相当の期間内に許可その他の処分など公権力の行使に当たるものをすべきにもかかわらず、これをしないこと）

③　協議（市町村の法令に基づく協議の申出が都道府県の行政庁に対して行われた場合において、当該協議に係る当該市町村の義務を果たしたと認めるにもかかわらず当該協議が調わないとき）

なお自治紛争処理の審査手続、勧告などについては、先に説明した国地方紛争処理委員会とほぼ同様です。

4　関与に関する訴訟（法251条の5、251条の6）

国の関与と同様に、自治紛争処理委員による審査・勧告によっても、紛争が解決しない場合には、訴訟によって解決を図る制度が置かれています。自

治紛争処理委員に審査の申出を行った地方公共団体の執行機関は、次の場合に、審査の相手方となった都道府県の行政庁を被告として違法な関与の取消し又は不作為の違法確認の訴訟を提起することができます。

①　委員の審査の結果又は勧告に不服があるとき

②　委員の勧告に対する都道府県の行政庁の措置に不服があるとき

③　審査の申し出をした日から90日を経過しても委員が審査又は勧告を行わないとき

④　都道府県の行政庁が期間内に委員の勧告に対する措置を講じないとき

この訴訟は、自治紛争処理委員による審査を経た後でなければ提起することができないとされています。また、裁判所の管轄としては、審査を申し出た地方公共団体の区域を管轄する高等裁判所になります。

前述の国の関与に関する訴訟と同様に出訴期間の特例が設けられています。

●都道府県と市町村との係争処理の仕組み

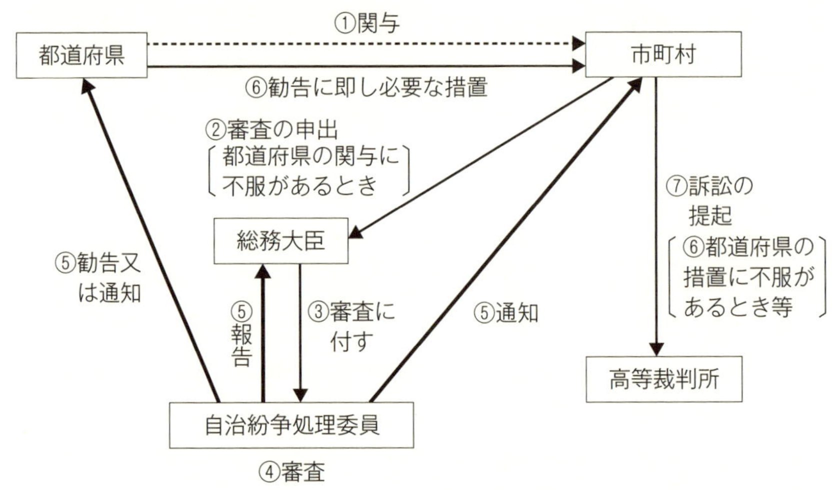

（前掲川崎『地方自治法基本解説 第７版』400頁）

5 都道府県による違法確認訴訟

前述の国による違法確認訴訟と同様に、各大臣の指示に基づき都道府県の執行機関が行った是正の要求に市町村が従わない場合には、その執行機関は不作為の違法確認訴訟を提起できます（法252条）。

Point

1　対等・協力関係

市町村と都道府県とは、対等・協力の関係の下、それぞれの事務を担う。

市町村は、基礎的な地方公共団体として、都道府県が処理する事務以外の事務を処理する。都道府県は、市町村を包括する広域の地方公共団体として、広域にわたる事務、市町村に関する連絡調整などを処理する。

2　条例による事務処理の特例

市町村長との協議を経た上で、都道府県条例の定めるところにより、都道府県知事の権限に属する事務の一部を市町村長が処理することができる。

3　自治紛争処理委員

自治紛争処理委員は、地方公共団体相互の間の紛争等の調停、地方公共団体に対する都道府県の関与に関する審査及び地方自治法の規定による審査請求、審査の申立て又は審決の申請に係る審理を処理する。

4　関与に関する訴訟

自治紛争処理委員による審査・勧告によっても、紛争が解決しない場合には、訴訟によって解決を図ることができる。

5　都道府県による違法確認訴訟

各大臣の指示に基づき都道府県の執行機関が行った是正の要求に市町村が従わない場合は、当道府県の執行機関は不作為の違法確認訴訟を提起できる。

第**3**節

判例から学ぶ

公立小中学校の教員の懲戒処分における都道府県と市町村との関係、そして都道府県と市町村との財政負担に関する判例を通じて、都道府県と市町村との関係を学びます。

1 県費負担教職員の懲戒処分と市町村教育委員会の内申（最判昭和61年３月13日・民集40巻２号258頁）

・事案の概要

公立小中学校の教諭がストライキに参加したことについて、県教育委員会が市町村教育委員会の内申を経ずにした懲戒処分は地教行法38条に違反するとして、この処分の取消しを求めた事案です。

・判決のポイント

「地教行法38条１項所定の市町村教委の内申は、県費負担教職員について任命権を行使するための手続要件をなすものというべきであり、したがつて、都道府県教委が県費負担教職員に対し、その非違行為を理由に懲戒処分をするためには、当該教職員に関する市町村教委の処分内申が必要であり、その内申なしに処分を行うことは許されないのが原則であるといわなければならない。しかし、この内申制度は、県費負担教職員の服務を監督する権限を有する者が市町村教委であることから、教職員の身近にいてその服務状態を熟知している市町村教委の意見を都道府県教委の任命権の行使に反映させることにより、市町村教委にその服務監督の実質を保持させることとした趣旨であるから、市町村教委が、教職員の非違などに関し右内申をしないことが、服務監督者としてとるべき措置を怠るものであり、人事管理上著しく適正を欠くと認められる場合にまで、右原則どおり市町村教委の内申がない限り任命権を行使しえないとすることには合理性があるとはいえない。」とした上で、本件については「市教育委員会の内申がなくても上告人らに対し懲戒処分を行うことが許されると解するのが相当である。」としています。

・学習のポイント

市町村立小・中学校等の教職員は市町村の職員ですが、その給与は都道府県が負担することとされています。また、教職員の任命権は都道府県が有しますが、県費負担教職員の任免その他の進退については都道府県委員会は市町村委員会の内申を踏まえて行います（地教行法38条１項）。この判例は、この規定の例外を認めたもので、教育行政における都道府県と市町村との関係を学ぶ重要な判決です。

2 県費負担求償事件（最判平成21年10月23日・民集63巻８号1849頁）

・事案の概要

福島県郡山市立中学校の教諭の体罰によって生徒が受けた損害を、国家賠償法１条１項及び３条１項に従い賠償した福島県が、同法３条２項に基づき郡山市に賠償額全額を求償した事案です。

・判決のポイント

「市町村が設置する中学校の教諭がその職務を行うについて故意又は過失によって違法に生徒に損害を与えた場合において、当該教諭の給料その他の給与を負担する都道府県が国家賠償法１条１項、３条１項に従い上記生徒に対して損害を賠償したときは、当該都道府県は、同条２項に基づき、賠償した損害の全額を当該中学校を設置する市町村に対して求償することができるものと解するのが相当である。」「市町村が設置する中学校の経費については、原則として、当該市町村がこれを負担すべきものとされている。他方、市町村立学校職員給与負担法１条は、市町村立の中学校の教諭その他同条所定の職員の給料その他の給与（非常勤の講師にあっては、報酬等）は、都道府県の負担とする旨を規定するが、同法は、これ以外の費用の負担については定めるところがない。そして、市町村が設置する中学校の教諭がその職務を行うについて故意又は過失によって違法に生徒に与えた損害を賠償するための費用は、地方財政法９条ただし書所定の経費には該当せず、他に、学校教育法５条にいう法令の特別の定めはない」。そうすると、「損害を賠償するための費用については、法令上、当該中学校を設置する市町村がその全額を負担すべきものとされているのであって、当該市町村が国家賠償法３条２項にいう内部関係でその損害を賠償する責任ある者として、上記損害を賠償した者からの求償に応ずべき義務を負う」と福島県の請求を認めました。

・学習のポイント

国家賠償法３条１項では「国又は公共団体が損害を賠償する責に任ずる場合において、公務員の選任若しくは監督又は公の営造物の設置若しくは管理に当る者と公務員の俸給、給与その他の費用又は公の営造物の設置若しくは管理の費用を負担する者とが異なるときは、費用を負担する者もまた、その損害を賠償する責に任ずる。」として、費用負担者の損害賠償責任も認めています。さらに、同条２項で１項の規定に基づき「損害を賠償した者は、内部関係でその損害を賠償する責任ある者に対して求償権を有する」ことも併せて規定しています。本件は、これらの規定に基づき、福島県が生徒に対しては損害賠償を行った後、郡山市に求償を行ったものです。国家賠償法に基づき地方公共団体が賠償責任を負う場合には、これらの費用負担者に関する規定も理解しておく必要があります。

3 町から県へのミニパトカーの寄附（最判平成８年４月26日・集民179号51頁）

・事案の概要

栃木県小川町がミニパトカーを購入の上、地区安全協会に寄附し、同ミニパトカーが同協会を通じて県警に寄附されたことは、町と県との経費の負担区分を乱すものであり、地方財政法28条の２等に違反するとして、町長個人に対して、同町にミニパトカーの購入代金及び諸手続の費用相当額の損害金を支払うことを求めた住民訴訟です。

・判決のポイント

「小川町が馬頭地区交通安全協会を経由して栃木県に対してした本件ミニパトカーの寄附は、法令の規定に基づき経費の負担区分が定められている事務について地方公共団体相互の間における経費の負担区分を乱すことに当たり、地方財政法28条の２に違反するものであって、そのためにされた本件ミニパトカーの購入及び購入代金の支出も違法なものといわざるを得ない。」として、町長個人の賠償責任を認めました。

・学習のポイント

地方財政法では、都道府県と市町村との財政負担の基本原則が規定されています。この法律で規定されているように、各法律で規定されている財政負担の区分に反することのないよう注意が必要です。

4　ぐんま昆虫の森負担区分事件控訴審判決（東京高判平成17年２月９日・判時1981号３頁、最決平成19年５月23日にて上告を棄却）

・事案の概要

住民が、群馬県新里村が群馬県に対して、ぐんま昆虫の森整備事業に関して金員を支出したことは違法であると主張して、村に代位して、村長個人に対し、損害賠償（４号請求）を求めるとともに、本件事業に関する金員の支出の差止め（１号請求）を求めた住民訴訟です。

・判決のポイント

「地方財政法28条の２は、任意の寄附をすることについても規制の対象とするものと解されるが、「負担区分をみだすようなこと」という評価的要素を有する文言が用いられていることに照らしても、法令の規定と異なる地方公共団体が経費を負担する結果となる行為すべてを一律に禁じるものではなく、法令の規定と異なる地方公共団体が経費を負担する結果となるような行為は、原則として負担区分を乱すものとして禁じるが、実質的にみて地方財政の健全性を害するおそれのないものは例外的に許容していると解するのが相当である。」とした上で、本件については、昆虫観察館という事業の内容等から、「地方財政法９条本文に定める経費の負担区分とは異なる経費負担ではあるものの、実質的に見て地方財政の健全性を害するおそれがなく、同法28条の２に違反しない」としました。

・学習のポイント

この判決では、形式的に地方財政法28条の２に違反する場合であっても、実質的にみて地方財政の健全性を害するおそれのないものは、法律で規定されている経費の負担区分とは異なる経費負担であっても例外的に許容されとしています。ただし、安易にこの判決によるべきではなく、原則として法律で規定されている経費の負担区分に従う必要があり、これとは異なる経費負担を行う場合にはその経費負担について合理的な理由がある場合に限ることに留意しなければなりません。

5 ふるさと納税訴訟最高裁判決（最判令和２年６月30日）

・事案の概要

地方税法の改正により導入されたふるさと納税指定制度（総務大臣が指定した地方公共団体のみをふるさと納税の対象とする制度）の適用に関し、総務大臣が泉佐野市を対象団体として指定しなかったことは違法であるとして、泉佐野市長が不指定の取消しを求めた訴訟です。

不指定の通知書には、本件不指定の理由として次の３点が記載されていましたが、ここでは国と地方公共団体との関係から不指定理由（２）のみを取り上げることにします。

●不指定理由（２）

平成30年11月１日から申出書を提出する日までの間に、返礼割合が３割超又は地場産品以外の返礼品を提供することにより寄附金の募集を行い、著しく多額の寄附金を受領しており、本件告示２条３号に該当しないこと

●ふるさと納税に関する制度の変遷等

①　ふるさと納税制度の創設当時、地方団体が寄附金の受領に伴い当該寄附金を支出した者に対して提供する返礼品について特に定める法令上の規制は存在しなかった。 ②　その後、返礼割合（寄附金の額に対する返礼品の調達価格の割合）の高い返礼品を提供する地方団体が多くの寄附金を集める事態が生じたこと等から、総務大臣は、地方団体に対する地方自治法245条の４第１項の技術的な助言として、平成27年４月１日付け通知（総税企第39号）及び同28年４月１日付け通知（総税企第37号）を発した。上記各通知は、返礼品について、換金性の高いものや高額な又は返礼割合の高いものの送付を行わないようにすること等を求めるものであった。 ③　総務大臣は、地方団体に対する地方自治法245条の４第１項の技術的な助言として、平成29年４月１日付け通知（総税市第28号。以下「平成29年通知」という。）及び同30年４月１日付け通知（総税市第37号。以下「平成30年通知」といい、前記イの各通知及び平成29年通知と併せて「本件各通知」という。）を発した。平成29年通知は、返礼割合を３割以下とすることを求めるものであり、平成30年通知は、これに加えて、返礼品をいわゆる地場産品（当該地方団体の区域内で生産されたものや同区域内で提供されるサービス）に限ることを求めるものであった。

・判決のポイント

「本件改正規定の施行前においては、返礼品の提供について特に定める法令上の規制は存在せず、総務大臣により地方自治法245条の４第１項の技術的な助言である本件各通知が発せられていたにとどまる。同法247条３項は、国の職員は普通地方公共団体が国の行政機関が行った助言等に従わなかったことを理由として不利益な取扱いをしてはならないと規定するところ、その趣旨は、普通地方公共団体は助言等に従って事務を処理すべき法律上の義務を負わず、これに従わなくても不利益な取扱いを受ける法律上の根拠がないため、その不利益な取扱いを禁止することにあると解される。しかるに、本件告示２条３号は、上記のとおり地方団体が本件改正規定の施行前における返礼品の提供の態様を理由に指定の対象外とされる場合があることを定めるものであるから、実質的には、同大臣による技術的な助言に従わなかったことを理由とする不利益な取扱いを定める側面があることは否定し難い。そのような取扱いであっても、それが法律上の根拠に基づくものである場合、すなわち、同号が地方税法の委任の範囲内で定められたものである場合には、直ちに地方自治法247条３項に違反するとまではいえないものの、同項の趣旨も考慮すると、本件告示２条３号が地方税法37条の２第２項の委任の範囲を逸脱したものではないというためには、前記（ア）のような趣旨の基準の策定を委任する授権の趣旨が、同法の規定等から明確に読み取れることを要するものというべきである。」

●総務省告示第179号第２条３号

平成30年11月１日から法第37条の２第３項及び第314条の７第３項に規定する申出書を提出する日までの間に、前条に規定する趣旨に反する方法により他の地方団体に多大な影響を及ぼすような第１号寄附金の募集を行い、当該趣旨に沿った方法による第１号寄附金の募集を行う他の地方団体に比して著しく多額の第１号寄附金を受領した地方団体でないこと

「寄附金を受領していた地方団体について、他の地方団体との公平性を確保しその納得を得るという観点から、特例控除（ふるさと納税：筆者加筆）の対象としないものとする基準を設けるか否かは、立法者において主として政治的、政策的観点から判断すべき性質の事柄である。また、そのような基準は、上記地方団体について、本件指定制度の下では、新たに定められた基準に従って寄附金の募集を行うか否かにかかわらず、一律に指定を受けられないこととするものであって、指定を受けようとする地方団体の地位に継続的に重大な不利益を生じさせるものである。そのような基準は、総務大臣の専門技術的な裁量に委ねるのが適当な事柄とはいい難いし、状況の変化に対応した柔軟性の確保が問題となる事柄でもないから、その策定についてまで上記の委任の趣旨（筆者加筆：総務大臣の専門技術的な裁量に委ねるのが適当であること等）が妥当するとはいえず、地方税法が、総務大臣に対し、同大臣限りでそのような基準を定めることを委ねたものと当然に解することはできない」と判示しました。

・学習のポイント

泉佐野市に対する不指定の主要な理由が、実質的には、総務大臣の技術的な助言に従わなかったことであり、そのことは、地方自治法247条３項に反すると最高裁は判断しています。この点は、国と地方との関係、国の技術的助言の法的意味などを理解する上で、重要な判例であるといえます。

さらに、総務省告示が地方税法の委任の範囲内で定められたものであるか否かという点も重要な争点となっています。この点は、法律と告示のみならず、政令等の行政立法が法律の委任の範囲内といえるかということが問題となる場合も多いため、最高裁の判断基準は、行政実務において参考になるものです。

自治基本条例と議会基本条例

平成12年のいわゆる地方分権一括法の施行を受けた地方分権に向けた変革の中で、憲法第８章及び地方自治法の規定のみでは十分ではないとして、地方公共団体独自のルールの必要性が叫ばれるようになりました。平成13年４月に、北海道ニセコ町で「まちづくり基本条例」が施行され、その後、多くの地方公共団体において自治基本条例が制定されています。自治基本条例制定の動きは、各地方公共団体の長（知事・市町村長）を中心に進められ、その内容は、地方公共団体の運営理念・原則、住民の権利・義務、執行機関と住民との関係等を規定したものでした。

このような長が主導した自治基本条例の制定に続いて、議会基本条例制定の動きが活発になってきました。北海道栗山町議会が、全国で初めて議会基本条例を制定したのは、平成18年５月です。以来、議会改革、議会活性化の議論の活発化とともに、数多くの議会基本条例が制定されています。議会基本条例において規定している内容は各地方公共団体ごとに異なりますが、おおむね議会運営の基本理念及びその理念を具体化するための制度を規定しています。

第4章

地方公共団体の組織

　地方公共団体の行政運営は、地方公共団体の長及び議会という、いずれも直接住民によって選ばれる代表者によって行われます。これを二元代表制といいます。この章では、議会あるいは長等の執行機関の権能を学びます。さらに、二元代表制の下で、議会と長との間で均衡と抑制を図るための制度を学びます。

第1節

二元代表制

この節では、地方公共団体の行政運営における二元代表制について学びます。

地方公共団体の行政運営は、議会（議員）と長とがそれぞれ住民を代表して、議会と長とが均衡と抑制を図りながら、地方公共団体の行政運営を行っています。これを「二元代表制」といいます。地方自治法では二元代表制に基づいて、さまざまな制度が規定されています。これらの制度の理解は、地方公共団体における行政運営に関する理解のために不可欠なものです。

憲法93条では、地方公共団体に議事機関としての議会を必置のものとし、議会の議員及び長の直接公選を定めています。議会と長とが相互に権限を分かち合って抑制と均衡の中で民主的かつ公正な行政運営を実現しようとするのです。この制度は、議会と長とがともに住民を代表するという意味で、「二元代表制」といわれています。

この憲法の規定を受けて地方自治法では、首長制を組織原理とし、議事機関としての議会と執行機関としての長について、それぞれの権限や相互の関係を定めています。

ここで、興味深い点があります。憲法は、議会の設置を規定しているものの、地方公共団体の長については直接公選制については触れていますが、その設置については規定していません。このため、憲法の規定からは、シティ・マネージャー制（公選による市町村長ではなく、市町村議会が任命するシティ・マネージャーに行政運営を任せる制度）を採用することも必ずしも否定されていないということもできます。

●憲法

第93条　地方公共団体には、法律の定めるところにより、その議事機関として議会を設置する。
② 地方公共団体の長、その議会の議員及び法律の定めるその他の吏員は、その地方公共団体の住民が、直接これを選挙する。

二元代表制の考え方は、具体的に地方自治法の次の規定に現われています。

① 長が条例の制定改廃や予算の議決について異議がある場合、原則として再議に付すことができる（法176条）

② 議会は長に対して不信任議決ができ、不信任議決をされた長は、その議決に従って辞職するか、又は10日以内に議会を解散するかしなければならない（法178条）

これらは、議会と首長との抑制と均衡を図るための規定です。

さらに住民自治を確保するために、地方自治法は、住民に対し広汎な直接参政の手段を保障しています。それは、代議制を補うための「直接請求制度」と、適正な財務の確保のため、個々の住民に認められた財務についての「住民監査請求・住民訴訟」（法242条、242条の２）です。

もっとも、地方自治法施行から半世紀以上を経過し、さらなる住民自治の充実のために、住民投票、パブリックコメント等さまざまな住民参加の手法が実施されるようになっています。

このような地方制度に対して、国政においては国会議員は国民により選ばれ、内閣総理大臣は国会で選出されるという議院内閣制が採用されています。そのため、内閣は国会に対して責任を負いますが、国会は主権者である国民を代表することから国権の最高機関として位置づけられています。

●住民自治の確保のための制度

<table>
<tr><th></th><th>根拠法令</th><th>要件</th></tr>
<tr><td>条例の制定改廃請求</td><td>法74条～74条の２</td><td rowspan="2">有権者の総数の50分の１以上の者の連署</td></tr>
<tr><td>事務監査の請求</td><td>法75条</td></tr>
<tr><td>議会の解散請求</td><td>法76条～79条</td><td rowspan="2">有権者の総数の３分の１以上の者の連署</td></tr>
<tr><td>長・議会の議員・その他の役員の解職請求</td><td>法80条～88条</td></tr>
</table>

●国と地方との代表制の違い

地方（二元代表制）

議会
均衡と
抑制
首長
公選
公選
住民

国（議院内閣制）

内閣総理大臣
選出
国会
公選
国民

Point

１　二元代表制の理念

地方公共団体の行政運営は、議会の議員と地方公共団体の長の双方を公選によるものとして、議会と長とが相互に権限を分け合い民主的かつ公正な行政運営を行う。

２　具体的制度

・長が条例の制定改廃や予算の議決について異議がある場合、原則として再議に付すことができる。

・議会が長に対して不信任決議ができ、不信任決議をされた長は、その議決に従って辞職するか、又は10日以内に議会を解散するかを選ばなければならない。

第２節

地方議会

この節では、二元代表制の一つの柱である地方公共団体の「議会」について学びます。地方公共団体の議会は、主権者である住民の意思を反映しながら条例や予算の議決を行うなど、地方公共団体の行政運営において非常に重要な役割を担っています。議会の権限や議会運営の基本的なルールの理解は、地方自治法を学ぶ上で欠かせません。

1 議会の権限

地方公共団体の議会は、住民自治の基本として主権者である住民の意思を反映するために重要な役割を果たしています。議会の主な権限は、地方自治法96条等に定める事項について議決を行う「議決権」、地方公共団体の行政執行の適正さなどを確保するための「監視・統制権」、議会の主体的な活動の基本となる「自律権」があります。

（１）議決権

二元代表制においては、この議決権を行使することによって、地方公共団体としての意思決定を行うとともに、長等の執行機関に対する牽制を行っています。

❶ 必要的議決事件

地方自治法96条１項では、必ず議会の議決を要するもの（必要的議決事項）として次の15事項を定めています。地方公共団体がそれらの事項を実施しようとする場合には、必ず議会の議決を経なければなりません。

a. 条例を設け又は改廃すること（法96条１項１号）

条例の制定改廃は、議決権の中心ともいうべきものです（条例制定権については202頁以下参照）。ただし、条例の議会への提出権は、原則として地方公共団体の長及び議会の議員の双方にあります（法112条、149条）。また、議会の委員会も所管部門に属する事務については議案を提出することができます（法109条６項）。ただし、条例によっては提案権が長あるいは議員に専属するものもあります（223頁参照）。

b. 予算を定めること（法96条１項２号）

地方公共団体が各種の行政事業を計画的に行うために、毎年、４月から翌年の３月末までを１年度とし、この１年度間における収入と支出について見積もったものを予算といいます。

予算の議会への提出権については、長に専属しています（法112条１項、211条、218条１項・２項）。これに対して議会が修正することは可能ですが、長の提案権を侵すような修正は許されません。この議会による予算修正の限界については明確な基準がなく非常に困難な問題ですが、国会による予算修正に関する政府の見解が次のとおり示されています（「第80回国会衆議院予算委員会議事録第３号」（昭和52年２月８日）12頁）。

① 予算については、憲法上内閣にのみ提案権が与えられており、一方、国会はこれを審議し、議決する権限を有する。

② 国会の予算修正については、増額修正を含めて可能と考えるが、それがどの範囲で行い得るかは、内閣の予算提出権と国会の審議権との調整の問題であって、前記のような憲法の規定から見て、国会の予算修正は、内閣の予算提案権を侵害しない範囲内において可能と考えられる。

③ 御指摘の「項」の新設の問題については、「項」が予算の議決科目の単位であり、政府の施策がこれによって表現されるものであることを考えると、一般的に言って、むずかしかろうと考える。

また、仮に「項」の新設でなくても、既存の「項」の内容が全く変わってしまうような修正であれば、同様の趣旨から問題がある。

しかし、具体的にどのような修正が予算提案権を侵害することになるかは、個々のケースに即して判断すべき問題であると考える。

c. 決算を認定すること（法96条１項３号）

会計管理者は、毎会計年度、決算を調製し、出納の閉鎖後３か月以内に地方公共団体の長に提出しなければなりません。また、これを受けた地方公共団体の長は、決算を監査委員の審査に付した上で、監査委員の意見を付けて次の通常予算を議する会議までに議会の認定に付さなければなりません（法233条）。

d. 地方税の賦課徴収、分担金・使用料・加入金・手数料の徴収に関すること（法96条１項４号）

地方税とは、地方公共団体が経費に当てるため賦課・徴収するものをいい、この賦課徴収については地方自治法223条に規定されています。また、数人又は地方公共団体の一部に対し利益のある事項に関し、その必要な費用に充てるため、特に利益を受ける者からその受益の限度において、分担金を徴収することができます（法224条）。さらに、行政財産の使用及び公の施設の利用につき使用料を徴収することができます（法225条）。これらのものの賦課徴収については、法令に基づくもの以外は、地方自治法96条１項４号で議会の議決を要することとされていますが、その多くは法令や条例に基づいて賦課徴収されるため、本号に基づき議決を要するものは極めて限定的です。

e. 重要な契約を締結すること（法96条１項５号）

契約締結は、本来的には地方公共団体の長の権限とされています（法149条）。しかし、多額の契約を締結することは、地方公共団体の財政運営に影響を与えることになるため、議会のチェックを求めることとしたものです。これを受けて地方自治法施行令で下表の基準が定められており、その基準に

●議決を要する契約の政令の基準

	工事又は製造の請負
都道府県	５億円
政令指定都市	３億円
市（政令指定都市を除く。）	１億5,000万円
町村	5,000万円

基づいて各地方公共団体が条例で議決を要する契約の金額を定めています。

地方自治法96条１項５号に違反して議会の議決を経ずに締結した契約については、予算上の措置がない場合と同様に、無効なものと解されます（東京高判昭和53年11月16日・判時918号83頁）。

なお、道路整備などの工事に関して工区に分けて契約を締結する場合がありますが、合理的な理由がないにもかかわらず、議決を要するとされている価格を下回ることを目的とした工区分けを行うことは、いわゆる議決逃れであり、違法な契約となります（最判平成16年６月１日・判タ1163号158頁）。

f. 財産の交換、出資目的や支払手段としての使用、適正な対価なくして譲渡や貸し付けること（法96条１項６号）

地方公共団体の財産は、条例又は議会の議決による場合でなければ、これを交換し、出資の目的とし、もしくは支払手段として使用し、又は適正な対価なくしてこれを譲渡し、若しくは貸し付けることはできません（法237条２項）。地方自治法96条１項６号は、これを受けて議決事件として規定されたものです。なお、各地方公共団体では、財産の無償譲渡等に関する条例を制定しているのが一般的です。

g. 不動産を信託すること（法96条１項７号）

行政財産とは異なり、普通財産である不動産は信託することができます（法238条の５第２項）。ただし、公有地の信託は地方公共団体の財政への影響が大きいことから議会の議決を要することとされています。

h. 重要な財産の取得又は処分をすること（法96条１項８号）

財産の取得及び処分は、本来的には地方公共団体の長の権限とされています（法149条）。しかし、高額の財産の取得、処分については、地方公共団体の財政運営に影響を与えることになるため、議会のチェックを求めることとしたものです。これを受けて地方自治法施行令で基準が定められており、その基準に基づいて各地方公共団体が条例で議決を要する契約の金額を定めています。

●議決を要する財産の取得・処分の地方自治法施行令上の基準

	不動産・動産の買入れ・売払い
都道府県	7,000万円（土地については、5万m^2以上のもの）
指定都市	4,000万円（土地については、1万m^2以上のもの）
市	2,000万円（土地については、5,000m^2以上のもの）
町村	700万円（土地については、5,000m^2以上のもの）

i. 負担付きの寄附又は贈与を受けること（法96条1項9号）

負担付きとは、寄附や贈与に反対給付的な条件が付されており、その条件が履行されない場合には、寄附や贈与に係る契約が解除されて返還義務が生じる場合をいいます。したがって、単に使途を定めた寄附や贈与を受ける場合には、議会の議決は必要ありません。

j. 権利を放棄すること（法96条1項10号）

権利の放棄とは、地方公共団体が有する権利を自らの意思によって対価なく消滅させることをいいます。そのため、消滅時効により地方公共団体が有する債権が消滅したとしても、地方自治法96条による議決の必要はありません。また、地方自治法施行令171条の6の規定により履行期限を延期した債権について、当初の履行期限から10年を経過した後も債務者が無資力又はこれに近い状態にあり、かつ、弁済することができる見込みがないと認められるときは、議会の議決を経ることなく、その債権及びこれに係る損害賠償金等を免除することができます（施行令171条の7）。

k. 重要な公の施設を長期かつ独占的に利用をさせること（法96条1項11号）

公の施設は、広く住民の利用に供する施設であるため、その利用に関して不当な差別的扱いが禁止されています（法244条2項・3項）。そのため、条例で定める重要な公の施設を特定の者に長期かつ独占的に利用させることについては、議会の議決を要することとされています。なお、この議決については、出席議員の3分の2以上の賛成が必要です（法244条の2第2項）。

l. 訴の提起等（法96条１項12号）

地方公共団体が民事訴訟・行政訴訟上の争訟等の当事者となる場合、結果によっては地方公共団体に財政負担等の重大な影響が及ぶ可能性があるため、議会の議決を要するとするものです。住民等から訴えを提起されて応訴する場合は含まれず、議会の議決は必要ありません。ただし、地方公共団体の側から上訴する場合は議決が必要です。

m. 損害賠償の額を定めること（法96条１項13号）

地方公共団体が賠償責任を負うこととなる損害賠償の額の多寡は、地方公共団体の財政に大きな影響を与えることもあるため、議会の議決を要することとしています。なお、判決により損害賠償額が確定した場合には、地方公共団体が主体的に「定める」ものではないため、議会の議決を要しません。

n. 区域内の公共的団体等の活動の総合調整に関すること（法96条１項14号）

公共的団体の活動に関しての総合調整は地方公共団体の長の権限とされています（法157条）。そのため、本号の対象として議会の議決を要するのは、総合調整のための「方針」です。具体的な調整は、長が行います。なお、公共的団体とは、農業協同組合、生活協同組合、商工会議所等の産業経済団体、社会福祉協議会、赤十字社等の厚生社会事業団体、教育団体、婦人会、文化団体、スポーツ団体等の社会文化スポーツ団体等、公共的な活動を営むものすべて含まれ、法人格の有無は問わないとされています。

o. 法律又はこれに基づく政令や条例により議会の権限に属する事項（法96条１項15号）

地方自治法96条１項の１号から14号までに列挙された事項以外に、法律又はこれに基づく政令により議会の権限に属する事項は議決を要します。地方自治法では、廃置分合、境界変更の申請・協議（法６条４項、６条の２第２項、７条１項・６項）など非常に多くのものがあります。

＊

なお、地方公営企業の業務に関する「契約の締結」及び「財産の取得・管理・処分」については、地方自治法96条の規定は適用されません。また、「負担附きの寄附・贈与の受領」「地方公共団体がその当事者である審査請求その他の不服申立て・訴えの提起・和解・あっせん・調停・仲裁」「法律上地方公共団体の義務に属する損害賠償の額の決定」についても、地方公共団体の条例で定めるものを除き、地方自治法96条の規定は適用されません（地公企法40条）。

❷ 任意的議決事項

地方自治法96条２項で、条例で地方公共団体に関する事件につき議会の議決すべきものを定めることができるとして、条例で議決すべき事項を追加できることとしています。ただし、法定受託事務のうち、「国の安全に関することその他の事由により議会の議決すべきものとすることが適当でないものとして政令で定めるもの」については、議決事件とすることはできません。

例えば宮城県では、行政に係る基本的な計画を議会の議決事件として定める条例において、以下を議会の議決を要するものとしています。

①　県行政全般に係る政策及び施策の基本的な方向を総合的かつ体系的に定める計画

②　県行政の各分野における政策及び施策の基本的な方向を定める計画

多くの地方公共団体でこの条例のように、基本的な計画を議決事件としていますが、このほかにもさまざまな事項を議決事件としています。

❸ 契約議案の否決と損害賠償

地方公共団体が一定金額の以上の契約を締結するに当たっては、議会の議決が必要とされています（法96条１項５号）。この契約に関する議案を議会が否決した場合に、地方公共団体は契約の相手方に対して損害賠償の責任を負うのでしょうか。

地方公共団体が契約に関して議会の議決を得るためには、「契約の相手方」「内容」「金額」等を確定した上で契約議案を提出する必要があります。このために、地方公共団体は、あらかじめ、相手方との間で、本契約の内容となるべき事項を定め、議会の議決を得たときに当該事項を内容とする契約を締結する旨を合意しておくのが通例となっています。この合意が、一般に「仮契約」と呼ばれています。

a. 仮契約の法的性格

この仮契約の趣旨、性格については、法令上特に定めがないため、具体的な仮契約の内容や当事者の意思等で確定することになります。一般的には、次のいずれかに当たるものと考えられます。

① 議会の議決を経たときに、本契約となるという合意を含む契約（停止条件付き契約）

停止条件付き契約とは、条件が成就したときから契約の効力が生じるとするもので、議会の議決を条件として、その条件が成就したとき（議決のとき）に契約の効力が生じることになる。

契約書において「議会の議決があったときに本契約が成立する」などと表現されている場合に、停止条件付き契約と解することになる。

② 議会の議決を経た後に、当事者が契約締結の意思表示をすることによって契約を締結する旨の契約（契約の予約）

契約の予約とは、予約完結権者が相手方に対して一方的に意思表示を行うことにより本契約が締結されることになるものをいう。契約当事者のいずれが予約完結権を有するかについては契約ごとに定まるが、議決を要する契約においては、通常は地方公共団体に予約完結権があり、議決後に地方公共団体が予約完結の意思表示を行うことにより本契約の効力が生じると解することになる（民法556条、559条）。

具体的には契約書において「議会の議決の後、地方公共団体が契約締結を申し入れたときに本契約が成立する」などと表現される。

b. 議案の否決と損害賠償

仮契約の性格が、「契約の予約」あるいは「停止条件付き契約」であり、議決を経るまでは契約の効力が生じないからといって、仮契約の相手方の地位が法的に何ら保護されないと解することはできません。次のような保護を受けるものと考えられます。

まず、仮契約が停止条件付き契約であるとするならば、条件成就の妨害（民法128条）として損害賠償請求を行うことが認められます。静岡地裁沼津支部平成４年３月25日判決（判時1458号119頁）も同様の趣旨です。

また、契約の予約であると解した場合には、契約締結上の過失が問題となります。契約締結上の過失とは、契約の準備段階において、交渉当事者の一方の責めに帰すべき事由によって相手方に損害が発生した場合に、信義則に基づいて、契約が成立していた場合と同様に相手方の地位を保護しようとする考え方です。この契約締結上の過失については、明文の規定はありませんが、最高裁もこの法理を認めています（最判昭和59年９月18日・判時1137号51頁）。なお、この信義則とは、社会共同生活において、権利の行使や義務の履行は、互いに相手の信頼や期待を裏切らないように誠実に行わなければならないとする法理で、「信義誠実の原則」とも呼ばれています。

c. 賠償責任を問われる場合

もっとも、議会が契約に関する議案を否決することが、すべて条件成就の妨害あるいは契約締結上の過失の法理により、直ちに違法な侵害行為となるわけではありません。しかし、以下のような場合には、地方公共団体が違法な侵害行為を行ったものとして、条件成就の妨害あるいは契約締結上の過失により賠償責任を負うことになると考えられます。

①　議会において十分に審議をせずに否決したなど議会の否決行為が違法で、かつ、相手方の利益の侵害につき故意又は過失が議会に認められる場合

②　地方公共団体の長や職員が議会に対して十分な説明を行わないなど違法な行為により議会の議決が得られず、かつ、地方公共団体の長や職員に故意又は過失が認められるような場合　　等

（2）検査権

議会は、地方公共団体の執行機関の事務の執行の適正さを確保するため、事務の管理、議決事項の執行及び出納について検査を行うことができます（法98条１項）。

（3）監査請求権

監査請求権は、検査権と同様に、執行機関の事務の執行の適正さを確保するために認められる権限で、議会が監査委員に対して、地方公共団体の事務に関する監査を求め、その結果の報告を請求する権限です（法98条２項）。また、条例で定めれば、監査委員による監査に代えて、個別外部監査を求めることもできます（法252条の40）。

（4）調査権

地方自治法100条１項には、普通地方公共団体の議会は、当該普通地方公共団体の事務に関する調査を行い、選挙人その他の関係人の出頭及び証言並びに記録の提出を請求することができると規定されており、この権限は議会の「百条調査権」とも呼ばれています。さらに、この規定に基づき議会が議決により設置した特別委員会を「百条委員会」といいます。

百条調査権については、証言・資料提出拒否に対し禁錮刑を含む罰則（法100条３項）が定められており、非常に強い強制力を持っています。この百条調査権は、国会の国政調査権（憲法62条）に相当するものです。

この調査権は「議会」の権限であり、個々の「議員」の権限ではないため、行使には議会としての意思決定のための議決が必要です。

また、議会は、議案審理や事務調査等のため議員を派遣することができます（法100条13項）。さらに、専門的事項に関する調査を学識経験者等に行わせることができます（法100条の２）。

（5）同意権

議会の同意権は、地方公共団体の長その他の執行機関の執行行為の前提手続として議会に同意という形で関与するとともに、監視する権限を与えています。同意の対象となる事項には、次のものがあります。

①　副知事、副市町村長、監査委員、教育委員会の教育長・委員等主要な公務員の選任又は任命（法162条、196条、地教行法４条１項・２項）

②　地方公共団体の長の法定期日前の退職（法145条）

③　会計管理者その他の職員の過失責任等によらない現金、有価証券又は

政務活動費

政務活動費とは、議員の調査研究その他の活動に資するため必要な経費の一部として、その議会における会派又は議員に対し交付されるものです。政務活動費の交付の対象、額及び交付の方法は、条例で定めなければならないとされています（法100条14項）。

この活動費は、議員の調査研究活動の強化と充実を図るため、平成12年の地方自治法改正により政務調査費として導入されました。その後、平成24年の地方自治法改正により、交付の目的を「議会の議員の調査研究その他の活動に資するため」に改め、政務活動費を充てることができる経費の範囲について、条例で定めなければならないものとされました。併せて名称が、政務調査費から政務活動費に改められました。

この使途制限が不明確であるなどのため、各地方公共団体で使途が問題となっている場合もあります。

交付額は、１人当たり東京都が月額50万円、大阪市で月額57万円など、多額に上る地方公共団体もあります。

物品等の亡失又は損傷の損害賠償責任の免除（法243条の２第８項）

④　監査委員の罷免（法197条の２）

監査委員の心身の故障、職務上の義務違反等を認めるときは議決により罷免することができる。

（6）選挙権

議会がその活動を自主的、民主的に行うため権限として「選挙権」があります。選挙権は、議会全体の意思として、特定の地位に就くべき者を選び、決定する権限です。次のものの選挙を行うこととされています。

①　議長及び副議長の選挙（法103条１項）

②　仮議長の選挙（法106条２項）

③　選挙管理委員及び補充員の選挙（法182条１項）

④　一部事務組合の規約の中で、議員選出に選挙が規定されている場合

（法118条）

なお、選挙の方法は、通常は単記無記名投票の方法によりますが、全員に異議がない場合は指名推薦の方法を用いることも可能です（法118条２項）。

（７）意見表明権

地方公共団体の公益に関する事項について、住民の代表である議事機関としての議会の意思を決定し、国等に表明する権限です（法99条）。

（８）自律権

議会が組織・運営に関して、国等の機関、執行機関から関与を受けずに、自ら決定する権限です。

① 規則の制定（法120条、法134条２項）

議会の合理的、能率的運営のために会議規則を制定することができる。

② 議会の開閉及び会期の決定（法102条６項）

③ 規律の維持（法104条）

規律に関する問題は、議長が定めることができる。

④ 懲罰（法134条）

議場の秩序を乱す等、法、規則、条例に違反した場合は懲罰を科することができる。

⑤ 議員の資格決定（法127条）

議員の資格について疑いが生じた場合は、議会が３分の２以上の特別多数議決により決定することができる。

（９）承認権

権限を有する執行機関が処理した事項について、事後に承諾を与える権限です。長が専決処分した事項の承認（法179条３項）などがあります。

（10）議会の解散

議会の解散とは、任期満了前に議員全員の身分を失わせることです。次の３種類の制度が設けられています。

①　地方公共団体の長に対する不信任議決により地方公共団体の長が行う解散（法178条）

議会と地方公共団体の長との間の均衡と抑制の観点から、住民の意思を問うような場合に解散権を地方公共団体の長に認めたもの。

②　住民の直接請求に基づく解散（法76条～78条）

住民による直接請求の制度として設けられているもの。

③　議会の議決による解散

地方公共団体の議会の解散に関する特例法では、目的として「地方公共団体の議会の解散の請求に関する世論の動向にかんがみ、当該議会が自らすすんでその解散による選挙によつてあらたに当該地方公共団体の住民の意思をきく方途を講ずるため、地方公共団体の議会の解散について、地方自治法（略）の特例を定める」としている。具体的な手続は同法２条に規定されていて、議員数の４分の３以上の者が出席しその５分の４以上の者の同意をもって議会解散の議決を行うことができる。この議決があったときに、議会は解散することになる。

①及び②の解散が議会以外の機関等の請求等により解散するのに対して、③の解散は議会が自らの意思で自主的に解散するものです。

2　議　員

（1）定　数

地方公共団体の議会の議員の定数は、地方自治法で人口規模ごとに上限が定められていましたが、平成22年の地方自治法改正でこの規定が廃止されました。現在は、地方自治法90条１項及び91条１項において「議会の議員の定数は、条例で定める」とのみ規定されており、議員定数は各地方公共団体が任意に定めることがきます。

（2）議員の地位・身分

議員は住民から直接選挙によって選ばれ、議会を組織します。また、議員は、議会の権限の適切な行使に資するため、住民の負託を受け、誠実に職務を行わなければなりません（地方自治法89条３項）。議員は、地方公務員法３

条３項において、特別職とされています。

（3）議員の兼職の禁止等

議員が次のような職に就くことは、議員としての職務を果たす妨げとなる可能性があるため、兼職が禁止されています。

①　地方公共団体の長（法141条）
②　衆議院議員・参議院議員（法92条１項）
③　他の地方公共団体の議会の議員（法92条２項）
④　地方公共団体の常勤の職員・短時間勤務職員（法92条２項）
⑤　裁判官（裁判所法52条）
⑥　教育長及び教育委員会の委員（地教行法６条）
⑦　人事委員会・公平委員会の委員（地方公務員法９条の２第９項）
⑧　海区漁業調整委員会の委員（都道府県議会議員のみ、漁業法95条）
⑨　海務局の委員会の委員（港湾法17条１項）
⑩　都道府県公安委員会の委員（警察法42条２項）

さらに、議員は、住民の代表として職務を公正に行う必要があるため、一定の経済的活動あるいは営利的業務への従事が制限されています。つまり、議員がその地方公共団体と請負の関係となったり、地方公共団体から請負を行う会社の役員等に就任することによって、公正性を損なうことなるため禁止しているのです（法92条の２）。この兼業禁止の対象となるのは、次のとおりです。

①　その地方公共団体に対し請負をする者及びその支配人
②　主として地方公共団体に請負をする法人の役員

議員がこの兼業禁止の規定に該当とする場合には、その職を失うことになります。なお、その決定は議会が行うこととされています（法127条１項）。

3　議会運営

（1）議会の招集

議会の招集は、議会としての活動を開始するため、時間と場所を定めて議員に対して参集を求めることです。この招集は、地方公共団体の長が、開会の日前の都道府県及び市は７日前、町村は３日前までに告示して招集することとされています（法101条７項）。

また、議長は、議会運営委員会の議決を経て、地方公共団体の長に対し、会議に付議すべき事件を示して臨時会の招集を請求することができます（法101条２項）。さらに、議員の定数の４分の１以上の者が、長に対し、会議に付議すべき事件を示して臨時会の招集を請求することができます（法101条３項）。これらの請求があった場合、長は、請求のあった日から20日以内に臨時会を招集しなければなりません（法101条４項）。請求のあった日から20日以内に長が臨時会を招集しないときは、議長は、次のとおり臨時会を招集することができます

・議長が請求した場合

　議長は、臨時会を招集することができる（法101条５項）。

・議員の定数の４分の１以上の者が請求した場合

　議長は、請求をした者の申出に基づき、その申出のあった日から、都道府県及び市は10日以内、町村は６日以内に臨時会を招集しなければならない（法101条６項）。

（2）議会の種類

議会には、「定例会」と「臨時会」の２種類があります。定例会は、毎年、条例で定める回数を招集しなければなりません（法102条２項）。臨時会は、

●議会の種類

	定例会	臨時会
招集	毎年条例で定められる回数を付議事件の有無にかかわらず招集	必要に応じ告示された特定の付議事件を処理するため招集
招集権者	長が招集	長が招集。ただし、議員の定数の４分の１以上の者から請求があった場合、長は臨時会を招集しなければならない
審議対象	付議事件のすべて	告示された付議事件のみを審議。ただし、緊急を要する事件については直ちに付議することも可能

必要がある場合において、その事件に限りこれを招集することになります（法102条３項）。

従来、定例会は年間４回程度開催されるのが一般的でしたが、平成24年の地方自治法改正で、条例で定めることにより、定例会と臨時会の区別を設けず、通年の会期とすることができることとなりました。通年の会期とは、条例で定める日から翌年の当該日の翌日までを会期とするものです（法102条の２）。

（3）本会議

全議員が出席して開かれる会議を「本会議」といいます。議員定数の半数以上の議員の出席がなければ開くことができません（法113条）。次に説明するように、議会の審議は主に委員会において行われますが、議会の最終的な意思決定は本会議で行われることになります。議会に提出された議案や、議会としての意見表明などの可否は、すべて本会議でなければ決めることができません。

（4）委員会

議会が処理すべき分野は、広範囲にわたっており、これに伴って議会が審議する議案の件数も多くなっています。限られた会期の中で多くの議案や請願・陳情を審議するには、本会議だけでは十分ではありません。そのため、本会議の議決に先立って、専門的かつ詳細に審査する委員会を設置し、審議することとされています。

議会に提出された議案は委員会に付託され、そこで実質的な審議を行った上で、採決を経て本会議に戻されます。このように、議会運営を議会に設置された委員会を中心に行うことを「委員会中心主義」といいます。

なお、委員会は、学識経験を有する者や参考人等からの意見聴取等の調査を行うことができます（法109条５項・６項）

❶ 委員会の種類

地方公共団体の議会には、条例で、常任委員会、議会運営委員会、特別委員会を置くことができます（法109条１項）。

a. 常任委員会

常設されている委員会で、それぞれの所管に属する事項を審査します。どのような委員会を設置するかは各地方公共団体の条例で定めることになります（法109条１項・２項）。

b. 議会運営委員会

一般的に各会派の代表者などで構成されており、議会の運営方法などについて協議を行います。所掌事務としては、①議会の運営に関する事項、②議会の会議規則、委員会に関する条例等に関する事項、③議長の諮問に関する事項が地方自治法において規定されています（法109条３項）。

c. 特別委員会

議会の議決により付議された特定の事件を審査するために条例で置くことができます。委員会に付議された事件が議会で審議されている間に限り存在することになります。議会の議決により付議された特定の事件は、閉会中も審査することができます。これは会期不継続の原則（111頁参照）の例外として地方自治法に規定されているものです（法109条８項）。

❷ 委員会の権限

委員会は、次のような権限を有しています。

a. 議案提出権（法109条６項）

議会の議決すべき事件につき、各委員会の所掌の範囲内で、議会に議案を提出することができます。

b. 調査権（法109条２項・３項）

常任委員会は、その部門に属する当該地方公共団体の事務に関する調査を行います。また、議会運営委員会は、「議会の運営に関する事項」「議会の会議規則、委員会に関する条例等に関する事項」「議長の諮問に関する事項」の調査を行います。

c. 公聴会の開催（法109条５項等）

委員会は、予算その他重要議案、請願等について公聴会を開き、真に利害関係を有している者、学識経験者等から意見を聴くことができます。

d. 参考人の意見聴取（法109条５項等）

委員会は、当該地方公共団体の事務に関する調査・審査のため必要があると認めるときは、参考人の出頭を求め、その意見を聴くことができます。

e. 閉会中審査（法109条８項）

委員会は、議会の議決により付議された特定の事件について、閉会中においても、これを審査することができます。

４ 議会運営における基本原則

（１）会議公開の原則（法115条）

本会議は、原則として公開しなければなりません。このことから、一定のルールの下、傍聴、報道の自由を認めるとともに、会議記録を公表することとしています。例外として、議長又は議員３人以上の発議により、出席議員の３分の２以上の多数で議決したときは、秘密会として非公開にすることができます。

なお、委員会は公開が法律で義務づけられているわけではありませんが、一般的に本会議と同じように公開されています。

（２）定足数の原則（法113条）

議員定数の半数以上の議員の出席がなければ、会議を開くことはできません。定足数は、会議を開会するための要件であるだけでなく、会議を継続するための要件でもあります。さらに、議決の要件でもあるため、定足数を欠いた議決は違法又は無効であるため、長は再議に付さなければなりません。

（3）一事不再議の原則

議会で議決された事件は、原則として同一会期中に再び提出することができません。これも会議を能率的に運営していく上で重要な原則です。ただし、長の再議制度（法176条、177条）はその例外です。

（4）会期不継続の原則（法119条）

議会は、各会期中に限って活動能力を有することとされており、前後の会期は継続しません。そのため、会期中に議決に至らなかった事件は、後の会期に継続しません。ただし、この例外として、議決により委員会での継続審査が認められます。

（5）議案の修正（法115条の３）

議案に対する修正の動議を議題とする場合には、議員の定数の12分の１以上の者の発議によらなければなりません。

（6）表　決（法116条）

議会の意思決定（議決）は、地方自治法に特別の規定があるほかは、出席議員の過半数でこれを決し、可否同数の場合は議長の決することになります。ただし、次の場合は、過半数ではなく、特別の多数の同意がなければなりません。

①　事務所の位置の条例、秘密会、議員の資格決定、拒否権による再議など

　出席議員の３分の２以上の同意

②　直接請求による副知事、副市町村長等の解職、除名処分、不信任議決など

　議員の３分の２以上の出席で、かつその４分の３以上の同意

（7）除　斥（法117条）

議長及び議員は、自己、父母、祖父母、配偶者、子、孫、兄弟姉妹の一身上に関する事件、これらの者の従事する業務に直接の利害関係のある事件に

ついては、その議事に参与することができません。ただし、議会の同意があったときは、会議に出席し、発言することができます。

Point

1　議会の権限

議会の権限として、地方自治法において「議決権」「検査権」「監査請求権」「調査権」が規定されている。

2　議決事件

議決事件には、法律によって議決すべきこととされている「必要的議決事件」と各地方公共団体の判断で議決事件とする「任意的議決事件」とがある。

3　議員の定数及び身分

議員の定数は、条例で定める。その身分は、特別職とされている。

4　議会の招集

議会の招集は、長が、開会の日前の都道府県及び市は７日、町村は３日までに告示して招集する。また、議長は、議会運営委員会の議決を経て、長に対し、会議に付議すべき事件を示して臨時会の招集を請求することができる。

5　議会の種類

定例会及び臨時会の２種類がある。定例会は、毎年、条例で定める回数、招集しなければならない。臨時会は、必要がある場合にその事件に限り招集する。なお、条例で規定し通年の会期とすることができる。

6　委員会

条例で、常任委員会、議会運営委員会、特別委員会が置くことができる。

7　議会運営における基本原則

議会運営の基本原則として、会議公開の原則、定足数の原則、多数決の原則、一事不再議の原則、会期不継続の原則がある。

8　表決

①　原則

出席議員の過半数でこれを決し、可否同数の場合は議長が決する。

②　特別多数決

・事務所の位置の条例、秘密会、議員の資格決定、拒否権による再議など → 出席議員の３分の２以上の同意

・直接請求による副知事、副市町村長等の解職、除名処分、不信任議決など → 議員の３分の２以上の出席で、かつその４分の３以上の同意

第3節

執行機関

この節では、地方公共団体の執行機関について学びます。地方公共団体では、地方公共団体の長及び委員会・委員が執行機関として、それぞれが権限を有して行政運営を行っています。これを「執行機関の多元性」といいます。それぞれの権限と役割分担を理解することで、地方公共団体の実際の行政運営の全体像を把握することができます。

1 執行機関の多元性

執行機関とは、自らの判断と責任において地方公共団体の事務を管理、執行する機関です（法138条の２）。地方自治法は、長以外に委員会や委員を執行機関として位置づけています。委員会や委員は、政治的中立性が求められる分野等について長から独立して職務執行を行うものです。権限が一つの機関に集中して行政運営の中立性、公正性が損なわれることを防ぐため、委員会等を設けることにより、複数の機関が執行機関の役割を担うこととされています。これを執行機関の多元性といいます。

2 地方公共団体の長の権限

（1）代表としての広範な権限

地方自治法147条では「普通地方公共団体の長は、当該普通地方公共団体

●執行機関の全体イメージ

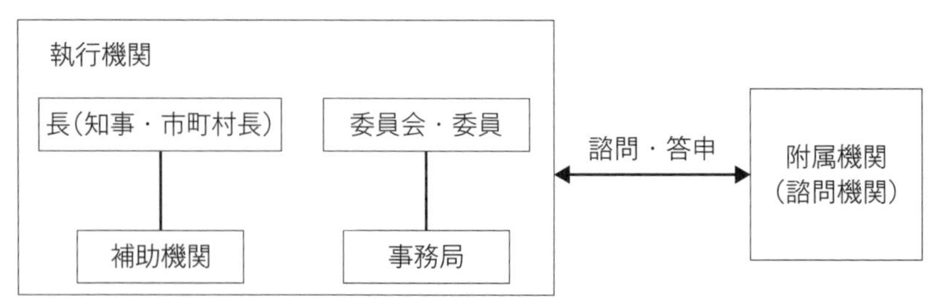

を統轄し、これを代表する。」と規定し、長を地方公共団体の代表、統括機関と位置づけています。この「統括」とは、委員会等関係機関との総合調整を行うという意味です。また、「代表」というのは、地方公共団体の行為を対外的に行う権限です。例えば、契約や行政処分を行う際の書面等には、代表者として長の氏名を記載することになります。

ただし、地方公営企業については、公営企業管理者が代表者と規定されています（地公企法８条１項）。地公企法による水道事業や公営交通事業、病院事業などは地方公共団体の一部ですが、企業の能率的経営等の観点から、地方公共団体の長から一定の独立性が認められているのです。さらに、地方独立行政法人制度も創設され、公営企業よりもさらに独立性の高い組織としてされています。地方独立行政法人では理事長が代表権を持つこととされています。

このように地方公共団体の長以外の機関が、代表権を持つ場合もありますが、その他の事務については地方公共団体の長が広範な権限を有しています。地方自治法148条では、「普通地方公共団体の長は、当該普通地方公共団体の事務を管理し及びこれを執行する。」と、事務執行権を規定しています。また地方自治法149条では地方公共団体の長が所管する事務の範囲について具体的に規定しています。議会の議決事件は96条に規定されている範囲に限られる（制限列挙）のに対して、この149条に規定されている事務は例示であるとされおり、実際に地方公共団体の長が所管する事務の範囲はさらに広範なものとなっています。このことからも、地方公共団体の長の権限の広範さが分かります。

（２）地方公共団体の長の多選に関する制限

地方公共団体の長は、地方公共団体の行政運営において非常に大きな権限を有するために、地方公共団体の長の専制化、独裁化が起こり、行政組織が硬直化する可能性が高くなるなど問題点が指摘されてきました。そこで、総務省は「首長の多選問題に関する調査研究会」（座長：高橋和之明治大学教授）を設置し、検討を行いました。その報告書の主な内容は116頁のとおりです。

なお、神奈川県においては、神奈川県知事の在任の期数に関する条例（平成19年10月19日公布神奈川県条例第44号）を制定し、知事は引き続き３期を超えて在任することができないとしています（同条例２条１項）。ただし、条例の施行は、別の条例に委任されており、現時点では施行されていません。

●首長の多選問題に関する調査研究会報告書（平成19年５月30日）の概要

１　立憲主義及び民主主義の原理と多選制限の関係

人間の権利・自由を保障するために、権力を法的に制限すべきであるとする立憲主義の考え方から、多選制限は、地方公共団体の長の権力をコントロールする合理的な手法の一つとなり得るものと考えられる。代表民主制においては、代表者を選ぶ選挙にいかに選挙人の意思を反させることができるかが重要であり、そのためには、選挙の実質的な競争性が確保されることこそが必要である。多選の結果、選挙の実質的競争性が損なわれているとすれば、選挙の競争性を確保し、政策選択の幅を広げる手法の一つとして多選制限を位置づけることができ、このような考え方に立った場合には、多選制限は、民主主義の理念に沿ったものと考えることもできる。

２　多選制限と憲法の規定との関係

第14条（法の下の平等）、第15条（公務員の選定罷免権）、第22条（職業選択の自由）、第92条（地方自治の基本原則）、第93条（長と議員の直接公選）には抵触しない。

３　憲法上許容される多選制限の内容

地方公共団体の長の期数を１期限り（再選禁止）とすることは憲法上問題があると考えられるが、１期を超える期数をもって在任期数の制限をする場合には、その期数を何期とするかに着目すれば、それは立法政策の問題であると考えられる。

立憲主義及び民主主義の考え方は、いずれの地方公共団体にも当てはまるものであり、すべての地方公共団体の長を多選制限の対象としても憲法上問題はないものと考えられる。また、対象を限定して多選制限をすることについては、基本的に立法政策の問題であると考えられる。

多選制限は、在任期間の制限であり、任期と同様、地方公共団体の組織及び運営に関する基本的な事項である。したがって、制度化する場合には、法律にその根拠を置くことが憲法上必要であり、地方公共団体の組織及び運営に関する事項を一般的に定めた地方自治法において規定することが適当であると考えられる。

法律に多選制限の根拠を置くのであれば、法律によって一律に多選制限をするか、多選制限の是非や具体的内容を条例に委ねることとするかは、立法政策の問題であり、憲法上の問題は生じないと考えられる。

首長交代による政策変更

地方自治法は、地方公共団体の長に代表権、統括権を認めています。しかし、いくら長であってもそれまでの政策を変更して住民等に損害を与えることは許されません。特に地方公共団体の長が交代した場合の政策転換が訴訟で争われた事例があります。

事案としては、前村長が推進した企業誘致政策に基づいて工場建設に着手したところ、この工場建設に反対の立場をとる現村長が当選し、現村長が本件工場建設に対する協力を拒否した結果、工場建設が不可能となりました。そのため、工場建設を進めていた事業者が村に対して損害賠償を請求したものです。

最高裁は、「施策が変更されることにより、前記の勧告等に動機づけられて前記のような活動に入つた者がその信頼に反して所期の活動を妨げられ、社会観念上看過することのできない程度の積極的損害を被る場合に、地方公共団体において右損害を補償するなどの代償的措置を講ずることなく施策を変更することは、それがやむをえない客観的事情によるのでない限り、当事者間に形成された信頼関係を不当に破壊するものとして違法性を帯び、地方公共団体の不法行為責任を生ぜしめるものといわなければならない。そして、前記住民自治の原則も、地方公共団体が住民の意思に基づいて行動する場合にはその行動になんらの法的責任も伴わないということを意味するものではないから、地方公共団体の施策決定の基盤をなす政治情勢の変化をもつてただちに前記のやむをえない客観的事情にあたるものとし、前記のような相手方の信頼を保護しないことが許されるものと解すべきではない。」として、原審に差し戻しました（最判昭和56年１月27日・民集35巻１号35頁）。

地方公共団体においては、長の交代の場合に限らず、政策変更を行うことがあります。しかし、その場合であっても関係する者に不利益を及ぼさないように注意することも重要です。

3 地方公共団体の長の事務

地方自治法149条では、地方公共団体の長の事務について、次のような事務を掲げています。

①　地方公共団体の議会の議決を経べき事件について議案を提出すること
②　予算を調製し、及びこれを執行すること
③　地方税を賦課徴収し、分担金、使用料、加入金又は手数料を徴収し、及び過料を科すること
④　決算を地方公共団体の議会の認定に付すること
⑤　会計を監督すること
⑥　財産を取得し、管理し、及び処分すること
⑦　公の施設を設置し、管理し、及び廃止すること
⑧　証書及び公文書類を保管すること
⑨　①～⑧以外に、当該地方公共団体の事務を執行すること

もちろんこれらは例示にすぎず、地方公共団体の長の仕事はこれらに限られるわけではありません。社会生活の多様化に伴う住民ニーズの拡大によってその事務は拡大しています。もっとも近年、「新たな公（公共）」という視点での行政の担い手の拡大ということが考えられており、官民の多様な主体が協働し行政活動を進められています。

地方公共団体の長の仕事の中で最も重要な位置を占めるのは、都道府県や市町村の仕事を実際に行うための裏づけとなる予算を作成し、議会に提出することです。これは委員会等の他の執行機関には認められていない権限です。

予算編成権以外にも地方公共団体の長の重要な事務として条例案を議会に提案することも挙げられます。さまざまな施策を実施するために必要な条例案を議会に提出することも地方公共団体の長の重要な事務です。

このように長は広範な権限を有しているため、議会の議員と同様に、一定の職の兼職・兼業が禁止されています。まず、衆議院議員・参議院議員、地方公共団体の議会の議員、常勤の職員・短時間勤務職員を兼ねることができないとされています（法141条）。さらに、職務の公正性を担保するため、次の者との兼業が禁止されています。

①　その地方公共団体に対し請負をする者及びその支配人
②　主として地方公共団体に請負をする法人の役員

長がこの兼業禁止の規定に該当とする場合には、その職を失うことになります。なお、その決定は選挙管理委員会が行います（法143条１項）。

4 委員会及び委員（行政委員会）

（１）設置の趣旨

憲法では、地方公共団体の執行機関として長のみが規定されていますが、地方自治法では長以外に執行機関として委員会や委員が設けられています。委員会や委員は政治的中立性が求められる分野等において地方公共団体の長から独立して職務執行を行うものです。権限が一つの機関に集中して行政運営の公正さが損なわれることを防ぐため、委員会等を設けることにより複数の機関が執行機関の役割を担うこととされています（執行機関の多元性）。

各地方公共団体が設置しなければならない委員会、委員については、地方自治法において都道府県のみ、市町村のみ、そして都道府県と市町村の両方が設置しなければならないものに区分して規定されています（下表）。

委員会の性質別にみてみると、まず政党や議会の会派などの政治的な影響をできるだけ避ける必要がある役割を担っているものとして、教育委員会や公安委員会、選挙管理委員会があります。これらの行政委員会はいわゆる政治的中立性が求められています。次に公正中立な行政を確保するために設置されているのが人事委員会・公平委員会、監査委員、選挙管理委員会です。さらにさまざまな階層の利害関係を調整する役割を担うのが労働委員会、海区漁業調整委員会、内水面漁業管理委員会です。審判、裁定等の司法機関に

●地方公共団体が設置しなければならない委員会、委員

<table>
<tr><td rowspan="2">都道府県、市町村ともに設置する委員会・委員</td><td rowspan="2">・教育委員会
・選挙管理委員会
・人事委員会又は公平委員会
・監査委員</td><td>都道府県のみが設置する委員会・委員</td><td>・公安委員会
・労働委員会
・収用委員会　　等</td></tr>
<tr><td>市町村のみが設置する委員会・委員</td><td>・農業委員会
・固定資産評価審査委員会</td></tr>
</table>

準ずる機能を果たしているものが人事委員会・公平委員会、労働委員会、収用委員会、固定資産評価審査委員会です。

これらの委員会、委員の選任は、地方公共団体の長により議会の同意を得て行われますが、委員会、委員は地方公共団体の長から独立した権限を持つ執行機関です。

（２）委員会及び委員と長との関係

執行機関は、条例・予算その他の議会の議決に基づく事務、法令・規則その他の規程に基づく事務を、自らの判断と責任において、誠実に管理・執行する義務を負います（法138条の２）。執行機関の組織は、長の所轄の下に、それぞれ明確な範囲の所掌事務と権限を有する執行機関によって、系統的にこれを構成しなければなりません（法138条の３第１項）。さらに、執行機関相互の連絡を図り、すべて一体として、行政機能を発揮することも求められています（法138条の３第２項）。なお、所轄とは、上級行政機関と下級行政機関の関係を表す意味の用語ですが、地方公共団体の長の統括的な代表者としての地位を前提としながら下級行政機関である委員会等の独立性を広く認める意味で用いられています。

ただし、地方公共団体の予算執行は長の権限とされている（法149条）ため、委員会に関する契約についても長が代表者として契約を締結することになります。地方公共団体の長は、その権限に属する事務の一部を委員会、委員会の委員長（教育委員会にあっては、教育長）、委員、これらの執行機関の補助職員に委任することができます（法180条の２）。

（３）教育委員会

❶ 組　織

地方公共団体には多くの委員会が置かれていますが、特に重要な役割を果たしているのが教育委員会です。都道府県及び市町村に置かれる合議制の執行機関であり、生涯学習、教育、文化、スポーツ等を所管します（地教行法21条）。教育委員会は、教育長及び４人の委員をもって組織されています（同法３条）。教育長及び教育委員は、地方公共団体の長が議会の同意を得て任

●教育委員会の組織

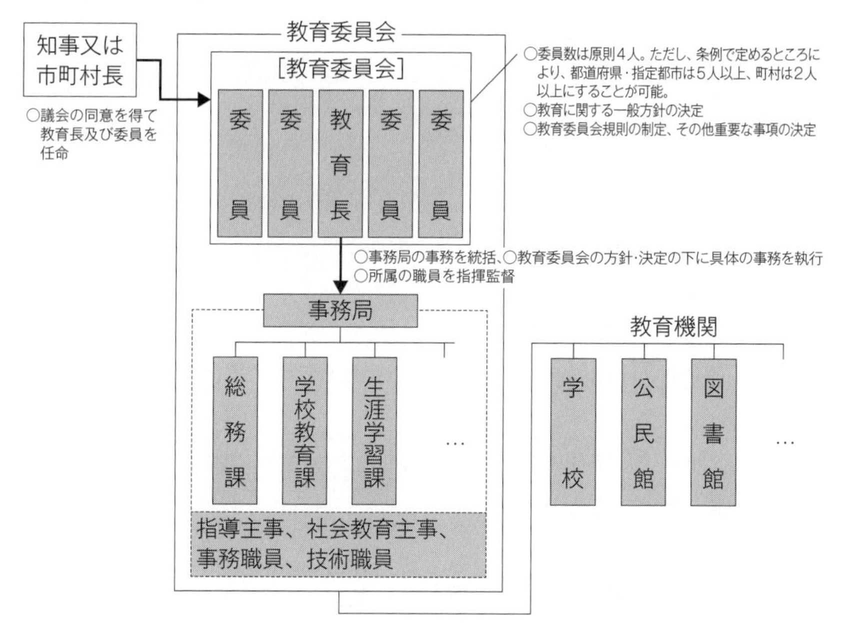

（文部科学省資料）

命します（同法４条）。任期は、教育長は３年、教育委員は４年です（同法５条）。かつては教育長は教育委員のうちから教育委員会によって選任されることとされていましたが、平成27年の地教行法の改正により、教育長の任免を地方公共団体の議会の同意を経た上で地方公共団体の長が行うこととされました。あわせて、教育長を従来の教育委員長と一体化した上で、教育長が教育委員会を統括することとされました。

❷ 教育委員会の職務権限

地方公共団体における教育行政に関しては、長と教育委員会とがそれぞれ所掌事務を分担しています。教育委員会の所掌事務の主なものとして次のものが挙げられます（地教行法21条）。

① 教育委員会の所管に属する学校その他の教育機関の設置、管理及び廃止に関すること

②　教育委員会及び教育委員会の所管に属する学校その他の教育機関の職員の任免その他の人事に関すること

③　学齢生徒及び学齢児童の就学並びに生徒、児童及び幼児の入学、転学及び退学に関すること

④　学校給食に関すること

⑤　青少年教育、女性教育及び公民館の事業その他社会教育に関すること

⑥　スポーツに関すること

⑦　文化財の保護に関すること

⑧　ユネスコ活動に関すること

一方、地方公共団体の長の所掌事務としては、次の事項が規定されています（地教行法22条）。

①　当該地方公共団体の教育、学術及び文化の振興に関する総合的な施策の大綱を策定すること

②　大学に関すること

③　幼保連携型認定こども園に関すること

④　私立学校に関すること

⑤　教育財産を取得し、及び処分すること

⑥　教育委員会の所掌に係る事項に関する契約を結ぶこと

⑦　教育委員会の所掌に係る事項に関する予算を執行すること

ただし、地教行法23条１項の規定により、条例の定めるところにより、①スポーツに関すること（学校における体育に関することを除きます。）及び②文化に関すること（文化財の保護に関することを除きます。）については、教育委員会ではなく地方公共団体の長が管理し、執行することができます。なお、地方公共団体の議会がこの条例の制定又は改廃の議決をしようとする場合には、あらかじめ教育委員会の意見を聴かなければなりません（地教行法23条２項）。

なお、教育委員会は、教育委員会規則で定めることによって、その事務の一部を教育長に委任し、又は教育長をして臨時に代理させることができます（地教行法25条１項）。ただし、次の事務については教育長に委任又は代理させることはできません（地教行法25条２項）。

① 教育に関する事務の管理及び執行の基本的な方針に関すること
② 教育委員会規則その他教育委員会の定める規程の制定又は改廃に関すること
③ 教育委員会の所管に属する学校その他の教育機関の設置及び廃止に関すること
④ 教育委員会及び教育委員会の所管に属する学校その他の教育機関の職員の任免その他の人事に関すること
⑤ 教育に関する事務の管理及び執行の状況の点検及び評価に関すること
⑥ 幼保連携型認定こども園に関する意見及び教育に関する議案に関する意見の申出に関すること

❸ 教育大綱

地方公共団体の長は、教育基本法に基づき政府が定める教育の振興に関する施策についての基本的な方針を参酌し、その地域の実情に応じ、地方公共団体の教育、学術及び文化の振興に関する総合的な施策の大綱を定めなければなりません（地教行法１条の３第１項）。

❹ 総合教育会議

地方公共団体の長は、教育大綱の策定に関する協議及び地域の実情に応じた教育、学術及び文化の振興を図るため重点的に講ずべき施策等についての協議を行うとともに、長と教育委員会との事務の調整を行うため総合教育会議を設けることとされています（地教行法１条の４第１項）。この総合教育会議は地方公共団体の長が招集します（地教行法１条の４第３項）。また、教育委員会は、協議する必要がある場合には、総合教育会議の招集を求めることができます（地教行法１条の４第４項）。

5 附属機関（諮問機関）

法律又は条例の定めるところにより、地方公共団体の執行機関の附属機関を置くことができます（法138条の４第３項）。附属機関とは、地方公共団体の長の諮問に応じて意見を述べる機関などで、各種の審議会がその例です。

合議体であること、あるいはある程度執行機関から独立性を有していることから委員会と類似していますが、違いは、委員会が行政上の執行権を有する機関であるのに対して、附属機関は執行機関の諮問機関にとどまり独立して執行権は有していない点です。

附属機関は、執行機関の行政執行の前提として、調停、審査、審議、調査等を行い、執行機関はそれを受けて最終的な意思決定を行い、行政を執行します。

附属機関の設置目的としては、一般に次のようなものが考えられます。

①　公正中立の立場から審議等を行うもの

②　専門的、技術的な立場から調査等を行うもの

③　利害関係者や住民の意思等を反映させるためのもの

④　利害関係の調整を行うもの

執行機関は、諮問機関の意見を最大限尊重すべきですが、法的には拘束されないと一般的には解されています。ただし、群馬中央バス事件（最決昭和50年５月29日・民集29巻５号662頁）においては、「行政庁は特段の合理的な理由のない限り答申に反する処分をしないように要求される」として、答申の尊重義務を認めています。

なお、附属機関は、法律、法律に基づく政令又は条例によって設置しなければなりません（法138条の４第３項）。しかし、多くの地方公共団体では、いわゆる私的諮問機関等として、要綱等で附属機関を設置しています。この点について、法令又は条例によらない附属機関の設置は無効であり、要綱で設置した諮問機関の委員に対する報酬を支出することは違法であるとして長等への損害賠償等を求めた住民訴訟がいくつか提起されています。判決としては、損害賠償請求等を認容したもの（福岡地判平成14年９月24日・裁判所ウェブサイト等）、認容しなかったもの（さいたま地判平成14年１月30日・判例自治255号111頁、横浜地判平成23年３月23日・判例自治358号55頁、大阪高判平成25年11月７日判例自治382号73頁等）もあり、裁判所の判断は分かれています。ただし、いずれの裁判例も要綱により附属機関を設置したことについては地方自治法138条の４第３項に違反し違法であると判断しています。

6 補助機関

地方公共団体の長は、非常に大きな権限を持ち、広範囲の事務を処理することとされています。しかし、実際には、長が一人ですべての事務を執行できるわけではありません。副知事・副市町村長をはじめとする多くの職員が地方公共団体の長を補助して事務処理や意思決定を行っています。これらの職員を地方公共団体の長の補助機関といいます。地方自治法上の補助機関として、副知事・副市町村長、会計管理者、職員が規定されています。

（1）副知事・副市町村長

副知事・副市町村長は、地方公共団体の長の最高補助機関であり、長を補佐し、担任する事務を監督します。常勤の特別職とされ、その任期は４年です（法163条）。定数は条例で定めることとされています（法161条２項）が、設置しない旨を条例で定めることもできます（法161条１項）。また、その選任については、その職務の重要性から議会の同意を得ることが必要とされています（法162条）。

副知事・副市町村長は、①長を補佐すること、又は②長の命を受け政策及び企画をつかさどること、③その補助機関たる職員の担任する事務を監督することのほか、長に事故あるとき又は長が欠けたとき長の職務を代理します（法167条１項）。また、長の権限に属する事務の一部について、委任を受け、その事務を執行することもあります（法167条２項）。さらに、専決（内部的委任）によって、長に代わって多くの事務についての意思決定も行っています。

（2）会計管理者

会計管理者は、地方公共団体の会計をつかさどることとされています（法170条１項）。地方公共団体の会計事務については、命令機関と執行機関とが分離され、地方公共団体の長の命令を受けて職務上独立した権限を持つ会計管理者が会計事務を執行します。かつては特別職の出納長（都道府県）、収入役（市町村）を置くこととされていましたが、会計事務の電算化の進展によって特別職の収入役を置く必要性が少なくなったため、地方自治法が改正され、一般職の会計管理者を置くこととされました。

なお、地方自治法上会計管理者がつかさどる会計事務としては、次のようなものがあります（法170条２項)。

① 現金（現金に代えて納付される証券及び基金に属する現金を含みます。）の出納及び保管を行うこと

② 小切手を振り出すこと

③ 有価証券（公有財産又は基金に属するものを含みます。）の出納及び保管を行うこと

④ 物品（基金に属する動産を含みます。）の出納及び保管（使用中の物品に係る保管を除きます。）を行うこと

⑤ 現金及び財産の記録管理を行うこと

⑥ 支出負担行為に関する確認を行うこと

⑦ 決算を調製し、これを地方公共団体の長に提出すること

●会計管理者の権限

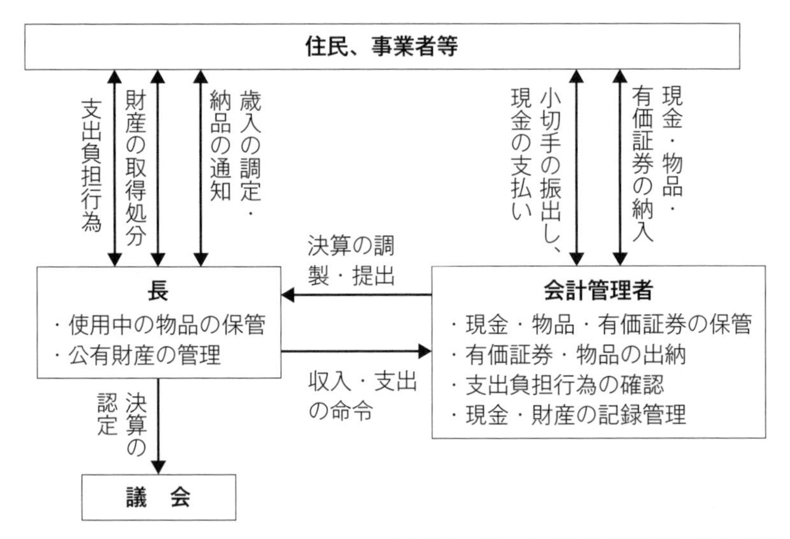

（前掲川﨑『地方自治法基本解説 第７版』277頁）

（３）職　員

地方公共団体に勤務する多くの一般職の職員も補助機関として位置づけられています（法172条）。局長、部長、課長等の職名を持つ職員のすべてが地方自治法上は補助職員として位置づけられています。実際の地方公共団体の事務のほとんどは、この補助機関としての職員が長を補助して行っています。

このように長等の権限に属する事務を内部的にその部下である職員がその権限に属する事務を補助し、執行することを「補助執行」といいます。長の部局の職員のほか、各委員会、委員の事務局の職員は、日常の職務上の行為は委員会、委員の補助執行をしていることになります。補助執行は、法令上の根拠規定を必要としませんが、他の執行機関に属する職員に補助執行させる場合には法律に特別の定めが必要と解されています（法180条の２等）。

（４）特別職と一般職

地方公共団体の職員は、一般職と特別職に分けられます。地方公務員法３条３項において、特別職として次のものを列挙し、その他の者を一般職としています。

①　就任について公選又は地方公共団体の議会の選挙、議決もしくは同意によることを必要とする職
②　地方開発事業団の理事長、理事及び監事の職
③　地方公営企業の管理者及び企業団の企業長の職
④　法令又は条例、地方公共団体の規則もしくは地方公共団体の機関の定める規程により設けられた委員及び委員会（審議会その他これに準ずるものを含みます。）の構成員の職で臨時又は非常勤のもの
⑤　都道府県労働委員会の委員の職で常勤のもの
⑥　臨時又は非常勤の顧問、参与、調査員、嘱託員及びこれらの者に準ずる者の職（専門的な知識経験又は識見を有する者が就く職であって、当該知識経験又は識見に基づき、助言、調査、診断その他総務省令で定める事務を行うものに限ります。）
⑦　投票管理者、開票管理者、選挙長、選挙分会長、審査分会長、国民投票分会長、投票立会人、開票立会人、選挙立会人、審査分会立会人、国

民投票分会立会人その他総務省令で定める者の職

⑧　地方公共団体の長、議会の議長その他地方公共団体の機関の長の秘書の職で条例で指定するもの

⑨　非常勤の消防団員及び水防団員の職

⑩　特定地方独立行政法人の役員

特別職には、①政治職、②自由任用職、③非専務職の３種類があります。

「政治職」には公選の職（知事、市町村長、議会議員）又は就任について地方公共団体の議会の選挙、議決あるいは同意によることを要する職（副知事、副市町村長、監査委員、教育委員会委員等）があります。

次に「自由任用職」は、成績主義によることなく、任命権者の政治的信任等に基づいて任用することができる職で、地方公営企業の管理者、地方公共団体の長や議会の議長等の秘書の職で条例で指定するものが当たります。

最後に「非専務職」とは、生活給を得るために職に就くのではなく一定の学識、経験、技能等によって、随時、職に就く者をいいます。

一般職は、「特別職に属する職以外の一切の職とする」（地方公務員法３条２項）とされるように、地方公務員のほとんどが一般職です。一般職の職員は、成績主義に基づいて、試験の成績等で採用されます。その後の勤務成績や昇任試験の成績などそれぞれの能力に基づいて、昇進などの身分の取扱いを受けます。一度任用されると、分限、懲戒によらない限り、本人の意思に反して免職されることはありません。一般職の職員には、地方公務員法が適用され、法的にも身分が保障される一方で、厳格な服務規律を守らなければならないこととされています。

一方、特別職は、その職務、任命方法、身分保証などの特殊性があり地方公務員法の規定になじまないため、同法の規定は適用されません。

一般職と特別職の最も大きな違いは、政治的中立性です。選挙を通じて選任されたり、あるいは選挙によって選ばれた地方公共団体の長によって選任され、さらには選挙によって選ばれた議会の同意が要件とされている職については、必然的に政治的側面を否定することができませんが、一般職については政治的中立性が求められています。一般職に対する政治的中立性の要請について、最高裁判例では、行政活動は「政治的偏向を排して運営されなけ

ればならない」そのためには、「個々の公務員が、政治的に、一党一派に偏することなく、厳に中立の立場を堅持して、その職務の遂行にあたることが必要となる」ことを根拠としています（猿払事件上告審判決、最判昭和49年11月6日・刑集28巻9号393頁）。

一般職については守秘義務や政治的行為の制限等さまざまな義務が課されている点も特別職とは異なる点です。もっとも特別職の守秘義務については、

採用と雇用契約

公務員でない者を公務員の職に就けることを採用といいます。採用は任用という行政処分の一つで、私法上の雇用契約とは異なります。民間事業者における労働条件は就業規則や契約等によって定まりますが、地方公務員の服務は地方公務員法及び地方公共団体の条例によって規定されています。

ところで、任用ではなく私法上の雇用契約によって、公務に従事させることができるでしょうか。この点について、国の場合には、国家公務員法2条7項において「政府又はその機関と外国人の間に、個人的基礎においてなされる勤務の契約には適用されない」と規定されていることから、外国人を勤務させる場合には、私法上の雇用契約を締結できることになります。

一方、地方公共団体の場合には、地方公務員法には国家公務員法のような規定を置いていないことから、雇用契約による勤務関係の成立を認めていないものと考えられます。裁判例においても「現行公務員制度は、かつての官公吏と雇員の区別を廃し、全体の奉仕者としての公務員に身分を一本化して、公務の民主的、能率的な遂行を図ることを本旨とし、それにふさわしい任用服務分限等の制度を定めたのであるから、勤務者が国又は地方公共団体に使用され従属する関係にあって、しかも公務員でない関係というものは認められていないと言わざるを得ない」として、地方公共団体における雇用契約の締結を否定しています（東京高判平成4年5月18日・高等裁判所刑事裁判速報集（平4）号23頁）。

地方自治法施行規程によって地方自治法施行前と同様に、従前の府県職員服務紀律（明治35年２月14日内務省令第３号）、市町村職員服務紀律（明治44年９月22日内務省令第16号）、東京都職員服務紀律（昭和18年６月19日内務省令第51号）の規定が適用され、地方公務員法と同様の義務が課されています。

7 地方公共団体の長等の権限の代行

地方公共団体の長が権限を有する場合でもすべて長が意思決定するわけではありません。多くの場合、意思決定を副知事、副市町村長、局長、部長、課長にゆだねていて、長は真に重要な事項のみ意思決定をするのが一般的です。行政の効率的な運営のために不可欠な方法です。このように行政庁の権限を他の機関に代行させるための法的な構成としては、①権限の委任、②権限の代理、③代決・専決があります。

（１）権限の委任

行政庁が自己の権限の一部を他の行政機関に委任して行わせることを、「権限の委任」といいます。受任機関はその権限を自己の名で行使するので、外形的には受任機関が自己固有の権限として行使するのと変わりません。このように権限の委任は法令の定める権限の一部を移動させることになるので、法令の根拠なしに行うことはできません。実際には多くの法令が権限の委任に関する定めを設けています。その際には、委任先の機関についても規定するのが普通です。なお、地方公共団体の長の権限については、その地方公共団体の職員に委任することが地方自治法において認められているので（法153条１項、167条１項）、個別法の根拠規定は不要です。

これに対して、公営企業管理者が地方公共団体の長に事務を委任できるかという点については、それを認める法律の根拠がないために委任することはできません。これは、本来、長の権限であった事務について、公営企業を設置して管理者にゆだねた事務を再度、長に委任することを認めるのは、公営企業を設置する趣旨に反するためと考えられます。そのため、長の補助職員が公営企業管理者の事務を補助する必要がある場合は、その職員に知事部局、市町村長部局と公営企業部門との併任発令を行うことになります。なお、水

●地方公共団体の長の権限委任

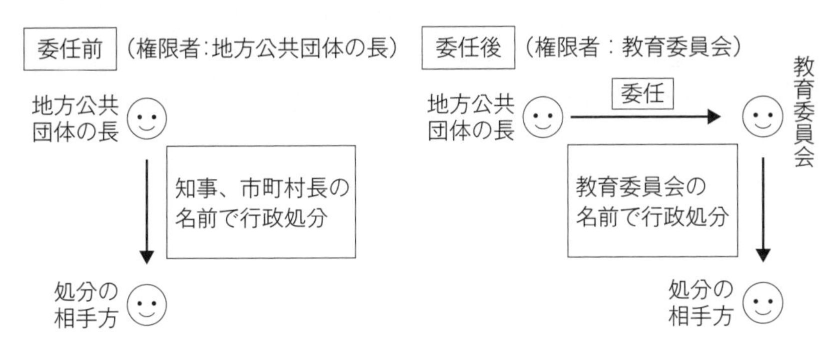

道事業、自動車運送事業、鉄道事業等のうち一定規模の公営企業については、管理者を置かず長がその権限を行うことも可能です（地公企法７条）。

委任した行政庁が受任した行政機関に対して一般的には指揮監督できません。ただし、委任した行政庁が受任した行政機関の上級である場合は、委任庁としてではなく上級庁として指揮監督できます。

（２）権限の代理

代理は、本来の行政庁が授権行為を行うことによって代理関係が生ずるものです。本来の行政庁の職務がすべてなくなるのは適当でないので、権限全部の授権代理は認められません。

●地方公共団体の長の代理

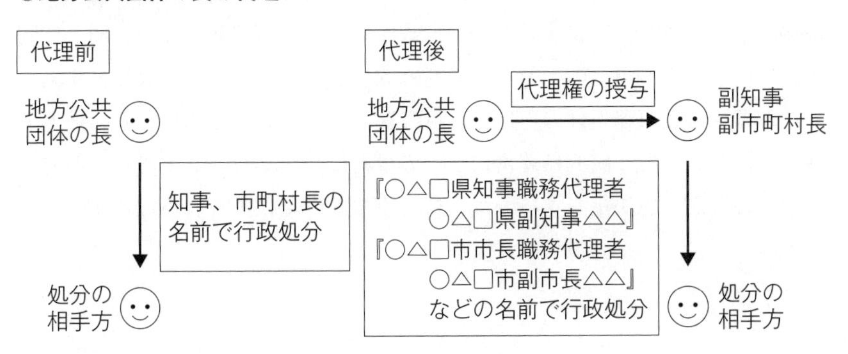

●委任、代理、専決の比較

	委　任	代　理	専　決
移譲元及び移譲先	委任庁→受任庁	被代理庁→代理庁	行政庁→補助機関
権限の全部移譲	不可	不可	事務処理のみ
責任の帰属主体	受任庁	被代理庁	行政庁
指揮監督	原則不可。ただし、委任庁が受任庁の上級庁であれば可	可能	可能
法の根拠	必要	不要	不要
公示	必要	不要	不要

権限の代理においては、対外的には権限は移動しておらず、本来の行政庁に属したままです。代理機関は、本来の行政庁の代理者であることを明示して（顕名）行為を行い、それは本来の行政庁の行為とみなされます。

（3）専　決

行政庁が事務処理の決定を補助機関にゆだねながら、対外的には本来の行政庁の名で表示する場合があります。これを専決といいます。内部的委任と呼ばれることもあります。

地方公共団体の行政機関の窓口で、職員が長の記名押印のある証明書（例：戸籍に関する証明書）を作成して交付するのはその例です。

権限の委任や代理の場合と異なり、実際に意思決定をした者がだれかは表示されません。対外的に権限は移動していないため、専決については法令の根拠は不要とされています。本来の行政庁は、その事務処理につき個々に関知していなくても自己の行為として対外的に責任を負うことになります。

この専決は、事務処理の迅速化、行政運営の効率化のために、どの地方公共団体においても一般的に非常に多くの事務について行われており、地方公共団体の長が意思決定をするのは、特に重要な事項に限られる場合が一般的です。

8 内部統制

人々の暮らしを支える対人サービス等の地方公共団体が提供する行政サービスの重要性は今後一層増大すると考えられています。一方で、地方公共団体では、多様なニーズへの対応のため事務の処理の領域は非常に広範囲におよんでいるにもかかわらず、人員削減等の影響により職員一人当たりの業務負担は増加しております。こうしたことから、地方公共団体における事務処理上のリスクを回避することも非常に重要になっています。そのため、平成29年に地方自治法が改正され、内部統制に関する方針の策定等が規定されました。この改正により、都道府県知事及び政令指定都市の市長は、内部統制に関する方針を定め、これに基づき必要な体制を整備するとともに、方針を策定した長は、毎会計年度、内部統制評価報告書を作成し、議会に提出することが義務づけられました（法150条１項）。政令指定都市以外の市については、努力義務とされています（同条２項）。なお、この地方自治法の改正は、平成32年４月１日から施行されることになります。

Point　執行機関の多元性

執行機関とは自らの判断と責任において地方公共団体の事務を管理、執行する機関である。地方公共団体の執行機関としては、長及び教育委員会、選挙管理委員会、監査委員等の委員会・委員が設置され、それぞれが行政事務を執行する。

１　知事・市町村長の権限

知事及び市町村長は地方公共団体を統轄し、これを代表する。

２　附属機関（諮問機関）

地方公共団体は、知事や市町村長の諮問に応じて意見を述べる附属機関を法律又は条例の定めるところにより置くことができる。

３　補助機関

地方公共団体の長を補助する機関として、副知事、副市町村長、会計管理者、職員が位置づけられている。

４　権限の代行

地方公共団体の長が権限を補助機関にゆだねる場合がある。その方法としては、①権限の委任、②権限の代理、③専決がある。

第4節

地方公共団体の執行機関と地方議会との関係

この節では、地方公共団体の執行機関と議会との関係について学びます。地方公共団体では、執行機関と議会とが総合に均衡と抑制を図りながら、行政運営を行っており、地方自治法ではそのためにさまざまな制度を規定しています。ここでは、その均衡と抑制のための制度について理解を図ります。

1 長の再議請求権

（1）一般的再議請求権（法176条1項～3項）

地方公共団体の長は、議決に異義がある場合には、議決の送付を受けた日から10日以内に理由を示してこれを再議に付すことができます。しかし、再議に付された議決と同じ議決（原則、出席議員の2分の1の同意。条例の制定改廃又は予算に関する場合は出席議員の3分の2以上の同意）を行った場合は、その議決は確定します。

（2）特別的再議請求権（法176条4項～8項、法177条）

❶ 越権・違法な議決・選挙

地方公共団体の長は、議会の議決又は選挙が議会の権限を超え、又は法令、会議規則に違反すると認めるときは、理由を示してこれを再議に付し、又は再選挙を行わせなければならないとされています。一般的再議請求権が長の任意の請求であるのに対して、この請求は長の義務とされています。

この請求の後に行われた再議決・再選挙がなおその権限を超え、又は法令、

●一般的再議の手続

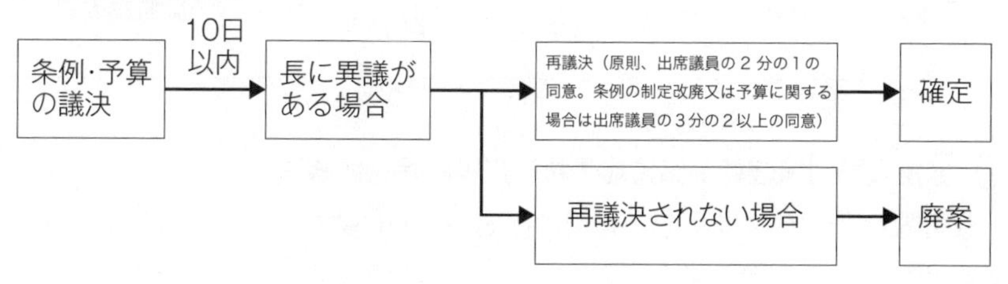

会議規則に違反すると、長が認めるときは、都道府県知事にあっては総務大臣、市町村長にあっては都道府県知事に対し、その議決又は選挙があった日から21日以内に、審査を申し立てることができます。この審査申立てについて、総務大臣又は都道府県知事は、審査の結果、議会の議決・選挙が権限を超え、又は法令、会議規則に違反すると認めるときは、その議決あるいはその選挙を取り消す旨の裁定をすることができます。

さらに、議会又は長が、総務大臣又は都道府県知事の裁定に不服があるときは、裁定のあった日から60日以内に、裁判所に出訴することができます。

●越権・違法な議決・選挙に対する再議の手続

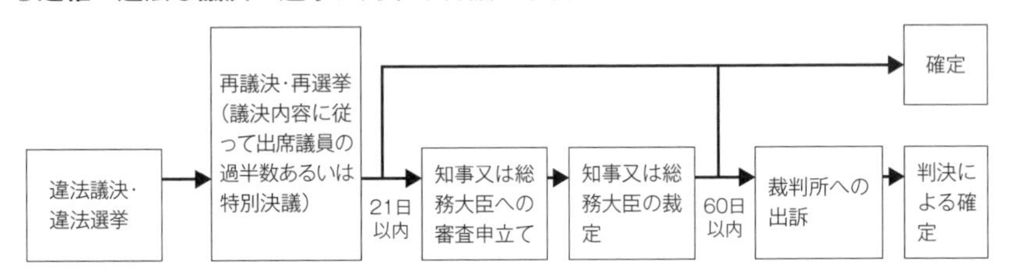

❷ 義務費削除減額議決

①法令により負担する経費、②法律の規定に基づき当該行政庁の職権により命ずる経費、③その他の地方公共団体の義務に属する経費を議会が削除し又は減額する議決をしたときは、長は再議に付さなければなりません。その再議を受けて、さらに議会の議決が同様の議決を行った場合、長は、その経費及びこれに伴う収入を予算に計上してその経費を支出することができます。

●義務費削除減額議決に対する再議の手続

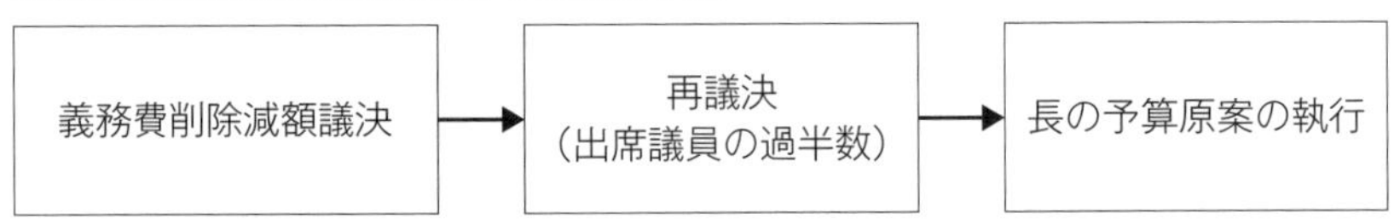

❸ 非常災害対策経費・感染症予防経費等削除減額議決

①非常の災害による応急・復旧の施設のために必要な経費、②感染症予防のために必要な経費を議会が削除し、又は減額する議決をしたときは、長は

再議に付さなければなりません。その再議を受けて、さらに議会の議決が同様の議決を行った場合、長は、その議決を不信任の議決とみなすことができます。

●非常災害対策経費等削除減額議決に対する再議の手続

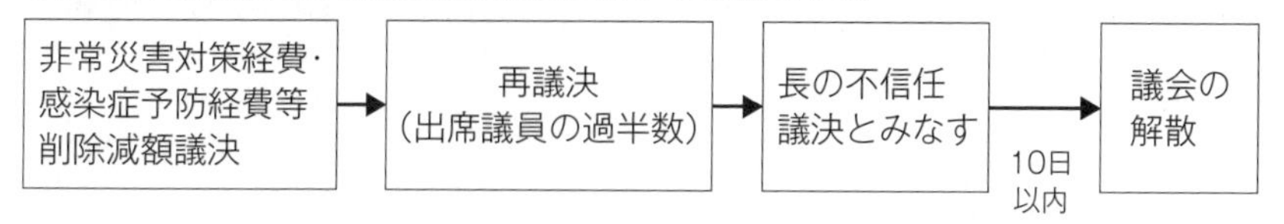

2 長の不信任議決

議会において、地方公共団体の長の不信任の議決をしたときは、長はその通知を受けた日から10日以内に議会を解散することができます（法178条）。なおこの不信任の議決は、議員数の３分の２以上の者が出席し、出席議員の４分の３以上の者の同意が必要です。

解散後初めて招集された議会において、議員数の３分の２以上の者が出席し、出席議員の過半数の者の同意による不信任の議決があったとき、長は失職します。議会を解散しない場合にも同様に長は失職することになります。

地方公共団体に採用されている二元代表制は、長と議会との均衡、抑制を想定しています。この長の不信任議決は、議会から長に対する抑制の手段であり、これに対して長は議会の解散により対抗できます。

●地方公共団体の長に対する不信任決議に関する手続

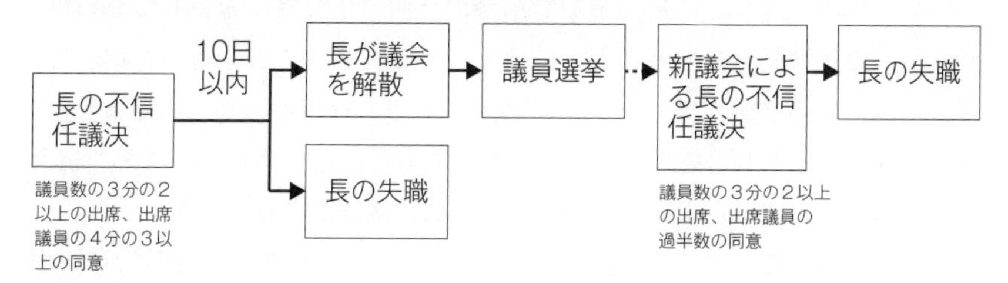

3 地方公共団体の長の専決処分

地方自治法96条１項等に定められている必要的議決事項は、本来は議会の議決が必要です。ただし、一定の場合は、議決によらずに長の判断により処分することが認められます。これを「長の専決処分」といいます。専決処分には、地方自治法の179条に基づくものと180条に基づくものの２種類があります。

（1）法179条専決処分

長は、次の場合に議決事件を専決処分することができます。

①　議会の成立しない場合

②　定足数の例外規定（法113条但書）を適用してもなお会議を開くことができないとき

③　特に緊急を要するため議会を招集する時間的余裕がないとき

④　議会が議決事件を議決しないとき

この専決処分を行った場合は、次の議会に報告し、承認を求めなければなりません。条例に関する専決処分について議会が不承認とした場合、長は必要と認める措置を講じるとともに、その措置内容を議会に報告しなければなりません。一方、その他の専決処分については、承認されない場合にもその処分の効力に影響はなく、長の政治責任が問われるだけです。

（2）法180条専決処分

議会の権限に属する軽易な事項で議会の議決により特に指定したものは、長において専決処分にすることができます。この専決処分を行った場合は、議会に報告する必要がありますが、議会の承認を求める必要はありません。なお、地方自治法180条に基づき長の専決事項を指定するための議案の議会への提案権は、議員に専属していて、長には提案権はありません。

なお、法180条に基づき、会計年度末における税条例の改正を長の専決事項として、議会が指定する事例があります（神戸市、四日市市等）。しかし、同条では議会の権限に属する軽易な事項に限って議会が指定することができる旨を規定していること（144頁参照）、及び地方公共団体における課税の根拠は税条例であり、地方税法は準則法（枠法）と解されていること（仙台高等裁判所秋田支部判決昭和57年７月23日判例時報1052号３頁）から、このような指定は180条の規定の趣旨を逸脱するものと考えます。

地方公共団体の長と議会との関係

練馬区長が区議会の議決に基づいて行った土地の無償貸付けが違法であるとして、住民が区長個人に対する損害賠償請求を求めた住民訴訟があります（東京地判昭和62年10月27日・判例自治42号37頁）。

この判決の中で、「議決の性格は、議決された事項につき執行機関に対し一定の権限を付与するものではなく、右事項に対する地方公共団体の意思を決定するものである」とした上で、「執行機関は、原則として議決事項の執行を義務づけられる立場にあり、したがつて、議会の議決に何らかの違法がある場合でも、右議決に従つたものである限り、執行機関による執行行為は地方公共団体との関係においては違法となることはない」という判断を示しています。ただし、「執行機関は、議会の議決に重大かつ明白な瑕疵があつてこれが無効である場合には、当該議決に拘束されず、むしろ、これを執行してはならない義務を負うものであるから、それにもかかわらず当該議決を執行した場合には、当該執行行為は、地方公共団体に対する関係において違法性を帯びる」と例外的に議決どおりに執行すべきでない場合の基準も示しています。この判決を前提とすると、地方公共団体において議会は意思決定機関であり、長はその意思決定を執行する機関であるということになります。

この判決については、芝池義一京都大学名誉教授は、地方自治法138条の２で「普通地方公共団体の執行機関は、当該普通地方公共団体の条例、予算その他の議会の議決に基づく事務及び法令、規則その他の規程に基づく当該普通地方公共団体の事務を、自らの判断と責任において、誠実に管理し及び執行する義務を負う。」と規定されていることを指摘し、長は単に議会の議決に従うだけではなく「自らの判断と責任において」、誠実に管理し及び執行する義務を負うことになるのではないかという意見を示しています（『地方自治判例百選 第４版』120、121頁）。

Point

１　長の再議請求権

（１）一般的再議請求権

地方公共団体の長は、議会の議決に異議がある場合、再議に付することができる（任意的）。

（２）特別的再議請求権

①　越権・違法な議決・選挙

長は、議会の議決又は選挙が議会の権限を超え、又は法令、会議規則に違反すると認めるときは、理由を示してこれを再議に付し、又は再選挙を行わなければならない（義務的）。

②　義務費削除減額議決

法令により負担する経費等、地方公共団体の義務に属する経費を議会が削除し又は減額する議決をしたときは、長は再議に付さなければならない（義務的）。

③　非常災害対策経費・感染症予防経費等削除減額議決

非常の災害による応急・復旧の施設のために必要な経費等を議会が削除し、又は減額する議決をしたときは、長は再議に付さなければならない（義務的）。

２　長の不信任議決

議会が長の不信任の議決をしたときは、長は通知を受けた日から10日以内に議会を解散することができる。議会を解散しない場合は、長は失職する。

３　長の専決処分

（１）法179条専決処分

議会の成立しないとき、特に緊急を要するため議会を招集する時間的余裕がないとき等に、議決事件を長の判断で処分することができる。

（２）法180条専決処分

議会の権限に属する軽易な事項で議会の議決により特に指定したものは、長の判断で処分にすることができる。

第5節

判例から学ぶ

ここでは、地方公共団体の議会、長等の執行機関の権限に関する判例を広く取り上げることにします。

1 市議会議員出席停止処分と司法審査（最判令和２年11月25日民集74巻８号2229頁）

・事案の概要

岩沼市議会の議員が、市議会から科された23日間の出席停止の懲罰が違憲、違法であるとして、岩沼市を相手に、その取消しを求めるとともに、議員報酬のうち本件処分による減額分の支払を求めた事案です。

議員に対する出席停止の懲戒が、議会の自律権の範疇に属するか、あるいは司法審査の対象になるかが争われました。

・判決のポイント

「憲法は、地方公共団体の組織及び運営に関する基本原則として、その施策を住民の意思に基づいて行うべきものとするいわゆる住民自治の原則を採用しており、普通地方公共団体の議会は、憲法にその設置の根拠を有する議事機関として、住民の代表である議員により構成され、所定の重要事項について当該地方公共団体の意思を決定するなどの権能を有する。そして、議会の運営に関する事項については、議事機関としての自主的かつ円滑な運営を確保すべく、その性質上、議会の自律的な権能が尊重されるべきであるところ、議員に対する懲罰は、会議体としての議会内の秩序を保持し、もってその運営を円滑にすることを目的として科されるものであり、その権能は上記の自律的な権能の一内容を構成する。

他方、普通地方公共団体の議会の議員は、当該普通地方公共団体の区域内に住所を有する者の投票により選挙され（憲法93条２項、地方自治法11条、17条、18条）、議会に議案を提出することができ（同法112条）、議会の議事については、特別の定めがある場合を除き、出席議員の過半数でこれを決することができる（同法116条)。そして、議会は、条例を設け又は改廃すること、予算を定めること、所定の契約を締結すること等の事件を議決しなければならない（同法96条）ほか、当該普通地方公共団体の事務の管理、議決の執行及び出納を検査することができ、同事務に関する調査を行うことができる（同法98条、100条)。議員は、憲法上の住民自治の原則を具現化するため、議会が行う上記の各事項等について、議事に参与し、議決に加わるなどして、住民の代表としてその意思を当該普通地方公共団体の意思決定に反映させるべく活動する責務を負うものである。

出席停止の懲罰は、上記の責務を負う公選の議員に対し、議会がその権能において科する処分であり、これが科されると、当該議員はその期間、会議及び委員会への出席が停止され、議事に参与して議決に加わるなどの議員としての中核的な活動をすることができず、住民の負託を受けた議員としての責務を十分に果たすことができなくなる。このような出席停止の懲罰の性質や議員活動に対する制約の程度に照らすと、これが議員の権利行使の一時的制限にすぎないものとして、その適否が専ら議会の自主的、自律的な解決に委ねられるべきであるということはできない。」として、出席停止の懲罰は、議会の自律的な権能に基づいてされたものとして、議会に一定の裁量が認められるべきであるものの、裁判所は、常にその適否を判断することができると判示しました。

・学習のポイント

従来の最高裁判決（最判昭和35年10月19日民集14巻12号2633頁）は、議員の除名処分は議員の身分の喪失に関する重大事項であり、単なる内部規律の問題に止らないため司法審査の対象となるが議員の出席停止は当該自治団体の自治的措置に委ねるべきであり、司法裁判権の対象とならないとしていました。

この判決では、議事に参与して議決に加わることは議員としての中核的な活動であるとして、出席停止の懲罰は住民の負託を受けた議員としての責務を十分に果たすことができなくなることを重視し、専ら議会の自主的、自律的な解決に委ねられるべきではないとして、判例を変更した重要な判決です。

2 議決事件と議会の修正権（名古屋地判平成24年１月19日・裁判所ウェブサイト）

・事案の概要

名古屋市長は、「市中期戦略ビジョン案」を確定し、その策定に係る議案を名古屋市会に提出しましたが、市会はこの議案を修正の上、議決しました。市長は、この修正議決が議会の権限を超えるものであると主張し、再議に付したところ、市会は、同年９月定例会でこれを審議した上で修正議決と同内容の議決をしたため、市長は愛知県知事に審査の申立てを行いました。知事は、自治紛争処理委員の審理の結果を踏まえて、市長の申立てを棄却する裁定をしたため、市長が、地方自治法176条７項に基づき、市会を被告として本件議決の取消しを求めて出訴した事案です。

・判決のポイント

「総合計画の策定等を議決すべき事件とする「市会の議決すべき事件等に関する条例」には、「被告（市会：筆者加筆）が総合計画の策定の立案を行うことについては何ら規定が置かれていないことからすると、本件条例は、総合計画の策定に係る議案の提出権を原告（市長：筆者加筆）に専属させる趣旨であると解するのが相当である。」市会において「議決すべき事件を定めるとともに、総合計画の立案段階から被告が積極的な役割を果たすことにより、市民の視点に立った効果的な行政の推進に資することを目的として制定されたものであり（本件条例１条）、この目的に照らせば、本件条例は、原告から総合計画の策定に係る議案が提出された場合において、被告がその内容を一部修正して議決することを当然許容しているものと解される。ただし、この場合において、被告が無制限な修正を行うことができるとするならば、総合計画の策定に係る議案の提出権を原告に専属させた趣旨を没却することになるので、被告による修正には制約があるものと解すべきであり、原告から提案された総合計画に定める施策の基本的な方向性を変更するような修正を行うことは、総合計画の策定に係る議案の提出権を原告に専属させた趣旨を損なうものとして許されない」とした上で、市会が行った修正は「総合計画の策定に係る議案の提出権を原告に専属させた趣旨を損なうものではないから、被告の修正権の範囲を超えるものとは認められない。」としました。

・学習のポイント

多くの地方公共団体において地方自治法96条２項の規定に基づいて議会が議決すべき事件を条例で規定しています。その条例に基づいて議会が議決を行う際に、長が議決を求めた原案をどこまで修正することが可能かということを示した重要な判決です。

3 長の専決処分による和解（東京高判平成13年８月27日・判時1764号56頁、最決平成14年６月14日不受理にて確定）

・事案の概要

東京都が知事の専決処分により行った和解契約に関して、都が応訴した訴訟事件に係る和解のすべてを都知事の専決処分とした都議会の議決は地方自治法180条１項に違反して無効であり本件和解は都議会の議決を経ていない違法なものであるため、これに基づいて支出された85億円は違法な公金の支出であるとして、都の住民が上記支出当時の都知事に損害賠償を請求した住民訴訟です。

・判決のポイント

「都が提起する訴訟事件が除外されているとはいえ、およそ都が応訴した訴訟事件に係る和解のすべてを知事の専決処分とすることは、あまりに広範囲の和解を知事の専決処分にゆだねるものといわざるを得ない。応訴事件に係る和解のすべてが軽易な事項であるとすることは、「和解」を原則として議会の議決事件とした法96条１項12号及び議会の権限のうち特に「軽易な事項」に限って長の専決処分にゆだねることができる旨を規定している法180条１項の趣旨に反するものであって、本件議決は、都議会にゆだねられた上記裁量権の範囲を逸脱する」とした上で、知事の責任については、次のように判断しました。「議会が本来は自らの権限に属する一定の範囲の和解についてこれを知事の専決処分とするとの議決をした場合には、知事としては、その議決が一義的明白に違法であるといえるような場合でない限り、この議決に従って専決処分としてこれを行うことを義務付けられる」「ただし、法176条４項は、議会の議決がその権限を超え又は法令若しくは会議規則に違反すると認めるときは、当該地方公共団体の長は、これを再議に付さなければならない旨を規定しており、議会の議決が違法であると認めるときは、これを再議に付することは長の義務でもあると解されているのであるから、議会の議決に基づく執行行為でさえあれば、長には常に損害賠償の責任が生じないと解するのは相当でなく、少なくとも、議会の議決が一義的明白に違法であるような場合には、そのような議決を執行した長にも損害賠償の責任が生ずる」とした上で、本件については「この議決が一義的明白に違法であるということは困難である。」として、知事の損害賠償責任を否定しました。

・学習のポイント

議会が地方自治法180条に基づいて長の専決事項として指定することができるのは、あくまで「軽易な事項」に限っているということを理解する必要があります。また、長は議会の議決に従って専決処分を行うことが原則として義務づけられていますが、議会の議決が一義的明白に違法な場合には再議を行わなければならないということを明らかにしています。

4 損害賠償額の決定と議決（東京高判平成24年７月11日・判例自治371号29頁）

・事案の概要

桶川市が設計会社との間で締結していた市庁舎建設基本設計委託契約を解除した際に、同会社に対し精算金として709万659円を支払ったことについて、本件支出は損害賠償の性質を有するものであるから、地方自治法96条１項13号により議会の議決を必要とするところ、その議決を欠いているから違法である等と主張して、住民が、桶川市に対し、地方自治法242条の２第１項４号に基づき、①設計会社に対して不当利得返還請求権に基づく精算金の返還請求をすること、②精算金の支出負担行為をした当時の桶川市長及び助役個人に対して損害賠償命令をすることを求めた住民訴訟です。

・判決のポイント

「地方自治法96条１項13号は、「法律上その義務に属する損害賠償の額を定めること」について議会の議決を要するものとしている。これは、賠償額の決定は異例の財政支出を伴うことがあること、適正な賠償額の決定を図り、責任の所在を明確にすることなどをその趣旨とするものと解される。本件精算金は、本件契約が委託契約約款22条１項に基づいて解除されたために発生した損害賠償金の性質を有するものであるから、同号にいう「法律上その義務に属する損害賠償」に当たるものと解される。したがって、本件精算金の支出に当たっては、事前に市議会の議決を必要としたというべきである」として、住民の請求を認容しました。

・学習のポイント

議会の議決を要する損害賠償の範囲に関する判決として、地方公共団体の実務上参考になる判例です。

5 町有財産の低廉価格での譲渡（最判平成17年11月17日・集民218号459頁）

・事案の概要

山形県小国町長が町の財産である砂利を低廉な価格で第三者に譲渡したことにより町は損害を被ったとして、地方自治法242条の２第１項４号に基づき、住民が町に代位して、町長個人に対し損害賠償を求めた住民訴訟です。

・判決のポイント

地方自治法「237条２項等の規定の趣旨にかんがみれば、同項の議会の議決があったというためには、当該譲渡等が適正な対価によらないものであることを前提として審議がされた上当該譲渡等を行うことを認める趣旨の議決がされたことを要するというべきである。議会において当該譲渡等の対価の妥当性について審議がされた上当該譲渡等を行うことを認める趣旨の議決がされたというだけでは、当該譲渡等が適正な対価によらないものであることを前提として審議がされた上議決がされたということはできない。」とした上で、本件原審（控訴審）の審理については「町議会が本件補正予算を可決するに当たり本件譲渡が適正な対価によらないものであることを前提として審議がされた上その議決がされた事実を確定しておらず、原審が確定した事実関係の下においては、本件補正予算の可決をもって本件譲渡につき地方自治法237条２項の議会の議決があったということはできない。」として、高裁に差し戻しました。

・学習のポイント

地方自治法237条２項では、地方公共団体の財産は、条例又は議会の議決による場合でなければ、適正な対価なくしてこれを譲渡してはならない旨を規定しています。この議決を行う際には、譲渡等が適正な対価によらない譲渡であることを前提とした審議が必要とされています。地方公共団体の職員が議会審議に臨むに当たって示すべき内容について、参考になる判例です。

6 世界デザイン博覧会住民訴訟上告審判決（最判平成16年7月13日・民集58巻５号1368頁）

・事案の概要

名古屋市が財団法人世界デザイン博覧会協会から博覧会で使用された施設等を違法に買い受けたなどとして、地方自治法242条の２第１項４号に基づき、住民が市に代位して、市長、助役及び収入役個人に対し損害賠償を求めた住民訴訟です。

・判決のポイント

一審判決は、名古屋市長自らが代表者である世界デザイン博覧会との間で、双方を代表して契約を締結したことは双方代理を禁止した民法108条に違反した違法、無効なものであるとしました。しかし、最高裁は、議会による追認で認めた上で、「普通地方公共団体の長が当該普通地方公共団体を代表して行う契約締結行為であっても、長が相手方を代表又は代理することにより、私人間における双方代理行為等による契約と同様に、当該普通地方公共団体の利益が害されるおそれがある場合がある。そうすると、普通地方公共団体の長が当該普通地方公共団体を代表して行う契約の締結には、民法108条が類推適用されると解するのが相当である。そして、普通地方公共団体の長が当該普通地方公共団体を代表するとともに相手方を代理ないし代表して契約を締結した場合であっても同法116条が類推適用され、議会が長による上記双方代理行為を追認したときには、同条の類推適用により、議会の意思に沿って本人である普通地方公共団体に法律効果が帰属するものと解するのが相当である。」として、高裁に差し戻しました。

・学習のポイント

地方公共団体とその外郭団体との関係を示した判例で、地方公共団体が外郭団体に対して支援などを行う場合に参考になる判例です。

7 外郭団体職員に対する給与負担（最判平成28年７月15日・判タ1430号127頁）

・事案の概要

鳴門競艇従事員共済会から鳴門競艇臨時従事員に支給される離職せん別金に充てるため、鳴門市が共済会に対して補助金を交付したことが、給与条例主義を定める地公企法38条４項に反する違法、無効な財務会計上の行為であるなどとして、住民が、地方自治法242条の２第１項４号に基づき、市長を相手に、当時の市長の職にあった者に対する損害賠償請求をすることなどを求めた住民訴訟です。

・判決のポイント

補助金の交付後に制定された条例において、条例の施行前に市の企業管理規程に基づき支給された給与を当該条例の規定に基づき支給された給与とみなす旨の経過規定が置かれたことについて、「本件条例は、在籍期間が１年を超える臨時従事員が退職した場合に退職手当を支給する旨を定め（3条、

12条)、「この条例の施行の際現に企業局長が定めた規程に基づき臨時従事員に支給された給与については、この条例の規定に基づき支給された給与とみなす。」との経過規定（附則２項）を定めている。しかし、共済会の規約に基づき臨時従事員に支給された離職せん別金は、企業局長が定めた規程に基づいて臨時従事員に支給された給与に当たるものでないことは明らかであるから、上記経過規定が定められたとしても、その文言に照らし、本件条例の制定により臨時従事員に対する離職せん別金の支給につき遡って条例上の根拠が与えられたということはできない。」として、遡って補助金の交付が適法になるものではないと判断しました。

・学習のポイント

外郭団体に対する補助金のあり方、あるいは給与条例主義における条例の意味等について、この判例は非常に参考になります。

8　1日校長事件（最判平成４年12月15日・民集46巻９号2753頁）

・事案の概要

東京都教育委員会が、退職勧奨に応じた都立学校教頭職にある者29名を退職前日の３月31日付で校長に任命し、２号級昇級させた上で、退職を承認したことに端を発する事件です。そして、この昇級に基づく退職手当の支給が違法だとして、地方自治法242条の２第１項４号に基づき、住民が都に代位して、知事個人に対して損害賠償を求めた住民訴訟です。

・判決のポイント

この判決では、住民訴訟における先行行為の違法性の主張を認める基準として「先行する原因行為に違法事由が存する場合であっても、右原因行為を前提としてされた当該職員の行為自体が財務会計法規上の義務に違反する違法なものであるときに限られる」としました。そして、この事案においては、地教行法は、地方公共団体の区域内における教育行政は、原則として、「地方公共団体の長から独立した機関である教育委員会の固有の権限とすることにより、教育の政治的中立と教育行政の定安の確保を図るとともに」「教育行政の運営のために必要な、財産の取得、処分、契約の締結その他の財務会計上の事務に限って地方公共団体の長の権限とすることにより、教育行政の財政的側面を地方公共団体の一般財政の一環として位置付け、地方公共団体の財政全般の総合的運営の中で、教育行政の財政的基盤の確立を期す」ものである、とした上で、このような「教育委員会と地方公共団体の長との権限の配分関係にかんがみると、教育委員会がした学校その他の教育機関の職員の任免その他の人事に関する処分（地方教育行政の組織及び運営に関する法律23条３号）については、地方公共団体の長は、右処分が著しく合理性を欠きそのためこれに予算執行の適正確保の見地から看過し得ない瑕疵の存する場合でない限り、右処分を尊重しその内容に応じた財務会計上の措置を採るべき義務があり、これを拒むことは許されない」として、知事個人の賠償責任を認めませんでした。

・学習のポイント

この判決は、先行行為である教育委員会の行為が違法である場合に、後続行為である知事の行為も違法となるかについて判断を示したものです。知事と教育委員会との独立性を踏まえて先行行為から後続行為への影響を原則として否定しています。

9　日韓高速船株式会社補助金交付事件判決（最判平成17年11月10日・集民218号349頁）

・事案の概要

下関市、民間企業等の出資により設立された日韓高速船株式会社に対する市の補助金の支出は、地方自治法232条の２に定める「公益上必要がある場合」の要件を満たさないから違法であると主張して、住民が市に代位して、市長個人に対し、補助金相当額の損害賠償を求めた住民訴訟です。

・判決のポイント

最高裁は、「本件事業の目的、市と本件事業とのかかわりの程度、上記連帯保証がされた経緯、本件第２補助金の趣旨、市の財政状況等に加え、上告人は本件第２補助金の支出について市議会に説明し、本件第２補助金に係る予算案は、市議会において特にその支出の当否が審議された上で可決されたものであること、本件第２補助金の支出は上告人その他の本件事業の関係者に対し本件事業の清算とはかかわりのない不正な利益をもたらすものとはうかがわれないことに照らすと、上告人が本件第２補助金を支出したことにつき公益上の必要があると判断したことは、その裁量権を逸脱し、又は濫用したものと断ずべき程度に不合理なものであるということはできないから、本件第２補助金の支出は、地方自治法232条の２に違反し違法なものであるということはできない。」として請求を棄却しました。

・学習のポイント

この判決は、補助金の公益性の判断について、議会への説明の議会の議決を重視している点が重要です。議会の議決については、この判決後の神戸市外郭団体派遣職員への人件費違法支出損害賠償等請求事件（最判平成24年４月20日・民集66巻６号2583頁）では「普通地方公共団体の民主的かつ実効的な行政運営の確保を旨とする同法の趣旨等に照らして不合理であって上記の裁量権の範囲の逸脱又はその濫用に当たると認められるときは、その議決は違法とな」るとして議決権の限界を示しています。

第5章

住民の自治権

地方自治において、住民自治は非常に重要な役割を果たしています。国政においてはその内容が高度に政治的なこともあって、原則として議会による間接民主制が採用されています。これに対して地方自治は、住民に最も身近な政治として、原則としては間接民主制を採りながらも多くの直接民主制の制度が設けられています。近年は住民の行政活動への参加意識の高まりや行政の民営化の進展等に伴って、住民自治や住民参加は行政にとって大きな位置を占めるようになってきています。この章では、どのような住民参加の制度が法律上設けられているかを中心に学びます。

第1節

住民及び住民の権利・義務

この節では、地方公共団体の住民の意義と住民の権利・義務について学びます。地方公共団体では、原則として、選挙を通じて選ばれる議会と長が行政運営を行います（間接民主制）。さらに、住民自治の観点からさまざまな住民参加（直接民主制）のための制度が設けられています。これらの制度を学ぶことを通じて、民主的な行政運営について理解を図ります。

1 住民の意義

地方自治法上、住民については、「市町村の区域内に住所を有する者は、当該市町村及びこれを包括する都道府県の住民とする。」と規定されています（法10条１項）。国民については国籍を要件としますが、地方公共団体の住民は国籍を要件としないため外国人も含まれます。また、自然人のみならず法人も含まれるものとされています。

なお、住所については、地方自治法に特に規定はないため、民法22条の趣旨から「生活の本拠」と考えられています。法人の場合は、主たる事務所の所在地（一般社団法人及び一般財団法人に関する法律４条）又は本店の所在地（会社法４条）が住所となります。

地方公共団体は、権利、義務の主体となる住民を正確に把握しておく必要があります。そこで、地方自治法13条の２では「市町村は、別に法律の定めるところにより、その住民につき、住民たる地位に関する正確な記録を常に整備しておかなければならない。」と規定し、この規定を受けて住民基本台帳法が制定されています。

2 認可地縁団体

（１）制度創設の背景

自治会、町内会等のような地縁による団体は、日常生活レベルにおいて住民相互の連絡等の地域的な共同活動を行い、地域社会において重要な役割を担っています。これらの団体は、いわゆる「権利能力なき社団」に該当するものとされてきました。権利能力なき社団の資産は構成員に総有的に帰属しますが、不動産登記については地縁団体の名義では行うことはできずに、代表者の名義等により登記するより他に方法がありませんでした。

このため、平成３年に地方自治法が改正され、地縁による団体が権利能力を取得（法人格を取得）する制度が創設されました。この改正では、地縁による団体は、地域的な共同活動のための不動産又は不動産に関する権利等を保有するため市町村長の認可を受けたときは、その規約に定める範囲内において、権利を有し、義務を負うこととされました（法260条の２第１項）。

（2）制度の概要

❶ 地縁による団体

地縁による団体とは、町又は字の区域その他市町村内の一定の区域に住所を有する者の地縁に基づいて形成された団体のことです。

❷ 認可を受けた地縁による団体の権利能力

認可を受けた地縁による団体は、法律上の権利義務の主体となり、土地、集会施設等の不動産を団体名義で登記を行うことができます。

ただし、認可地縁団体の目的が不動産等を保有するために限定されていることから、地方公共団体が認可地縁団体と委託契約等を締結できるかは問題となります。民法34条は、法人は「定款その他の基本約款で定められた目的の範囲内において、権利を有し、義務を負う」と規定しています。これは、条文を素直に読めば、法人の権利能力を基本約款上の目的によって制限したものと解することができます。判例もまたそのように解していて、この制限に反する法人の行為は無効だとしています（最判昭和45年６月24日・民集24巻６号625頁）。実務上、地方公共団体が地縁団体と契約を結んでいる場合もありますが、地縁団体の権利能力については慎重な検討が必要です。

❸ 認可要件

地縁による団体の認可要件としては、次の事項が規定されています（法

260条の２第２項）。

- その区域の住民相互の連絡、環境の整備、集会施設の維持管理など良好な地域社会の維持及び形成に資する地域的な共同活動を行うことを目的とし、現にその活動を行っていると認められること
- その区域が、住民にとって客観的に明らかなものとして定められていること
- その区域に住所を有する全ての個人は、構成員となることができるものとし、その相当数の者が現に構成員になっていること
- 規約を定めていること

なお、規約に定める事項としては、目的、名称、区域、事務所の所在地、構成員の資格に関する事項、代表者に関する事項などが挙げられます（法260条の２第３項）。

（３）認可地縁団体が所有する不動産に係る登記の特例

地縁団体が認可を受けて法人格を取得し、不動産登記を行っても、所有権の移転登記を行う際、名義人が多数で相続登記がされていないなど登記義務者が判明しない場合は、すべての相続人の確定や承諾を得ることが難しく、認可地縁団体への所有権の移転登記が困難なことがあります。

そのため、平成27年４月１日に地方自治法が改正され、認可地縁団体が所有する不動産に係る登記の特例制度が創設されました（法260条の38）。これにより、一定の要件を満たすものについては、申請により市区町村長の公告手続を経て、認可地縁団体が登記申請できるようになりました。

❶ 登記の特例を受けるための要件

次の四つの要件を満たす場合、この登記の特例に関する申請が可能です（法260条の38第１項）。

- 申請不動産を所有しているのが認可地縁団体であること
- 申請不動産を10年以上所有の意思をもって、平穏かつ公然と占有していること
- 不動産の表題部所有者又は所有権の登記名義人のすべてが認可地縁団体

の構成員又はかつて当該認可地縁団体の構成員であった者であること
- 不動産の登記関係者（表題部所有者、所有権の登記名義人、これらの相続人）の全部又は一部の所在が知れないこと

② 公告に対する異議申立て

申請不動産の所有権移転等の登記をすることについて、異議のある登記関係者は、公告期間内に「申請不動産の登記移転等係る異議申出書」と関係書類を提出し、異議申立てを行うことができます。異議申立てがあった場合は、市町村が異議を述べた人に係る資格要件を確認し、認可地縁団体にその旨通知します（法260条の38第５項）。これにより、認可地縁団体の公告を中止することになります。

3 住民の権利・義務

地方公共団体における主権者は住民であり、住民には主権の行使の手段として参政権が保障されています。この参政権には、最も基本的な選挙をはじめ、直接請求、住民監査請求、住民訴訟が地方自治法で規定されています。さらに各地方公共団体では独自に、住民投票制度、パブリックコメント制度、情報公開制度等を設けています。

また、地方自治法では「住民は、法律の定めるところにより、その属する普通地方公共団体の役務の提供をひとしく受ける権利を有し、その負担を分任する義務を負う」と規定しています（法10条２項）。この「役務の提供」とは、いわゆる行政サービスのことです。具体的には、①公の施設の利用、②各種福祉サービスの享受、③保険給付サービスなど地方公共団体の提供するサービス全般のことです。

一方、「負担を分任する義務」とは、各種行政サービスに要する経費を平等に分かち合うことを意味します。実際に住民が負担するものとしては、地方税、分担金、使用料、加入金、手数料、受益者負担金等があります。

（1）選　挙

憲法93条２項では「地方公共団体の長、その議会の議員及び法律の定め

るその他の吏員は、その地方公共団体の住民が、直接これを選挙する。」と規定し、これを受けて、地方自治法11条で「日本国民たる普通地方公共団体の住民は、この法律の定めるところにより、その属する普通地方公共団体の選挙に参与する権利を有する。」と規定しています。この「参与する」とは、選挙権と被選挙権を意味し、住民にはこれらの権利が保障されています。

この「住民」に外国人が含まれるかが問題となっています。いわゆる外国人の地方参政権の問題です。この点について最高裁は、わが国に在留する外国人のうちでも永住者等については法律をもって知事・市町村長、その議会の議員等に対する選挙権を付与する措置を講ずることは憲法上禁止されていないとしています（最判平成７年２月28日・民集49巻２号639頁、176頁で詳説）。

また、社会保障制度に関する国籍要件については、国際人権規約の批准や難民条約の批准を受けて、昭和57年には児童手当法、児童扶養手当法、国民年金法等が、昭和61年には国民健康保険法について「国籍要件」が撤廃され、在留外国人についてもそれぞれの社会保障制度の対象とされています。

ただし、最高裁の判例（最判平成元年３月２日・判例自治62号58頁、塩見事件判決）では、「社会保障上の施策において在留外国人をどのように処遇するかについては、国は、特別の条約の存しない限り、当該外国人の属する国との外交関係、変動する国際情勢、国内の政治・経済・社会的諸事情等に照らしながら、その政治的判断によりこれを決定することができる」としています。つまり、すべての社会保障制度について、在留外国人を対象とするとは考えられていないのです。

永住外国人の生活保護受給権について争われた裁判（最判平成26年７月18日・判例自治386号78頁、永住外国人生活保護訴訟判決）でも「現行法令上、生活保護法が一定の範囲の外国人に適用され又は準用されると解すべき根拠は見当たらない。」ことなどを理由として、「外国人は、行政庁の通達等に基づく行政措置により事実上の保護の対象となり得るにとどまり、生活保護法に基づく保護の対象となるものではなく、同法に基づく受給権を有しない」という判断が示されています。

（2）直接請求

地方自治法には、間接民主制を補完するために、選挙権を有する住民の一定割合の署名を要件とする各種の直接請求制度が定められています。

❶ 条例の制定改廃請求

選挙権を有する住民が、その総数の50分の１以上の者の連署をもって、その代表者から、長に対し、条例の制定・改廃を請求するものです（法74条１項）。なお、地方税の賦課徴収並びに分担金、使用料及び手数料の徴収に関する条例は、対象から除外されています。これは、そのような条例の制定改廃が地方公共団体の財政基盤を危うくする可能性があるため、適当ではないとの考え方に基づいて除外されているのです。

この条例の制定改廃請求があったときは、長は直ちに請求の要旨を公表するとともに、請求を受理した日から20日以内に、議会を招集し、意見を付けてこれを議会に付議し、その議決の結果を請求の代表者に通知すると同時に、それを公表することになります（法74条２項・３項）。しかし、法文から明らかなように、この条例の制定改廃請求で住民に認められているのは条例の制定改廃についての提案のみであり、請求された条例の制定は、議会の判断にゆだねられています。住民が、いくら選挙権を有する住民の50分の１以上の署名を集めたとしても、議会がそれに基づく条例議案を否決してしまえば、条例の制定改廃は行われないことになります。

❷ 事務監査請求

選挙権を有する住民が、その総数の50分の１以上の者の連署をもって、その代表者から、監査委員に対し、当該地方公共団体の事務の執行に関し、監査を請求することができます（法75条１項）。監査委員は、請求があったときは、直ちに請求の要旨を公表します（法75条２項）。そののちに、請求に係る事項につき監査し、その結果の報告を決定して、これを請求の代表者に送付しかつ公表すると同時に、議会・長その他の関係執行機関にも提出しなければなりません（法75条３項）。

❸ 議会解散請求

選挙権を有する住民は、その総数の３分の１以上の者の連署をもって、その代表者から選挙管理委員会に対し、議会の解散を請求することができます（法76条１項）。なお、連署者の数については、人口40万人以上の都市には特例が規定されており、人口が40万人を超え80万人以下の場合には「40万を超える数に６分の１を乗じて得た数」と「40万に３分の１を乗じて得た数」とを合算して得た数、また人口が80万人を超える場合には「80万を超える数に８分の１を乗じて得た数」と「40万に６分の１を乗じて得た数」と「40万に３分の１を乗じて得た数」とを合算して得た数とされています。

選挙管理委員会は、議会の解散請求を受けたときは、選挙人の投票に付さなければならず（法76条３項）、解散の投票で過半数の同意があったときは、議会は解散することになります（法78条）。この規定は、議員・長の解職請求とともに、特定の政策について住民の意思を問う住民投票の代替的機能を果たしてきたといわれています。しかし、特に人口規模の大きい地方公共団体では、法定期間内に必要とされる数の署名を集めるのは非常に困難であるといえます。

❹ 議員・長の解職請求

議員の解職請求は、選挙区がある場合には解職請求の対象となっている議員の選挙区に所属する選挙権を有する住民の３分の１以上の者の連署をもって、選挙区がない場合には選挙権を有する住民の総数の３分の１以上の連署をもって行うことができます（法80条１項）。また長の解職請求には、選挙権を有する住民の総数の３分の１以上の連署が必要となります（法81条１項）。なお、40万人以上の都市の連署者数の特例は、議会の解散請求と同様です。

選挙管理委員会は、解職請求を受けたときは、選挙人の投票に付さなければならず、投票の結果その過半数の同意があったときは、議員・長はその職を失います（法83条）。いわゆる「リコール制度」です。この制度は、住民投票の代替的機能を果たしてきた面があるといわれています。議会の解散請求と同様に、人口規模の大きい地方公共団体では、期間内に必要数の署名を集めるのは非常に困難であるという難点があります。

●地方自治法上の直接請求制度の比較

種類	対象	要件	請求先	効果
条例の制定改廃の請求（12条１項、74条～74条の４）	条例（地方税の賦課徴収、分担金・使用料・手数料の徴収に関するものを除く。）	有権者の50分の１以上の連署	長	請求受理の日から20日以内に議会に付議、結果を通知・公表する。
事務の監査（12条２項、75条）	地方公共団体の事務	有権者の50分の１以上の連署	監査委員	監査して結果を通知・公表する。
議会の解散請求（13条１項、76条～79条）	地方公共団体の議会	有権者の３分の１以上の連署 ただし、人口が40万人超80万人以下の場合：（人口－40万）×1/6＋40万×1/3 人口が80万人を超える場合：（人口－80万）×1/8＋40万×1/6＋40万×1/3以上の連署	選挙管理委員会	住民投票に付し、過半数の同意があれば議会は解散する。
議員、長等の解職請求（13条２項、80条～88条）	①長、議員	有権者の３分の１以上の連署 ただし、人口が40万人超80万人以下の場合：（人口－40万）×1/6＋40万×1/3 人口が80万人を超える場合：（人口－80万）×1/8＋40万×1/6＋40万×1/3以上の連署 ※議員の場合には選挙区があるときは選挙区単位とする。	選挙管理委員会	住民投票に付し、過半数の同意があれば失職する。 ※議員の場合には選挙区があるときは選挙区単位で住民投票を行う。
	②副知事・副市町村長、選挙管理委員会委員、監査委員、公安委員会委員		長	議会に付議し、議会で議員の３分の２以上の出席で、その４分の３以上の同意があれば失職する。

❺ 主要役職員の解職請求

副知事、副市町村長、選挙管理委員会委員、監査委員及び公安委員会委員を対象とした主要役職員の解職請求もあります。議員・長の解職請求の場合と同様に、選挙権を有する住民の３分の１以上の署名の収集が必要とされます（法86条１項）。なお、40万人以上の都市の連署者数については、議会の解散請求等と同様の特例があります。

請求があったときは、地方公共団体の長は、これを議会に付議しなければなりません。議会の議決（議員の３分の２以上が出席し、その４分の３以上の同意）があったときは、解職請求の対象となった主要役職員が失職となります（法87条１項）。このほか、教育委員会の教育長及び委員（地教行法８条）、農業委員会の委員（農業委員会等に関する法律14条）等には、他の法律によって同種の解職制度が認められています。

Point

１　住民の意義

市町村の区域内に住所を有する者は、当該市町村及びこれを包括する都道府県の住民となる。住民には外国人及び法人も含まれる。

２　地縁団体

地縁による団体は、いわゆる「権利能力なき社団」に該当するものとされる。また、市町村長の認可を受けたときは、その規約に定める範囲内において、権利を有し、義務を負う（認可地縁団体）。

３　住民の権利・義務

住民は、選挙権、直接請求権（条例の制定改廃請求、事務監査請求、議会解散請求、議員・長の解職請求、主要役職員の解職請求）を有するほか、行政サービスの提供を受ける権利を有する。また、地方税等の負担を分任する義務を負う。

第2節

住民監査請求

この節では、住民監査請求について学びます。住民監査請求は、地方公共団体の違法又は不当な財務会計上の行為について、住民が監査委員に対して監査を求め、必要な措置を請求する制度で、住民が直接行政運営に参画するために重要な制度です。その対象となる行為や請求を行うことができる期間などを中心に制度の全体像の理解を進めます。

1 制度の意義

住民監査請求は、地方公共団体の住民が地方公共団体の長などの執行機関や職員について、違法又は不当な財務会計上の行為があると思ったときに、監査委員に対して監査を求め、必要な措置を求める制度です。住民が、地方公共団体の事務執行のあり方や税金の使い方をチェックすることにより、財政の適正な運営を確保し、住民全体の利益を守ることを目的とする重要な制度です。

2 請求権者

（1）請求権者の住所

住民監査請求は、住民であれば誰でも、自己の個人的権利利益とかかわりなく、「住民全体の利益のために、いわば公益の代表者として（最判昭和53年３月30日・民集32巻２号485頁）」地方公共団体の財務会計上の行為の適正を期すために、一人でも行うことができます。この「住民」の意義について地方自治法10条１項では、「市町村の区域内に住所を有する者は、当該市町村及びこれを包括する都道府県の住民とする」と規定しています。なお、この住民たる資格は、監査請求を行うときはもちろん監査委員が監査を終了するまで有していなければならず、監査の途中で転出等により失った場合には監査請求は却下されます。

（２）住民の国籍、年齢等

住民は国籍を問わないし、自然人であるか法人であるかも問いません。年齢も要件となっていないため、未成年者も含まれると解されています。権利能力なき社団が住民監査請求を行うことができるかということが争点となった横浜地判平成15年３月31日（判例自治247号58頁）では「住民訴訟は、地方公共団体の財務会計行為の適正を確保するための制度であるから、少なくとも地方公共団体に対して納税義務を負担している者には原告となり得る余地が確保されていることが合理的であると解される。そうであるところ、地方公共団体に住所を有する個人、法人だけでなく、権利能力なき団体（略）も地方税の納税義務を負担することとされている（地方税法12条）。よって、権利能力なき団体も住民訴訟の原告となり得る」とされています。

３ 監査請求の対象

（１）対象となる行為

住民監査請求の対象となるのは、地方公共団体の長、委員会、委員又は職員による違法・不当な財務会計上の行為又は財務会計に関する怠る事実です。具体的には次の事項が対象とされています。

① 公金の支出
② 財産の取得、管理又は処分
③ 契約の締結又は履行
④ 債務その他の義務の負担
⑤ 公金の賦課、徴収を怠る事実又は財産の管理を怠る事実

①～④については、その行為がなされることが相当な確実性をもって予測される場合を含みます。

（２）財務会計上の行為

住民監査請求は、地方公共団体の財務会計上の行為に限って対象とされています。しかし、職員の行為の中には直接的には財務会計上の行為でない場合であっても、間接的には地方公共団体に対して財務会計上の影響を及ぼす場合もあります。そのような間接的に財務会計上の影響を及ぼす行為が住民

訴訟の対象になるかという点に関して、最高裁は「地方自治法242条の２所定のいわゆる住民訴訟の対象となるものは同法242条１項所定の地方公共団体の執行機関又は職員による同項所定の一定の財務会計上の違法な行為又は怠る事実に限られる」として、直接的な財務会計上の行為に限る旨の判断をしています（最判昭和51年３月30日・集民117号337頁）。

（３）違法又は不当

住民監査請求では、違法又は不当な財務会計上の行為が対象とされています。違法とは法令に違反することをいい、不当とは違法にまでは至らないが適正な行政の観点からは妥当性を欠くことをいいます。住民訴訟は違法な財務会計上の行為の是正のみを目的としているのに対して、住民監査請求は違法のみならず不当な財務会計上の行為も対象にしている点が大きな違いです。

三権分立の観点から裁判所は財務会計上の行為の違法性のみしか審理できないのに対して、住民監査請求は行政機関による自己統制の制度であるため違法性のみならず不当性についても審理することができるのです。

なお、法令上、行政機関に裁量権が認められている場合には原則として違法性は問題になりませんが、裁量権の逸脱あるいは濫用に及ぶ場合には違法とされる場合もあります。

怠る事実の場合には、法律が作為義務を定めているにもかかわらず、この作為義務に違反する場合に、その怠る事実は違法とされます。例えば、公金の賦課徴収について一般的に裁量は認められていません（最判平成16年４月23日・民集58巻４号892頁）。そのため、行政機関が相当期間にわたりこれを怠ることは原則として違法となります。

4　監査請求の内容

住民監査請求において、次の措置を求めることができます（法第242条１項）。

①　「違法又は不当な財務会計上の行為」を防止するために必要な措置
②　「違法又は不当な財務会計上の行為」を是正するために必要な措置
③　「違法又は不当な財務会計上の怠る事実」を改めるために必要な措置

●住民監査請求の対象となる事実と求める行為

対象となる事実	求める行為
①公金の支出 ②財産の取得・管理・処分 ③契約の締結・履行 ④債務その他の義務の負担 ⑤公金の賦課・徴収を怠る事実又は財産の管理を怠る事実	①当該行為を防止し、又は是正すること ②当該怠る事実を改めること ③当該行為・怠る事実によって当該普通地方公共団体が被った損害を補填するために必要な措置を講ずべきことを請求すること

④　「違法又は不当な財務会計上の行為」又は「違法又は不当な財務会計上の怠る事実」によってその地方公共団体が被った損害を補塡するために必要な措置

この「必要な措置」の範囲については、法令上明確ではありませんが、幅広く解するべきだとされています。「行為の差止め、無効、取消し、原状回復、損害賠償の請求等訴訟で請求しうる事項に限らず、当該行為をした職員を転任又は降任させ、あるいは公有財産を不法に占有している者に対し行政上の代執行又は民事上の強制執行の措置をとるべきことなど必要と認められる措置をひろく含む」とされています（松本英昭『新版 逐条地方自治法 第９次改訂版』（学陽書房、平成29年）1046頁）。しかし、住民監査請求が地方公共団体の財務の適正を確保することを目的とするものであることを勘案すれば、職員の転任、降任等、直接には財務会計上の行為の是正につながらないものにまで広げることには疑問があります。

5 住民監査請求の要件・手続

（１）請求手続

住民監査請求は、その要旨を記載した文書（請求書）に、違法・不当な行為又は怠る事実を証する書面を添えて行うこととされています（法242条１項）。

なお、請求書等の提出は、直接の提出又は郵送によることが一般的ですが、電子署名によるオンラインでの提出を受け付けている地方公共団体もあります（東京都）。

❶ 請求書の記載事項

○○都道府県、市町村職員措置請求書
　請求の対象とする執行機関・職員）に関する措置請求の要旨
1　請求の要旨

2　請求者
・住所
・氏名（自　署）

　以上、地方自治法第242条第１項の規定により、別紙事実証明書を添え、必要な措置を請求します。

（注）法252条の43第1項の規定により、当該請求に係る監査について、監査委員の監査に代えて個別外部監査契約に基づく監査によることを求める場合には、その旨及び理由を記載する。

　　　年　　月　　日

監査委員宛

請求の記載事項は、地方自治法施行規則13条及び別記で次のように定められています。

❷ 事実を証する書面の添付

事実を証する書面の添付を求めている理由について、名古屋高金沢支判昭和44年12月22日（行政事件裁判例集20巻12号1726頁）では、「違法又は不当な公金の支出等の事実を証する書面を添えることを要求しているのは、事実に基かない単なる憶測や主観だけで監査を求めることの幣害を防止するにある」としています。ただし、京都地判昭和63年11月９日（判時1309号79頁）は、京都府が知事、副知事、出納長に支給した退職手当金が無効な退職手当条例に基づくもので法律上の原因を欠く旨を主張して監査請求をしているものであるため書面の添付がなくとも監査委員ないし京都府において右支出は会計帳簿上自ら特定しこれを明確にし得る性質のものであることから、「監査請求の対象を特定され、濫用を防止するために必要とされる右書面の添付は、前示のとおりとくに書面を必要としない特段の事情がある本件においては、右書面の添付がないからといって、本件監査請求が不適法であるとはいえない」として、事実を証する書面の添付が必ずしもなければならないわけではないと判断しています。

❸ 事実を証する書面の形式及び内容

住民監査請求に添付する「事実を証する書面」について、行政実例（昭和23年10月30日、各都道府県総務部長宛自治課長回答）では、「これを証するような形式を備えていれば一応受付なければならない、それが事実であるかどうかということは、監査委員の監査によつて初めて明らかになつてくるので、その前に事実を証する書面でないとして拒絶するというようなことは、法の趣旨でない」として、事実を証する書面については幅広く解しています。

判例においても、事実を証する書面として関連する新聞記事が添付されていた事案において、「住民監査請求においては、対象とする財務会計上の行為又は怠る事実（以下「当該行為等」という。）を、他の事項から区別し特定して認識することができるように、個別的、具体的に摘示することを要するが、監査請求書及びこれに添付された事実を証する書面の各記載、監査請求人が提出したその他の資料等を総合して、住民監査請求の対象が特定の当該行為等であることを監査委員が認識することができる程度に摘示されているのであれば、これをもって足りるのであり、上記の程度を超えてまで当該行為等を個別的、具体的に摘示することを要するものではないというべきである」として、新聞記事であっても事実を証する書面に当たるとしています（最判平成16年11月25日・民集58巻８号2297頁）。

（２）監査請求の期間

❶ 起算日の原則

住民監査請求は、当該行為のあった日又は終わった日から１年を経過したときは、行うことができません（法242条２項）。この期間制限が設けられている趣旨は、地方公共団体の「執行機関・職員の財務会計上の行為は、たとえそれが違法・不当なものであったとしても、いつまでも監査請求ないし住民訴訟の対象となり得るとしておくことが法的安定性を損ない好ましくない」ためだとされています（最判昭和63年４月22日・集民154号57頁）。

しかし、当該行為が住民に対して秘密裡にされ、１年を経過してから初めて明らかになった場合等にはその趣旨を貫くのが相当でないことから、同項但書では、「正当な理由」があるときは、例外として当該行為のあった日又は終わった日から１年を経過した後であっても、住民が監査請求をすることを認めています（最判平成14年９月12日・民集56巻７号1481頁）。

なお、どのような場合に、「正当な理由」があると考えるかについて、判例では「当該行為が秘密裡にされた場合、同項但書にいう「正当な理由」の有無は、特段の事情のない限り、普通地方公共団体の住民が相当の注意力をもつて調査したときに客観的にみて当該行為を知ることができたかどうか、また、当該行為を知ることができたと解される時から相当な期間内に監査請求をしたかどうかによつて判断」するとされています（最判昭和63年４月22日・集民154号57頁）。

❷ 怠る事実に係る期間制限

住民監査請求のうち、①公金の支出、②財産の取得・管理・処分、③契約の締結・履行、④債務その他の義務の負担については、その行為のときから１年以内しか監査請求を行うことができないという期間制限があります。一方、公金の賦課・徴収を怠る事実又は財産の管理を怠る事実は、不作為を前提とした制度であり、期間制限の起算日となる財務会計上の行為の日を設定することができないため期間制限の対象となりません。

❸ 真正怠る事実と不真正怠る事実

違法な財務会計上の行為を無効として、これを損害賠償請求権が発生しているのに、その行為を怠っていると法律構成した場合には、外形上は怠る事実に当たるため、期間制限が働かないようにみえます。しかし、それでは期間制限を設けた趣旨に反することになります。そこで判例は次のように、実質は４号請求でありながら、法律構成上、３号請求と構成して期間制限規定の潜脱を図ることは許されないとしました。

a. 真正怠る事実

最判昭和53年６月23日（集民124号125頁）は、町長の不法行為による損害について、町が有する損害賠償請求権の行使を怠っているとして、住民が町に代わって損害賠償等を行ったものです。判決では、本件監査請求は不当又は違法に財産の管理を怠る事実を改めるために必要な措置を構ずべきことを求めていたものであり、期間制限についての地方自治法242条２項の規定の適用はないと判断しました。

b. 不真正怠る事実

最判昭和62年２月20日（民集41巻１号122頁）は、町長の行った随意契約による町有地の売却について随意契約の要件等として違法又は無効な財務会計上の行為であると主張して、町長の職にあった者に対する損害賠償請求権の行使を怠っているなどとして住民監査請求を行った事案です。判決では、長その他の財務会計職員の財務会計上の行為が違法、無効であることに基づいて発生する実体法上の請求権の不行使をもって財産の管理を怠る事実とするものについては、財務会計上の行為のあった日又は終わった日を基準として監査請求期間の規定を適用すべき旨を判示しました。

（３）監査の実施

監査委員の監査及び勧告は、監査請求のあった日から60日以内に行わなければなりません（法242条５項）。これは、60日以内に監査に着手すればいいというのではなく、60日以内に監査を終了するとともに監査の結果に基づく勧告も行わなければならないという趣旨です。監査委員が、60日以内に勧告を行わない場合には、地方自治法242条の２第１項の規定に基づき住民訴訟を提起することができます。

なお、監査委員は、独任制の機関として個々の監査委員が独立して権限を行使することができますが（法199条）、住民監査請求の監査及び勧告についての決定は監査委員の合議によるものとされています（法242条８項）。

監査委員が監査を終えると、監査の結果について、次のとおり通知、勧告を行います。

① 請求に理由がないと認めるときは、理由を付してその旨を請求人に通知し、公表する。

② 請求に理由があると認めるときは、当該地方公共団体の議会、長、その他の執行機関又は職員に対し、期間を示して必要な措置を講ずべきことを勧告するとともに、勧告の内容を請求人に通知し、公表する。

（４）個別外部監査による監査請求（法252条の43）

住民監査について監査委員の監査に代えて個別外部監査契約に基づく監査によることができることを条例で定めている地方公共団体の住民は、住民監査請求に当たって特に必要があると認めるときはその理由を付して、監査委員の監査に代えて個別外部監査契約に基づく監査を求めることができます。

この請求があった場合には、監査委員は、監査委員の監査に代えて個別外部監査契約に基づく監査によることが相当であると認めるときは、個別外部監査契約に基づく監査によることを合議により決定します。その場合には、住民監査請求があった日から20日以内に、その旨を知事、市町村長に通知しなければなりません。併せて、その通知をした旨を、住民監査請求の請求人に直ちに通知しなければなりません。地方公共団体の長は、個別外部監査契約に基づく監査によることが相当であるとの通知を受けた場合には、個別外部監査契約を締結しなければなりません。なお、この場合には、一般の外部監査とは異なり議会に付す必要はありません。

個別外部監査契約に基づく監査によることが相当でないと判断したときは、監査委員による監査の請求があったものとみなして監査を実施します。また、監査委員が20日以内に、個別外部監査契約に基づく監査によることが相当かどうかの判断を行わない場合には、通常の住民監査請求があったものとみなされることになります。

外部監査人は個別外部監査契約の期間内に、住民監査請求に係る個別外部監査の請求に係る事項について監査を行い、監査の結果に関する報告を決定するとともに、これを監査委員に提出しなければなりません。報告を受けた監査委員は、この報告を踏まえて住民監査請求に理由があるかどうかの決定を自ら行い、必要があると認める場合には執行機関等に対して必要な措置を講ずべきことを勧告しなければなりません。なお、外部監査人が、監査請求人あるいは執行機関等の陳述の聴取を行う場合に、必要があると認めるときは、監査委員と協議して、執行機関の職員又は請求人を立ち会わせることができます。

一般の住民監査請求の場合には、60日以内に監査及び勧告を行わなければなりませんが、個別外部監査契約に基づく監査による場合には、契約手続等に要する期間を考慮して、90日以内に行わなければならないこととされています（法252条の43第５項）。

（５）勧告を受けた執行機関等の措置

住民監査請求に対して監査委員の勧告があったときは、その勧告を受けた議会、長その他の執行機関又は職員は、勧告に示された期間内に必要な措置を講ずることになります。ただし、議会、執行機関等は、必ずしも監査委員の勧告の内容に拘束されず自らの判断で必要と認める措置を講じることができます。

議会、執行機関等は、講じた内容を監査委員に通知しなければなりません。監査委員は、その通知に係る事項を請求人に通知し、かつ、これを公表しなければなりません（法242条９項）。

1　**住民監査請求制度の趣旨**

住民監査請求は、住民が地方公共団体の違法又は不当な財務会計上の行為について監査委員に対して監査を求め、必要な措置を請求する制度

2　**請求権者**

その地方公共団体の住民であれば誰でも行うことができる。

3　**対象となる行為**

地方公共団体の長等による違法・不当な財務会計上の行為又は財務に関する怠る事実を対象とする。

4　**請求手続**

請求の要旨を記載した文書に、違法・不当な行為又は怠る事実を証する書面を添えて行う。

5　**請求期間**

当該行為のあった日又は終わった日から１年を経過したときは行うことができない。ただし、正当な理由があるときは１年を経過した後であっても請求することができる。

6　**監査の実施**

監査委員の監査及び勧告は、監査請求のあった日から60日以内に行わなければならない。

7　**個別外部監査による監査請求**

住民監査について監査委員の監査に代えて個別外部監査契約に基づく監査によることができることを条例で定めている地方公共団体の住民は、監査委員の監査に代えて個別外部監査契約に基づく監査を求めることができる。

8　**勧告を受けた執行機関等の措置**

住民監査請求に対して監査委員の勧告を受けた議会、執行機関等は、勧告に示された期間内に必要な措置を講じなければならない。

第3節

住民訴訟

この節では、住民訴訟について学びます。違法な財務会計上の行為があったと考える場合には、住民はまず住民監査請求を行い、それでも是正されないときは住民訴訟を提起し、違法な行為の防止、是正を求めることができます。訴訟の結果によっては、地方公共団体の長や職員個人が賠償責任を負うことになります。住民にとってはもちろんのこと、地方公共団体の職員も特に理解をしておかなければならない制度ということができます。

1 住民訴訟制度の概要

(1) 制度の経緯

地方公共団体において違法な財務会計上の行為があったと考える場合に、住民はまず住民監査請求を行い、それでも是正されない場合には住民訴訟を提起することができます。住民訴訟は、アメリカで判例法上認められていた主観訴訟としての納税者訴訟（taxpayer's suit）をモデルにして連合国軍最高司令官総司令部（GHQ）の指示のもと昭和23年の地方自治法改正で導入されたものです。さらに、昭和38年の改正で、現在のように、監査請求前置主義が採用され、出訴権者も納税者ではなく住民となりました。

住民訴訟は、「地方自治の本旨に基づく住民参政の一環として（略）裁判所に請求する権能を与え、もつて地方財務行政の適正な運営を確保することを目的としたもの」であり、「地方公共団体の構成員である住民全体の利益を保障するために法律によつて特別に認められた参政権の一種であり、その訴訟の原告は、（略）住民全体の利益のために、いわば公益の代表者として地方財務行政の適正化を主張するもの」とされています（最判昭和53年３月30日・民集32巻２号485頁）。もっとも、住民監査請求、住民訴訟の制度は、選挙権を有しない外国人や法人も利用しうることから、これを直接民主主義制度の一環として位置づけることについては、慎重な検討が必要です。

（2）住民訴訟を行うことができる者

住民訴訟を提起することができる資格（原告適格）を有するのは、当該地方公共団体の住民で、監査請求を行った者です。住民の範囲は、監査請求における住民と同様です（163頁参照）。「住民であることの要件は本件訴えの適法要件であるから事実審の口頭弁論終結時まで存在していることを要する」ものとされているため、訴訟継続中に住民たる資格を失った場合には、訴えは却下されます（大阪高判昭和59年1月25日・行政事件裁判例集35巻1号8頁）。原告が死亡した場合にも、訴訟は終了し、相続人に継続しません。

（3）監査請求前置主義

住民が住民監査請求を行った場合において、住民監査請求を経たのちであって、以下に該当するときに、訴訟を提起することができます。

① 監査委員の勧告に基づいて長等が講じた措置に不服があるとき
② 監査委員が監査・勧告を60日以内に行わないとき
③ 監査委員の勧告に基づいた必要な措置を長等が講じないとき

2 住民訴訟の種類

地方自治法では、176頁のとおり四つの類型を定めています（法242条の2第1項）。

3 住民訴訟の手続

住民訴訟の手続は、地方自治法に特別の規定がない限り、行政事件訴訟法7条と43条の規定によって、行政事件訴訟及び民事訴訟と同様の手続で行われることになります。

具体的には、住民訴訟のうち処分又は裁決の取消しを求めるもの（2号請求訴訟）については、原告適格等に関する規定を除いて、取消訴訟に関する規定が準用されます。また、処分又は裁決の無効の確認を求めるもの（2号請求訴訟）については、原告適格に関する規定を除いて、無効等確認の訴えに関する規定が準用されます。2号請求訴訟以外の住民訴訟については、出訴期間等に関する規定を除いて、当事者訴訟に関する規定が準用されます。

●住民訴訟の四類型

訴訟種類	請求の内容	訴訟の相手方	判決主文の例
１号請求	執行機関又は職員に対する、行為の全部又は一部の差止めの請求。（差止めによって人の生命又は身体に対する重大な危害の発生の防止等を著しく阻害するおそれがあるときは、できない。）	行為の主体たる執行機関又は職員	被告（執行機関等）は、○○事業に関し、公金を支出してはならない。
２号請求	行政処分たる行為の取消し又は無効確認の請求	行政処分を行った行政庁	○○市長（処分行政庁）が○○に対し平成○年○月○日付けでした○○処分を取り消す。
３号請求	執行機関又は職員に対する怠る事実の違法確認の請求	怠る事実に係る執行機関又は職員	被告（執行機関等）が、別紙物件目録記載の土地につき、○○に対し、同土地上の○○の収去を請求することを怠る事実が違法であることを確認する。
４号請求	１　職員又は行為もしくは怠る事実に係る相手方に損害賠償又は不当利得返還の請求をすることを執行機関又は職員に対して求める請求 ２　会計職員等に対して賠償命令をすることを長に求める請求	執行機関又は職員	１　被告（執行機関等）は、○○（職員等個人）に対し、○○円及びこれに対する平成○年○月○日から支払済みまで年５分の割合による金員を請求せよ。 ２　被告（長）は、○○（会計職員等個人）に対し、○○円及びこれに対する平成○年○月○日から支払済みまで年５分の割合による金員の賠償の命令をせよ。

（1）管　轄

住民訴訟は、当該地方公共団体の事務所の所在地を管轄する地方裁判所の管轄に専属することとされています（法242条の２第５項）。また、行政訴訟は、地方裁判所支部及び簡易裁判所において扱わないとされていることから、住民訴訟は地方裁判所の本庁においてのみ扱われます。

（２）出訴期間

住民訴訟の出訴期間は、地方自治法242条の２第２項において次のように規定されています。なお、この期間は、不変期間とされているため、裁判所が伸縮できません（法242条の２第３項）。

①　監査委員の監査の結果又は勧告に不服がある場合は、当該監査の結果又は当該勧告の内容の通知があった日から30日以内

②　監査委員の勧告を受けた議会、長その他の執行機関又は職員の措置に不服がある場合は、当該措置に係る監査委員の通知があった日から30日以内

③　監査委員が請求をした日から60日を経過しても監査又は勧告を行わない場合は、当該60日を経過した日から30日以内

④　監査委員の勧告を受けた議会、長その他の執行機関又は職員が措置を講じない場合は、当該勧告に示された期間を経過した日から30日以内

４　住民側勝訴の場合における弁護士費用の負担

原告である住民が訴訟に勝訴し、又は一部勝訴した場合で、弁護士に報酬を支払うべきときは、原告住民は、弁護士報酬額の範囲内で相当と認められる額を地方公共団体に請求することができます（法242条の２第12項）。これは、原告住民が勝訴したときは地方公共団体が勝訴判決の利益を受けることになるので、支出した弁護士報酬額のうち相当と認められる額を地方公共団体から住民に支払わせることが衡平の理念に合致することを理由とするものです。そのため、勝訴判決が確定しなければ請求できないと考えられます（岐阜地判昭和59年12月６日・判時1154号83頁）。

弁護士報酬相当額について最高裁は、地方自治「法242条の２第７項にいう「相当と認められる額」とは、同条１項４号の規定による住民訴訟（略）において住民から訴訟委任を受けた弁護士が当該訴訟のために行った活動の対価として必要かつ十分な程度として社会通念上適正妥当と認められる額をいい、その具体的な額は、当該訴訟における事案の難易、弁護士が要した労

力の程度及び時間、認容された額、判決の結果普通地方公共団体が回収した額、住民訴訟の性格その他諸般の事情を総合的に勘案して定められるべきものである」としています（最判平成21年４月23日・民集63巻４号703頁）。

5　４号訴訟の判決後の手続

地方公共団体の長は、当該判決が確定した日から60日以内の日を期限として、損害賠償金又は不当利得の返還金の支払を請求しなければなりません（法242条の３第１項）。そして、当該判決が確定した日から60日以内に損害賠償金又は不当利得の返還金が支払われないときは、地方公共団体の長は、当該損害賠償又は不当利得返還の請求を目的とする訴訟を提起しなければなりません（法242条の３第２項）。訴訟の提起については、地方自治法96条１項12号に基づき議会の議決が必要ですが、この訴訟については、地方公共団体は当初の住民訴訟の判決に従い義務的に行うものであるため、議会の議決は要しないものとされています（法242条の３第３項）。

なお、地方公共団体の長個人に対し当該損害賠償又は不当利得返還の請求を目的とする訴訟を提起するときは、その訴訟については、代表監査委員が地方公共団体を代表することになります（法242条の３第５項）。

6　地方公共団体の長等の損害賠償責任の見直し等

（１）従来の問題点（権利放棄議決）

一審や控訴審において、地方公共団体の長や職員に対する損害賠償責任が認められた後に議会において、その損害賠償請求権の放棄を議決するという事案がいくつかあり、その議決の有効性が訴訟において争われました。このいわゆる権利放棄議決に関する判決は、住民訴訟の役割と議会の権能との関係について重要な考え方を示しています。いくつかの判例がありますが、神戸市の事案を中心に見ていくことにします。事案としては、地方自治法242条の２第１項４号に基づき、地方公共団体の長等に対する損害賠償請求及び第三者に対する不当利得返還請求の義務づけを求める住民訴訟（いわゆる４号訴訟）の事実審口頭弁論集結前において、これらの債権を放棄する条例の制定がされた場合におけるその放棄の有効性等が争点となったものです。こ

●４号請求に係る監査請求から訴訟への流れ

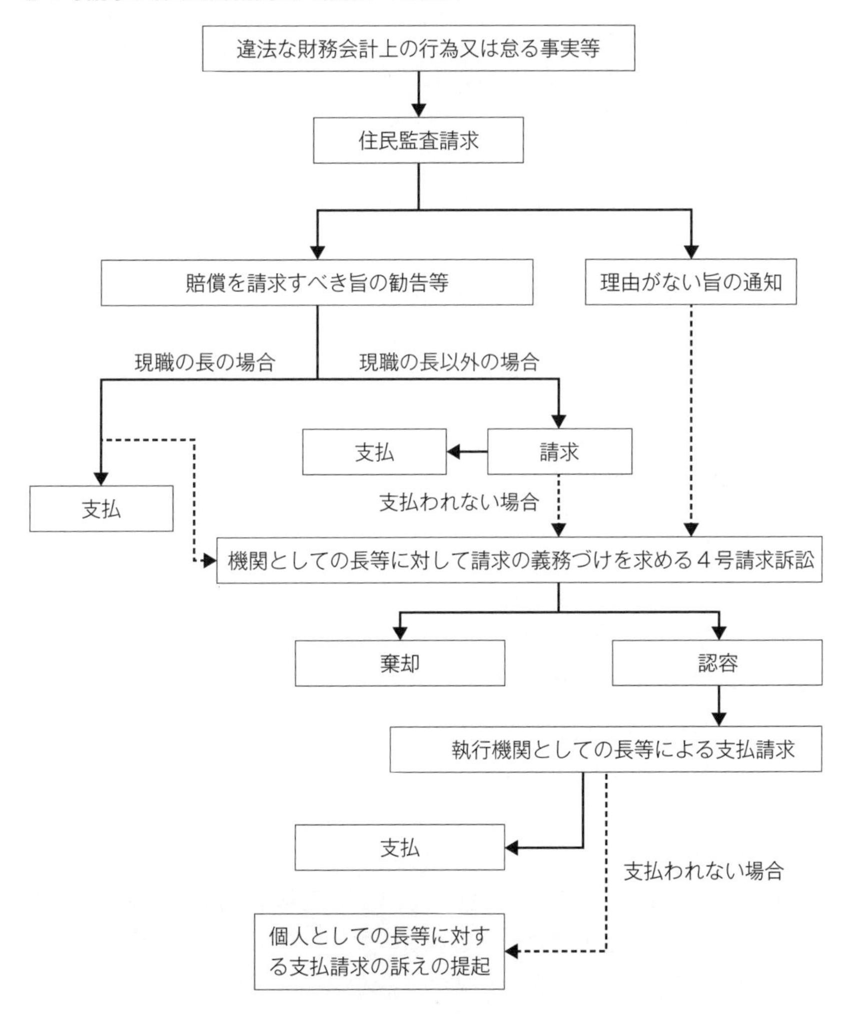

の議決の有効性に関して最高裁（神戸市債権放棄議決事件上告審判判決、最判平成24年４月20日・民集66巻６号2583頁）は、

① 各団体が不法な利益を目的でないこと

② 各団体の業務が公益の増進に寄与するとともに市の事務、事業と密接関連を有すること

③　本件補助金等は医療等の各種サービスの提供という形で住民に利益が還元されているものであること

④　本件訴訟等を契機に条例の改正が行われ、以後、市の派遣先団体等において市の補助金等を派遣職員等の給与等の人件費に充てることがなくなるという是正措置が既に採られていること

を総合考慮すれば、市が本件各団体に対する上記不当利得返還請求権を放棄することが地方公共団体の民主的かつ実効的な行政運営の確保を旨とする地方自治法の趣旨等に照らして不合理であるとは認め難いとした上で、市議会の議決がその裁量権の範囲の逸脱又はその濫用に当たるとはいえず、その議決は適法であると解するのが相当であると判示しました。

（２）地方自治法の改正

この判決を受けて、国（総務省）は、「住民訴訟に関する検討会」（座長：碓井光明・明治大学法科大学院教授）を設置し、住民訴訟についての検討を進めました。そして検討会の報告書を踏まえて、地方自治法が改正され平成32年４月１日に施行されます。

改正の内容は、次の２点です。

①　長等の損害賠償責任の限定

長や職員等の地方公共団体に対する損害賠償責任について、その職務を行うにつき善意でかつ重大な過失がないときは、賠償責任額を限定してそれ以上の額を免責する旨を条例において定めることが可能となった。なお、条例で定める場合の免責に関する参酌基準及び責任の下限額は、政令において設定することとされている。

②　損害賠償請求権等の放棄に関する議決

議会は、住民監査請求があった後に、その請求に関する損害賠償請求権等の放棄に関する議決をしようとするときは、監査委員からの意見を聴取しなければならないこととされた。これによって、政治的判断のみならず、監査委員による中立的な判断を行うことが可能になった。

つまり、①の長等の損害賠償責任の限定については、政令の基準に従い、各地方公共団体が条例で賠償責任の上限額を定めることになります。上限額

を具体的にどのように設定するかについては、会社法における取締役等の会社に対する損害賠償責任に関する基準（会社法427条）が参考になります。

Point

1　住民訴訟制度の趣旨

財務会計制度の適正な運営を確保することを目的として、法律によって特別に認められた参政権の一種である。

2　監査前置主義

監査請求を経ていなければ、住民訴訟を提起できない。

3　住民訴訟の類型

①　１号請求：執行機関又は職員に対する、当該行為の全部又は一部の差止めの請求。なお、差止めによって人の生命又は身体に対する重大な危害の発生の防止等を著しく阻害するおそれがあるときは、できない。

②　２号請求：行政処分たる行為の取消し又は無効確認の請求

③　３号請求：執行機関又は職員に対する、怠る事実の違法確認の請求

④　４号請求：職員又は行為若しくは怠る事実に係る相手方に損害賠償又は不当利得返還の請求をすることを地方公共団体の執行機関又は職員に対して求める請求

4　管轄

住民訴訟は、当該地方公共団体の事務所の所在地を管轄する地方裁判所の管轄に専属する。

5　出訴期間

住民訴訟の出訴期間は、監査の結果又は当該勧告の内容の通知があつた日から30日以内等とされている。

6　原告住民勝訴の場合の弁護士費用の負担

原告住民が訴訟に勝訴し、又は一部勝訴した場合で、弁護士に報酬を支払うべきときは、弁護士報酬のうち相当と認められる額を地方公共団体に請求することができる。

第4節

新たな住民参加制度

この節では、新たな住民参加制度について学びます。

「住民参加」は、住民自治において最も基本となるものです。地方自治法施行後半世紀以上を経過し、新たな住民参加や市民協働が進展したことを踏まえて、住民投票やパブリックコメント手続等の住民参加のための制度が導入されています。今後の住民参加を進めるために必要な知識です。

地方自治法で定められた直接請求や住民監査請求・住民訴訟の制度とは別に、自治行政の多様な局面において、住民参加の要求が顕著に高まってきました。地方分権改革においても、その重要性が指摘されています。

1 住民投票

（1）住民投票制度

住民投票制度とは、特定の地方公共団体などにおいて、有権者の投票により、立法、政策判断、公職の罷免等の意思決定を行う制度です。近年、住民協働、住民参加の意識の高まりにつれて、特定の問題について地方公共団体が住民投票条例を制定することが増えてきています。

住民投票制度の導入には、消極な考え方と積極的な考え方との二つの考え方があります。

まず、消極論は、以下のように考えます。現行の地方自治制度は、地方公共団体の長と議会の議員を直接公選により選任し、その長と議会が行政運営に当たるという、代表制民主主義を基本原則としています。このことから、代表制民主主義という基本原則を最大限尊重し、それが有効に機能しない場合に限って例外的に住民投票という直接民主主義により代表制民主主義を補完することが正当化されるとします。

これに対して、積極論では、本来地方公共団体の行政運営について住民自らが直接参加するという直接民主主義を理想とします。現行の地方自治法が代表制民主主義を採用しているのは、物理的・技術的に直接民主主義の実施が困難であるため、次善の策として採用されているにすぎないと考えます。したがって、住民投票制度の導入が可能であるならば、積極的にこれを導入することによって、直接民主主義の理想型に接近すべきであると考えます。

（２）住民投票条例

住民投票制度の導入に当たってその根拠として、住民投票条例が制定されています。

昭和57年に制定された「窪川町原子力発電所設置についての町民投票に関する条例」をはじめとして、「巻町における原子力発電所建設についての住民投票に関する条例」（平成７年）や「日米地位協定の見直し及び基地の整理縮小に関する県民投票条例」（平成８年）、「鳥取市庁舎整備に関する住民投票条例」（平成24年）など、社会的にも注目された住民投票条例が数多く制定されています。これまでに条例で導入された住民投票制度は、原子力発電所や産業廃棄物処理施設の設置など、特定の問題に関するものが大多数でした。しかし、行政活動への参加意識の高まりにより住民投票について積極的にとらえられるなかで、特定の問題に限らないいわゆる常設型住民投票条例が制定されています。この形の条例としては、平成９年制定の大阪府箕面市市民参加条例をはじめ、「小長井町まちづくり町民参加条例」（平成12年）、「高浜市住民投票条例」（平成12年）、「広島市住民投票条例」（平成15年）、「和光市市民参加条例」（平成15年）等が挙げられます。

（３）住民投票の課題

住民投票は、主権者である住民の意思を行政運営に反映するために非常に有効な手段です。しかし、住民投票制度には、次のような課題があると言われています。

- 発動要件をどうするか、すなわち、有権者の一定割合以上の請求に基づいて行うこととするのか、長・議会の発案で行うこととするのか。
- 定住外国人・未成年者にも投票権を与えるべきか。
- 低い投票率で意思決定がなされないように最低投票率を設定するのか。
- 住民投票の対象についての選択肢（賛成・条件付賛成・反対等）をどのよ

住民投票の拘束力に関する裁判例

名護市民が、「名護市における米軍のヘリポート基地建設の是非を問う市民投票に関する条例」に基づいて実施された法的拘束力を有する本件住民投票において、基地建設反対が過半数を占めたにもかかわらず、被告市長が基地受入の表明をしたことにより、平和的生存権等を侵害され、精神的苦痛を被ったとして、被告らに対し、損害賠償を求めた事案です。裁判では、投票結果に拘束力を認めるか否かが争われました（那覇地判平成12年５月９日・判時1746号122頁)。判決では「本件条例は、住民投票の結果の扱いに関して、その３条２項において、「市長は、ヘリポート基地の建設予定地内外の私有地の売却、使用、賃貸その他ヘリポート基地の建設に関係する事務の執行に当たり、地方自治の本旨に基づき市民投票における有効投票の賛否いずれか過半数の意思を尊重するものとする。」と規定するに止まり（以下、右規定を「尊重義務規定」という。)、市長が、ヘリポート基地の建設に関係する事務の執行に当たり、右有効投票の賛否いずれか過半数の意思に反する判断をした場合の措置等については何ら規定していない。そして、仮に、住民投票の結果に法的拘束力を肯定すると、間接民主制によって市政を執行しようとする現行法の制度原理と整合しない結果を招来することにもなりかねないのであるから、右の尊重義務規定に依拠して、市長に市民投票における有効投票の賛否いずれか過半数の意思に従うべき法的義務があるとまで解することはできず、右規定は、市長に対し、ヘリポート基地の建設に関係する事務の執行に当たり、本件住民投票の結果を参考とするよう要請しているにすぎないというべきである。」と拘束力を否定しました。

住民投票の拘束性は、地方行政における直接民主制と代表民主制とのあり方にかかわる重要な問題です。ただし、この判決では、条例の文理解釈から判断をしており、代表民主制の本質まで踏み込んだ判断とはなっていないものと考えられます。

うに定めるか。

- 住民投票の結果に、長等は従わなければならないか（投票の結果に拘束力を認めるか。）。

2 パブリックコメント制度

（１）パブリックコメント手続とは

地方公共団体が計画や条例などを策定するときに、その内容を案の段階で住民に公表し、案に対する意見などを考慮しながら最終案を決定するとともに、寄せられた意見などに対する考え方もあわせて公表する一連の制度を「パブリックコメント制度」といいます。この制度は、欧米では広く実施されており、わが国では平成11年４月に「規制の設定又は改廃に係る意見提出手続」として各省庁に取り入れられ、一部の地方公共団体においても制度化されています。その後、行政手続法において意見等公募手続（対象は、法律に基づく命令又は規則、審査基準、処分基準、行政指導指針）として法制化されています。地方公共団体においては、行政手続法の改正を踏まえて行政手続条例に規定するもの、独自の条例や要綱を設けるものなどがあります。

この制度を導入することにより、住民への意見募集についての統一的なルールを確立し、行政運営の公正の確保や透明性の向上を図ることなどを目指しています。

（２）制度の対象事項

パブリックコメント制度の対象については、各地方公共団体によって異なりますが、一般的に次のような事項とされています。

- 地方公共団体の施策に関する基本的な計画の策定又は改廃に係る案
- 地方公共団体運営の基本方針を定めることを内容とする条例
- 住民に義務を課したり、権利を制限したりする条例
- その他、執行機関等の長が特に必要と認めるもの

（３）案の公表と意見の提出方法

地方公共団体の窓口や広報誌、ホームページを活用して、意見を募集する

ことが一般的です。また、報道機関への資料提供や事前の予告（案を公表し意見募集する旨）なども行われています。

そして、案の公表時に、意見の募集期間、提出方法などを明示します。意見募集（意見提出）の期間は、各地方公共団体において１か月前後の期間を定めています。提出方法は、所管課へ直接持参するほか、郵便、電子メール、ファクシミリなどです。

（４）提出された意見の取扱い

一般的に提出された意見などを考慮しながら最終案を決定するとともに、寄せられた意見などへの実施機関の考え方も、案の公表時と同様の方法で公表されます。また、提出された意見を踏まえて公表した案を修正したときは、その修正内容及び修正理由を公表することが一般的です。

Point

1　住民投票制度

有権者の投票により、立法、政策判断、公職の罷免等の意思決定を行う制度。

住民投票は、主権者である住民の意思を行政運営に反映するために非常に有効な手段であるが、住民投票制度には、①発動要件をどうするか、②定住外国人・未成年者にも投票権を与えるべきか、③最低投票率を設定するのか、④投票の結果に拘束力を認めるか等が指摘されている。

2　パブリックコメント手続

地方公共団体が計画や条例などを策定するときに、その内容を案の段階で住民に公表し、案に対する意見などを考慮しながら最終案を決定する手続。

一般的に地方公共団体の窓口や広報誌、ホームページなどで、意見を募集し、郵便や電子メール、ファクシミリなどで提出してもらう。

提出された意見を考慮し最終案を決定するとともに、意見への実施機関の考え方も公表する。また、提出された意見を踏まえて公表した案を修正したときは、その修正内容及び修正理由を公表する。

第5節

判例から学ぶ

住民の参政権は、地方自治において最も重要なものだといえます。そのため、ここでは、住民の意義、参政権そして住民訴訟等について学ぶことにします。また、憲法で規定する政教分離については住民訴訟で争われることが多いため、政教分離に関する判例についてもここで取り上げます。

1 住民票転居届不受理処分取消請求事件（最判平成20年10月3日・集民229号1頁）

・事案の概要

公園内にキャンプ用テントを設置して居住してきたと主張する人が、大阪市に対し、テントの所在地を住所とする転居届を提出しましたが、不受理処分を受けたため、その取消しを求めた事案です。

・判決のポイント

「都市公園法に違反して、都市公園内に不法に設置されたキャンプ用テントを起居の場所とし、公園施設である水道設備等を利用して日常生活を営んでいることなど」は「社会通念上、上記テントの所在地が客観的に生活の本拠としての実体を具備しているものと見ることはできない。」として、「テントの所在地に住所を有するものということはできない」と判断しました。

・学習のポイント

住所は、地方公共団体の住民を確定するための重要な要素ですが、住所といえるためには生活の本拠としての実体を具備していなければならないということを示しています。

2 定住外国人選挙権訴訟上告審判決（最判平成７年２月28日・民集49巻２号639頁）

・事案の概要

韓国国籍を有する住民が、居住地である大阪市の地方選挙に関し、選挙人名簿に登録するよう異議の申出をしたところ、大阪市北区選挙管理委員会が異議申出を却下する決定をしたため、この決定の取消しを求めた事案です。

・判決のポイント

「我が国に在留する外国人のうちでも永住者等であってその居住する区域の地方公共団体と特段に緊密な関係を持つに至ったと認められるものについて、その意思を日常生活に密接な関連を有する地方公共団体の公共的事務の処理に反映させるべく、法律をもって、地方公共団体の長、その議会の議員等に対する選挙権を付与する措置を講ずることは、憲法上禁止されているものではないと解するのが相当である。」としたものの、在留外国人に選挙権を付与するか否かは、立法政策であるとして住民の請求を棄却しました。

・学習のポイント

永住者等であってその居住する区域の地方公共団体と特段に緊密な関係を持つ人については、法律をもって地方公共団体の長、その議会の議員等に対する選挙権を付与する措置を講ずることは、憲法上禁止されていないという判断を示した重要な判決です。

3 津地鎮祭違憲訴訟大法廷判決（最判昭和52年７月13日、民集31巻４号533頁）

・事案の概要

津市体育館の起工式が津市の主催により宗教法人大市神社の宮司ら４名の神職主宰のもとに神式に則り挙行されその挙式費用金を市の公金から支出したことについて、住民が市を代位して市長個人に対して損害賠償の請求を行った住民訴訟です。

・判決のポイント

「憲法20条３項は、「国及びその機関は、宗教教育その他いかなる宗教的活動もしてはならない。」と規定するが、ここにいう宗教的活動とは、前述の政教分離原則の意義に照らしてこれをみれば、およそ国及びその機関の活動で宗教とのかかわり合いをもつすべての行為を指すものではなく、そのかかわり合いが右にいう相当とされる限度を超えるものに限られるというべきであつて、当該行為の目的が宗教的意義をもち、その効果が宗教に対する援助、助長、促進又は圧迫、干渉等になるような行為をいうものと解すべきである。」「この点から、ある行為が右にいう宗教的活動に該当するかどうかを検討するにあたつては、当該行為の主宰者が宗教家であるかどうか、その順序作法（式次第）が宗教の定める方式に則つたものであるかどうかなど、当該行為の外形的側面のみにとらわれることなく、当該行為の行われる場所、当該行為に対する一般人の宗教的評価、当該行為者が当該行為を行うについての意図、目的及び宗教的意識の有無、程度、当該行為の一般人に与える効果、影響等、諸般の事情を考慮し、社会通念に従つて、客観的に判断しなければならない。」という一般的な基準（目的効果基準）を示しました。その上で本件については「建築主が一般の慣習に従い起工式を行うのは、工事の円滑な進行をはかるため工事関係者の要請に応じ建築着工に際しての慣習化した社会的儀礼を行うという極めて世俗的な目的によるものである」として津市が行った行為は政教分離に反しないという判断を行いました。

・学習のポイント

この判決は、政教分離に関する目的効果基準が示された重要な判決です。目的効果基準とは、次の双方の基準に該当しなければ、政教分離原則には反しないとする判断基準です。

①　行為の目的が宗教的意義を持つこと

②　その効果が宗教に対する援助、助長、促進又は圧迫、干渉等になるような行為であること

この目的効果基準は、今日の最高裁判決でも踏襲されているもので、この基準は必ず理解しておかなければなりません。

４ 愛媛玉串料訴訟上告審判決（最判平成９年４月２日・民集51巻４号1673頁）

・事案の概要

愛媛県が玉串料等を靖国神社又は護国神社に奉納したことは、憲法20条３項、89条等に照らして許されない違法な財務会計上の行為に当たるとして、住民が県に代位して、知事個人等に対して損害賠償を求めた住民訴訟です。

・判決のポイント

「一般に、神社自体がその境内において挙行する恒例の重要な祭祀に際して右のような玉串料等を奉納することは、建築主が主催して建築現場において土地の平安堅固、工事の無事安全等を祈願するために行う儀式である起工式の場合とは異なり、時代の推移によって既にその宗教的意義が希薄化し、慣習化した社会的儀礼にすぎないものになっているとまでは到底いうことができず、一般人が本件の玉串料等の奉納を社会的儀礼の一つにすぎないと評価しているとは考え難いところである」。このように「地方公共団体が特定の宗教団体に対してのみ本件のような形で特別のかかわり合いを持つことは、一般人に対して、県が当該特定の宗教団体を特別に支援しており、それらの宗教団体が他の宗教団体とは異なる特別のものであるとの印象を与え、特定の宗教への関心を呼び起こすものといわざるを得ない」。そのため、「県が本件玉串料等を靖國神社又は護國神社に前記のとおり奉納したことは、その目的が宗教的意義を持つことを免れず、その効果が特定の宗教に対する援助、助長、促進になると認めるべきであり、これによってもたらされる県と靖國神社等とのかかわり合いが我が国の社会的・文化的諸条件に照らし相当とされる限度を超えるものであって、憲法20条３項の禁止する宗教的活動に当たると解するのが相当である。そうすると、本件支出は、同項の禁止する宗教的活動を行うためにしたものとして、違法というべきである。」として、玉串料等を奉納したことは違法な財務会計上の行為に当たると判断しました。

・学習のポイント

この判決においても目的効果基準は採用されていますが、結論として公金の支出が政教分離の原則に反するとされたものです。この判例を踏まえて、政教分離の原則に違反する支出は避けなければなりません。

5 砂川政教分離（空知太神社）訴訟上告審判決（最判平成22年１月20日・判時2070号21頁）

・事案の概要

砂川市が、その所有する土地上に神社の建物等を設置することを許し、土地を同神社の敷地として無償で使用させるなどしていることは、政教分離原則に違反する行為であり、当該使用貸借契約を解除し、前記神社建物等の撤去を請求しないことは、違法に財産の管理を怠るものであるとして、砂川市の住民が砂川市長に対し、この怠る事実が違法であることの確認を求めた事案です。

・判決のポイント

「国又は地方公共団体が国公有地を無償で宗教的施設の敷地としての用に供する行為は、一般的には、当該宗教的施設を設置する宗教団体等に対する便宜の供与として、憲法89条との抵触が問題となる行為であるといわなければならない。もっとも、国公有地が無償で宗教的施設の敷地としての用に供されているといっても、当該施設の性格や来歴、無償提供に至る経緯、利用の態様等には様々なものがあり得ることが容易に想定されるところである。例えば、一般的には宗教的施設としての性格を有する施設であっても、同時に歴史的、文化財的な建造物として保護の対象となるものであったり、観光資源、国際親善、地域の親睦の場などといった他の意義を有していたりすることも少なくなく、それらの文化的あるいは社会的な価値や意義に着目して当該施設が国公有地に設置されている場合もあり得よう。そうすると、国公有地が無償で宗教的施設の敷地としての用に供されている状態が、前記の見地から、信教の自由の保障の確保という制度の根本目的との関係で相当とされる限度を超えて憲法89条に違反するか否かを判断するに当たっては、当該宗教的施設の性格、当該土地が無償で当該施設の敷地としての用に供されるに至った経緯、当該無償提供の態様、これらに対する一般人の評価等、諸般の事情を考慮し、社会通念に照らして総合的に判断すべきものと解するのが相当である。」とした上で、怠る事実を違法とした判断については原審に差し戻すこととされました。

・学習のポイント

公有地を無償で宗教的施設の敷地としての用に供する行為は、一般的には憲法89条に抵触とした上で、実際に判断に当たっては宗教的施設の性格、経緯、無償提供の態様等を踏まえて社会通念に照らして総合的に判断すべきものと解するのが相当であると示されています。この点は今後の地方公共団体の財産管理において一つの指針になるものと考えられます。

6　孔子廟政教分離訴訟事件（最判令和３年２月24日民集75巻２号29頁）

・事案の概要

那覇市の管理する都市公園内に、孔子廟を設置することを一般社団法人に許可した上で、公園使用料の全額を免除した市長の行為は、憲法の定める政教分離原則に違反し、無効であり、一般社団法人に対して公園使用料を請求しないことが違法に財産の管理を怠るものであるとして、市の住民が那覇市を相手に、地方自治法242条の２第１項３号に基づき怠る事実の違法確認を求めた住民訴訟です。

・判決のポイント

「政教分離規定は、その関わり合いが我が国の社会的、文化的諸条件に照らし、信教の自由の保障の確保という制度の根本目的との関係で相当とされる限度を超えるものと認められる場合に、これを許さないとするものであると解される。そして、国又は地方公共団体が、国公有地上にある施設の敷地の使用料の免除をする場合においては、当該施設の性格や当該免除をすることとした経緯等には様々なものがあり得ることが容易に想定されるところであり、例えば、一般的には宗教的施設としての性格を有する施設であっても、同時に歴史的、文化財的な建造物として保護の対象となるものであったり、観光資源、国際親善、地域の親睦の場などといった他の意義を有していたりすることも少なくなく、それらの文化的あるいは社会的な価値や意義に着目して当該免除がされる場合もあり得る。これらの事情のいかんは、当該免除が、一般人の目から見て特定の宗教に対する援助等と評価されるか否かに影響するものと考えられるから、政教分離原則との関係を考えるに当たっても、重要な考慮要素とされるべきものといえる。そうすると、当該免除が、前記諸条件に照らし、信教の自由の保障の確保という制度の根本目的との関係で相当とされる限度を超えて、政教分離規定に違反するか否かを判断するに当たっては、当該施設の性格、当該免除をすることとした経緯、当該免除に伴う当該国公有地の無償提供の態様、これらに対する一般人の評価等、諸般の事情を考慮し、社会通念に照らして総合的に判断すべきものと解するのが相当である。」「社会通念に照らして総合的に判断すると、本件免除は、市と宗教との関わり合いが、我が国の社会的、文化的諸条件に照らし、信教の自由の保障の確保という制度の根本目的との関係で相当とされる限度を超えるものとして、憲法20条３項の禁止する宗教的活動に該当すると解するのが相当である。」として、孔子廟の敷地の使用料を全額免除したことが、政教分離原則に反するとしました。

・学習のポイント

政教分離に関しては、裁判で争われていますが、この判決では、公園における使用許可と使用料の免除の合憲性が争われました。判決中「政教分離規定に違反するか否かを判断するに当たっては、当該施設の性格、当該免除をすることとした経緯、当該免除に伴う当該国公有地の無償提供の態様、これらに対する一般人の評価等、諸般の事情を考慮し、社会通念に照らして総合的に判断すべきものと解するのが相当である」という点が、今後の行政判断の参考になるものと思われます。

第6章

自治行政権

地方公共団体は、国から独立して、財産を管理し、事務を処理し、行政を執行する権能を有します。また、法律の範囲内で条例を制定することもできます。これらが「自治行政権」です。地方自治権は、地方分権が進展するなかで、ますます重要になってきています。特に条例制定権を中心とする自治立法権は、地方公共団体が独自の政策を実施するために欠くことができない権能です。

第**1**節

所掌事務の概要

この節では、地方公共団体の所掌事務について学びます。地方公共団体が所掌する事務には、自治事務及び法定受託事務があります。それぞれの区分ごとに異なる国等の関与については、地方自治を進めるために重要な知識です。また、地方公共団体が事務処理を行うに当たって従うべき基本原則（住民福祉の原則、効率化の原則等）も行政運営に当たって常に念頭に置かなければなりません。

1 憲法上の根拠

地方公共団体の権能については、憲法94条において「地方公共団体は、その財産を管理し、事務を処理し、及び行政を執行する権能を有し、法律の範囲内で条例を制定することができる。」と規定されています。

このように憲法では、地方公共団体の権能として、

① 財産の管理

② 事務の処理

③ 行政の執行

④ 条例の制定

を挙げていますが、これは例を示しているのであって、地方公共団体の事務はこれらに限られるものではありません。行政権とは国家作用の中から司法権と立法権を除いたものであると定義されていることから分かるように、はっきりと確定するのが難しい統治作用であるため、ある程度権能にも幅をもたすことは必要であるといえます。

「財産の管理」とは、公共団体の一切の動産・不動産その他の財産の保管・運用・処分を意味します。「事務の処理」と「行政の執行」との区別は必ずしも明確ではありませんが、「事務の処理」とは主に公権力の行使の性格を持たない事務の処理であり、「行政の執行」とは公権力の行使（いわゆる行政処分のことです。）の性格を持つものとされています。

2 事務の分類

地方公共団体の事務は、①自治事務と②法定受託事務に分けることができます。

（1）自治事務

「自治事務」とは、地方公共団体が処理する事務のうち、法定受託事務以外のものをいいます（法2条8項）。地方公共団体が、地方自治の本旨に基づいて自らの判断と責任で行う事務です。

（2）法定受託事務

「法定受託事務」とは、法令で地方公共団体が処理することとされる事務のうち、国や都道府県が本来果たすべき役割に関するもので、国や都道府県において適正な処理を特に確保する必要があるものです（法2条9項）。

❶ 第一号法定受託事務

都道府県あるいは市町村が行う事務のうち、国が本来果たすべき役割にかかわるもので、国においてその適正な処理を特に確保する必要がある事務です。法定受託事務という名前のとおり、特別に法律又はこれに基づく政令により定められています。地方自治法2条9項1号に規定されているため、第一号法定受託事務と呼ばれています。

例えば、国政選挙や生活保護、旅券交付などです。

❷ 第二号法定受託事務

市町村が行う事務のうち、都道府県が本来果たすべき役割にかかわるもので、都道府県においてその適正な処理を特に確保する必要がある事務です。第一号法定受託事務と同様に、特別に法律又はこれに基づく政令により定められています。地方自治法2条9項第2号に規定されているため第二号法定受託事務と呼ばれています。

例えば、都道府県の議会の議員又は長の選挙などです。

●自治事務と法定受託事務との相違

	自治事務	法定受託事務
条例制定権	法令に違反しない限り条例制定が可能。	法令に違反しない限り条例制定が可能。
議会の権限	原則として及ぶ。	原則として及ぶ。ただし、国の安全に関することその他の事由により議会の議決すべきものとすることが適当でないものとして政令で定めるものには及ばない。
監査委員の権限	原則として及ぶ。ただし、労働委員会及び収用委員会の権限に属する事務で政令で定めるものには及ばない。	原則として及ぶ。ただし、国の安全を害するおそれがあることその他の事由により監査委員の監査の対象とすることが適当でないものとして政令で定めるものには及ばない。
行政不服審査	国の機関は地方公共団体の上級機関ではないため、特別に法律に規定がない限り、国の機関への審査請求はできない。	国や都道府県の機関は地方公共団体の上級機関ではないが、地方自治法の規定により、国や都道府県の機関への審査請求を行うこととされている（裁定的関与）。
国等の関与	関与として、助言・勧告、資料の提出の要求、是正の要求、協議が規定	関与として、助言・勧告、資料の提出の要求、同意、許可・認可・承認、指示、代執行、協議が規定

3 事務処理の基本原則

地方公共団体が事務処理を行うに当たって従うべき基本原則として、地方自治法では、①住民福祉の原則、②効率化の原則、③合理化、規模適正化の原則、④法令適合の原則を規定しています。

❶ 住民福祉の原則

地方公共団体は、その事務を処理するに当たって、住民の福祉の増進に努めなければなりません（法２条14項）。住民の福祉の増進は、地方公共団体の最も重要な使命であり、当然の原則といえます。

裁定的関与

裁定的関与とは「地方公共団体が行った処分について国等に審査請求や再審査請求をすることができる仕組み」のことを指します。例えば、法定受託事務については、地方自治法255条の２の規定により、市町村が行った処分に関する審査請求については、まず都道府県で審査されることになります。なお、平成26年に行政不服審査法が改正されましたが、いわゆる「裁定的関与」については地方分権改革の観点から議論もあり、その見直しは、国と地方の関係の見直しの一環として行われるべきもので、行政不服審査制度の見直しとは趣旨・目的を異にするものと考えられるとして、「裁定的関与」に係る法律については「現在の不服申立先を維持することを基本として、改正後の行政不服審査法を適用するための規定の整備を行うこととする。」とされました（平成25年５月「行政不服審査制度の見直しについて（案）」総務省行政管理局）。

このように、行政不服審査法の改正後も、この仕組みは維持されています。

なお、生活保護法、国民健康保険法、介護保険法等のように、個別法で特則規定が置かれている場合が多いため、注意が必要です。

●行政不服審査における裁定的関与

処分権者の区分	審査請求先
都道府県知事その他の都道府県の執行機関の処分	当該処分に係る事務を規定する法律又はこれに基づく政令を所管する各大臣
市町村長その他の市町村の執行機関（教育委員会及び選挙管理委員会を除く。）の処分	都道府県知事
市町村教育委員会の処分	都道府県教育委員会
市町村選挙管理委員会の処分	都道府県選挙管理委員会

❷ 効率化の原則

地方公共団体は、その事務を処理するに当たって、最少の経費で最大の効果を挙げるようにしなければなりません（法２条14項、地方財政法４条）。

❸ 合理化、規模適正化の原則

地方公共団体は、常にその組織及び運営の合理化に努めるとともに、他の地方公共団体に協力を求めてその規模の適正化を図らなければなりません（法２条15項）。

❹ 法令適合の原則

地方公共団体は、法令に違反してその事務を処理してはなりません（法２条16項）。また、法令に違反して行った地方公共団体の行為は無効とされています（法２条17項）。

4 情報システムの利用に関する基本原則

（1）情報システムの適正な利用等

地方公共団体は、住民福祉の原則、効率化の原則、合理化・規模適正化の原則を達成するため必要があるときは、情報システムを有効に利用するとともに、他の地方公共団体又は国と協力して、事務の処理に係る情報システムの利用の最適化を図るよう努めなければなりません（法244の５第１項）。

なお、情報システムの利用に当たっては、サイバーセキュリティの確保、個人情報の保護その他の当該情報システムの適正な利用を図るために必要な措置を講じなければなりません（同条２項）。

（2）サイバーセキュリティを確保するための方針等

地方公共団体の議会及び長等の執行機関は、情報システムの利用に当たってのサイバーセキュリティを確保するための方針を定め、これに基づき必要な措置を講じなければなりません（法244の６第１項）。なお、この方針を定め、又は変更したときは、遅滞なく、公表しなければなりません（同条２項）。

総務大臣は、地方公共団体に対し、サイバーセキュリティを確保するための方針の策定又は変更について、指針を示すとともに、必要な助言を行うこととされています（同条３項）。

1　自治事務と法定受託事務

それぞれの事務ごとに、国等の関与、議会・監査委員の権限、行政不服審査の手続等が異なる。

①　自治事務

地方公共団体が処理する事務のうち、法定受託事務以外のものをいう。地方公共団体が地方自治の本旨に基づいて自らの判断と責任で行う。

②　法定受託事務

法定受託事務とは、法令で地方公共団体が処理することとされる事務のうち、国や都道府県が本来果たすべき役割に関するもので、国や都道府県において適正な処理を特に確保する必要がある。

2　事務処理の基本原則

地方公共団体が事務処理を行うに当たって従うべき基本原則として、①住民福祉の原則、②効率化の原則、③合理化、規模適正化の原則、④法令適合の原則がある。

3　情報システムの利用に関する基本原則

①情報システムの適正な利用等

地方公共団体は、情報システムを有効に利用するとともに、他の地方公共団体又は国と協力して、事務の処理に係る情報システムの利用の最適化を図るよう努めなければならない。

情報システムの利用に当たっては、サイバーセキュリティの確保、個人情報の保護その他の当該情報システムの適正な利用を図るために必要な措置を講じなければならない。

②サイバーセキュリティを確保するための方針等

地方公共団体の議会及び長等の執行機関は、情報システムの利用に当たつてのサイバーセキュリティを確保するための方針を定め、これに基づき必要な措置を講じなければならない。

第2節

自治立法権の基本

この節では、自治立法権の基本について学びます。条例制定権をはじめ地方公共団体の立法権は、地方公共団体が行政運営を行う上で、重要な役割を果たしています。自治立法権は地方公共団体の事務のうち最も重要なものであるといっても過言ではないため、立法の基本的な知識を習得するとともに、憲法及び法律との関係から自治立法権の限界を理解することは、地方公共団体が適法適正な事務を行うために不可欠の知識ということができます。

1 自治立法等の種類

（1）立法とは

立法とは、法規を制定することをいいます。また、法規とは、広義においては法規範一般のことや一般的・抽象的法規範のことを指したり、単に法令と同義で使われることもありますが、本来的な意味では国民の権利を制限し又は国民に義務を課す内容の法規範のことをいいます。そのため、自治体法規とは、地方公共団体が制定する国民の権利を制限し又は国民に義務を課す内容の法規範のことです。

地方公共団体が制定する法規の中心はもちろん条例ですが、そのほかにも

●自治立法及びこれに類するもの

分　類	内　　容
条例	自治体法規の一つの形式で、地方公共団体が議会の議決を経て制定するものである（法14条）。
規則	自治体法規の一つの形式で、地方公共団体の執行機関が制定するものである（法15条）。
訓令	地方公共団体の執行機関が下級行政機関又は補助機関たる職員に対して発する命令又は指示である。
要綱	地方公共団体の執行機関が定める行政機関の内部規定。行政指導を行うための一般的な基準や、職員の業務執行上必要な細目的事項等、法規としての性質を有しないものの名称として用いられる。

条例の委任を受けた規則なども広義の法規に位置づけることができます。さらに、形式的な面では法規に類するものとして訓令や要綱などもあります。

（２）条例の意義

憲法94条では、「地方公共団体は、その財産を管理し、事務を処理し、及び行政を執行する権能を有し、法律の範囲内で条例を制定することができる。」と規定しています。さらにこの憲法の規定を受けて地方自治法14条１項では、「普通地方公共団体は、法令に違反しない限りにおいて第２条第２項の事務に関し、条例を制定することができる。」と規定しています。

条例は、憲法により付与された自治立法権に基づいて地方公共団体が議会の議決を経て自主的に制定する法形式です。また、法規（住民の権利義務にかかわる一般的な定め）たる性質を持ち、法的拘束力を有するものとされています。これに対して、地方公共団体の長（知事、市町村長）がその権限に属する事務を処理するために自主的に制定する法形式を「規則」といいます。

この他にも、国又は地方公共団体の行政機関が、指揮監督権に基づいて、その所管する機関又は職員に対して発する命令である訓令（例えば、代決・専決規程、文書管理規程等）や行政上の扱いの統一を期すために行政内部で定められる事務処理の基準を定める要綱などもあります。

地方公共団体が条例を制定することができることは、憲法が直接これを保障しているので、その自治権の範囲に属する限り、条例で住民の権利義務に関する法規たる定めをすることについては、特に法律の授権を必要としません。かつての最高裁は、条例における刑罰に関する規定について法律の授権が必要である旨の判断をしていました（大阪市売春勧誘取締条例事件、最判昭和37年５月30日・刑集16巻５号577頁）が、今日では地方公共団体の自治権の視点からこのような考え方を採ることはできません。

この点で、法律の委任によるものでなければ法規を定めることのできない政令、省令などと性質を異にします。しかし、住民一般の権利、自由の制限に関する事項については、必要最小限度にとどめるべきであり、かつ、その規制形式は、法令に特別の定めがある場合を除き、条例で定めなければなりません（法14条２項）。

2 条例制定権の意義

地方公共団体が有する条例制定権の意義としては、次の点が挙げられます。

① 地域の実情に応じた内容、仕組みとしやすい。

② 多様な制度を包含した総合的な施策としやすい。

③ 住民参加により住民の合意のもとで施策を進めやすい。

（1）必要的条例事項

地方公共団体ではさまざまな規範を定めていますが、その中には必ず条例で定めなければならないものがあります。いわゆる「必要的条例事項」といわれるもので、「実質的意味の条例」と「法律の規定に基づく条例（法定的条例事項）」という二つの性格のものが含まれています。

❶ 実質的意味の条例

実質的意味の条例とは、実質的意味の法律と同様の考え方に基づくものです。実質的意味の法律とは、単に法律という形式で議会によって制定されたもの（形式的意味の法律）というだけでなく、法律と呼ぶにふさわしい内容を備えたものという意味です。伝統的には、実質的意味の法律は、法規を指すとされてきました（法規説）。ここで「法規」とは、ドイツ公法学で発展してきた専門用語であり、住民の権利を制限し義務を課す規範のことをいいます。すなわち、科刑や課税に代表されるような「自由と財産」の制限は、行政権の判断のみでだけで決定できるのではなく、議会の決定が必要であるという考えに基づくものです。このように法規説では、当初、住民の権利の制限や義務を課すという視点で考えられていました。しかし、今日の法規説といわれる考え方は、伝統的な法規の観念を踏まえつつも法規の概念を拡張し、およそ住民の権利義務を規律することは、実質的意味の立法の内容であるとします。つまり、住民に権利を付与し義務を免除する場合も含んで、市民生活を規律することは住民の権限だと考えるのです（侵害留保説）。さらに、それらに加えて、地方公共団体の組織に関する規範（組織規範）の定立も、間接的に住民の権利義務にかかわるといえ、実質的意味の法律に含まれるとする見解もあります。

実質的意味の法律に関するこのような考えをふまえて、実質的意味の条例について考えてみましょう。現行法上は、例えば地方自治法14条２項において「普通地方公共団体は、義務を課し、又は権利を制限するには、法令に特別の定めがある場合を除くほか、条例によらなければならない。」と規定しています。また、内閣法11条では「政令には、法律の委任がなければ、義務を課し、又は権利を制限する規定を設けることができない。」としています。地方公共団体の実務では、地方自治法14条２項の規定も踏まえて、少なくとも住民の権利や自由を制約し、又は新たな義務を課す行政活動を行うためには、条例を規定する必要があると考えなければなりません。

❷ 法律の規定に基づく条例（法定的条例事項）

地方自治法等の法律の規定に基づき、条例で規定しなければならないとされているものがあります。このようなものを法定的条例事項ということができます。地方自治法では、次の事項について条例で定めなければならないこととしています。

①　事務所の位置を定め又はこれを変更しようとするとき（法４条）
②　地方公共団体の休日を定めること（法４条の２）
③　地方公共団体の議会の議員の定数を定めること（法90条、91条）
④　地方公共団体が会派又は議員に対し政務活動費を交付すること（法100条）
⑤　地方公共団体の執行機関に附属機関を設置すること（法202条の３）
⑥　職員の報酬、給料の額等を定めること（法203条、204条）
⑦　分担金、使用料、加入金及び手数料に関する事項を定めること（法228条）
⑧　公の施設の設置及びその管理に関する事項を定めること（法244条の２）

（2）任意的条例事項

条例で規定する事項については、必要的条例事項のほかに、地方公共団体の政策等に基づいて条例で定める事項もあります。「任意的条例事項」ということができます。

任意的条例事項に関して定めた条例としては、自治基本条例、議会基本条

●条例事項の範囲

<table>
<tr><td colspan="2">必要的条例事項</td><td rowspan="2">地方公共団体の政策等に基づいて
条例で定める事項
（任意的条例事項）</td></tr>
<tr><td>実質的意味の条例
に当たる事項</td><td>法律の規定に基づ
く条例事項
（法定的条例事項）</td></tr>
</table>

例、環境基本条例のような基本条例、制度等の理念のみを定めた理念条例等が挙げられます。また、補助金等給付に関する条例についても、必ずしも条例化する必要はありませんが、地方公共団体の判断に基づいて条例で規定する場合もあります。

3 条例の分類

条例にはさまざまなものがあり、それぞれ役割や制定における法的課題などが異なります。そのため、条例の種類等を理解して条例立案に当たることが重要です。条例の種類については、さまざまな分類を行うことが可能ですが、ここでは、法律施行条例と自主条例、そして基本（理念）条例と実体的条例とについて分類して説明することにします。

（1）法律施行条例と自主条例

「法律施行条例」とは、法令の規律内容を補足したり、法令が許容する場合にはその法令と競合する内容を規定する条例のことをいいます。

一方の「自主条例」は、法令に基づくものではなく、地方公共団体が独自の判断、政策により、制定する条例のことです。

（2）基本（理念）条例と実体的条例

「基本（理念）条例」には、地方公共団体のまちづくりの基本的なルールや理念を定めた「自治基本条例」、議会運営の基本的なルールを定めた「議会基本条例」のほか、「土地利用基本条例」や「環境基本条例」のように個別行政分野の基本的なルールを定めたものもあります。

「実体的条例」とは、個別行政分野で、単に基本的なルールや理念を規定するだけでなく、実体的な意味を持って権利を制限し、義務を課すなどの法規制を規定するものです。地方公共団体が制定するほとんどが、この条例に分類することができます。

4　条例の実効性確保

条例の規定に基づいて住民等に課した義務をどのようにして住民に履行させるかということが、「条例の実効性確保」といわれる問題です。条例で義務等を課した場合でも、住民がそれに従わなければ条例の目的を達成することができません。そこで、条例の規定内容をどのように守らせるかという実効性確保が重要になるのです。

（１）規制的手法

「規制的手法」とは、義務を課し、又は権利を制限し、従わない者を排除することで目的を達成する方法のことです。

❶ 行政命令（下命又は禁止）

適正な履行の確保や義務違反の是正のために一定の措置や、行為の停止・中止などを命じるものです。具体的には、「措置命令」「改善命令」「中止命令」などとして行われます。義務が適正に履行されない場合等に、このような命令を出して、実効性を確保することになります。

この命令は、違法事実などが発生した場合であっても、直ちに行われずに改善勧告のような行政指導を行い、それでも改善されない場合に、はじめて命令を行う場合もあります。行政命令は、住民の権利を制限し、又は義務を課すことになるため、条例で規定する必要があります。

❷ 許認可の撤回

許認可制度が採用されている場合には、その許認可を行った行政庁が、義務・条例違反、命令違反等を理由として許認可の撤回を行うことがあります。条文では「許可の取消」等と規定されている場合が多くありますが、成立時

●条例の実効性確保の分類

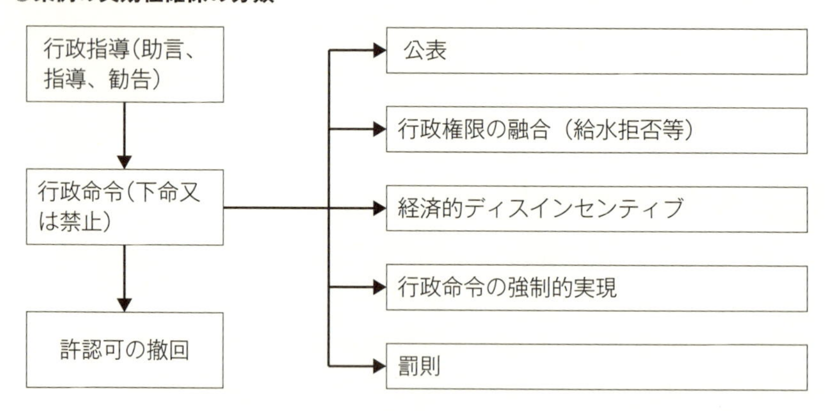

には適法であった行政処分を、その後の事情によって効力を存続させるのが望ましくなくなったときに、将来に向かってその効力を失わせることであるため、「許可の撤回」というのが行政法学的には正確です。撤回について、条例で規定する場合には、その要件については、それが公正かつ適切に行われるよう、厳格かつ明確に規定する必要があります。

なお、許可の撤回について、法律や条例に明文の根拠が必要かどうかは学説上争いがあります。判例では撤回によって相手方が不利益を受けることを考慮しても、その不利益を公益上の必要性が上回るような場合には、法令に直接の根拠がなくとも行政処分を撤回することができると判断を示しています（最二小判昭和63年６月17日・判時1289号39頁）。

ただし、みなさんが条例を立案する際に、許可等の撤回については、撤回の根拠となる規定や撤回要件等を明確に条文で規定するべきです。なお、実際に許可等を取り消そうとする場合には、行政手続条例（法）に基づき、聴聞手続等の事前手続が必要になります。

❸ 公　表

条例上の義務違反を防止するために、違反した者の氏名や違反内容など違反に関する事実を公表する制度です。

公表は、それ自体によって私人の権利・義務に変動を生じせしめるものではないために、公表は行政処分ではないと解されていました。しかし、公表には、「情報提供としての公表」と「制裁としての公表」との二つがあり、住民に情報提供を行うための公表はともかく、制裁としての機能を有する公表については、私人の権利・義務に変動を生じさせるものということができるのではないでしょうか。

公表についての法的根拠については、行政処分でないために法律や条例の根拠は必要ではないという考えもありますが、制裁としての公表はその不利益性によって実効性を確保しようとするものであるために、法的根拠が必要と考えるべきでしょう（宇賀克也『行政法概説Ⅰ 行政法総論 第６版』（有斐閣、平成29年）267頁）。一方、情報提供としての公表については、単に住民に対して情報を提供する事実行為であって、法的根拠は不要です。

公表により行政処分以上の不利益を与える結果となる場合もあり、条例立案に当たっては公表規定を置くべきかどうか個別に検討すべきです。なお、公表を行ったことに対する事後的な救済としては、損害賠償請求訴訟のほか、名誉失墜回復のために公表そのものの取消しを求める訴訟も可能との見解があります（前掲宇賀『行政法概説Ⅰ』268頁）。

④ 行政権限の融合（給水拒否等）

他の法律により与えられている権限を利用して実効性を確保しようとするものです。

例えば、上下水道・ゴミ収集等のサービスの停止や、事業者に対する工業用水・事業用水道等の供給停止の要請など、公共サービスの供給停止等の措置を定めることにより、私人の行動を規制しようとするものです。小田原市「市税の滞納に対する特別措置に関する条例」などの例があります。この条例では、市税の滞納者に対して「市長が必要と認める行政サービスの停止、許認可の拒否等の措置を執ることができる」旨の規定が設けられています。しかし、拒否するサービスによっては、地方自治法10条２項で保障されている住民が役務の提供を受ける権利を不当に制約することになる可能性があります。また、許認可の拒否については、他事考慮などにより裁量権の濫用となる可能性があります。そのため、このような条例の制定については、慎重な検討が必要だと考えられます。

なお、この手法に対する救済方法としては、給水契約等の締結を求める民事上の訴えや、供給停止等による損害賠償請求を行うことになります。

❺ 経済的ディスインセンティブ

課徴金や保証金によって、条例の実効性を担保する方法があります。課徴金は、行政上の規制に違反することで得られた利益を取り上げ、利得行為を無意味とする手法です。独占禁止法や国民生活緊急安定措置法など国の法律で一部採用されている程度です。課徴金については、不法に利得した利益と課徴金の額とのバランス（いわゆる比例原則）を考慮する必要があります。また、課徴金を科す際の手続的な明確性も要求されることから、条例化に当たっては慎重な検討が必要です。

保証金は、事業者から金銭を保証金という名目であらかじめ提供させ、これを担保として一定の行為や事業の実施、条件の遵守の確保を図るといった手法です。保証金の額の算定方法など慎重な検討が求められます。

❻ 行政命令の強制的実現

a. 行政代執行

法律（法律の委任に基づく命令、規則及び条例を含みます。）に基づき行政庁により命ぜられた行為について義務者がこれを履行しない場合には、その行為を命じた行政庁は義務者のなすべき行為を自ら行ったり、第三者をして行わせたりすることができます。もちろんその費用は義務者から徴収することになります。「行政代執行」といわれる手続です。

この代執行の対象となる行為は、代替的作為といって他人が代わってなすことができる行為に限られます。また、すべての代替的作為について代執行を行うことができるわけではなく、代執行以外の手段によってその履行を確保することが困難であり、かつその不履行を放置することが著しく公益に反すると認められるときに限られます（行政代執行法２条）。

代執行の対象となる代替的作為義務の根拠としては、行政代執行法では「法律（法律の委任に基く命令、規則及び条例を含む。）」と規定されていますが、この「条例」には、法律の個別的な委任に基づく条例のみでなく、各地方公共団体が独自に制定する条例も含むものであると解せられています。そのため、各地方公共団体が条例を制定し、その実効性確保について検討する際には、行政代執行という手続も行うことができることも念頭に置いて、住民に対する義務づけなどを検討することも必要です。

b. 強制徴収

分担金、加入金、過料又は法律で定める使用料その他の地方公共団体の歳入につき地方税の滞納処分の例により処分することができる（法231条の３第３項）と規定されています。このため、分担金、加入金、過料はすべて強制徴収の対象となりますが、使用料その他の歳入については、法律に定めるものに限り強制徴収が可能です。強制徴収を行うことができない歳入については、民事訴訟等の手続により徴収することになります。したがって、条例で住民に対して金銭納付義務を課す際には、強制徴収を行うことができるものであるかどうかも検討する必要があります。

c. 民事手続の利用

行政上の強制執行制度を利用できない場合で、地方公共団体の所有権その他財産法上の権利に関連する権利を行使する場合には、民事手続により義務の履行を強制することが可能です。

なお、最高裁は、国又は地方公共団体が行政権の主体として国民に対して行政上の義務の履行を求める場合には、訴訟等の民事手続は利用することができないとしています（宝塚市パチンコ店等建築規制条例事件、最判平成14年７月９日・民集56巻６号1134頁）。ただし、多くの学説がこの判決に批判的です。

（2）条例における罰則規定

条例には、その実効性を担保し、行政目的の実現を保障するため、罰則を設けることができます。条例で定めることができる罰則には、「行政刑罰」（法14条３項など）と行政上の秩序罰である「過料」（法14条３項、228条２項・３項など）とがあります。罰則は、行政上の義務を負う者に対しては刑罰又は過料をもって心理的圧迫を加えてその義務違反を予防し、現実に義務に違反した者に対してはそれ相当の刑罰又は過料を科して、その自由を奪い、重い負担を課し、強制力をもって一定の行政目的を実現しようとするものです。

したがって、罰則規定を定めるに当たっては、特に慎重、適正を期し、必要やむを得ない場合に、必要やむを得ない限度に限り、定めるべきです。

❶ 行政刑罰

地方自治法14条３項は、「普通地方公共団体は、法令に特別の定めがあるものを除くほか、その条例中に、条例に違反した者に対し、２年以下の懲役若しくは禁錮（こ）、100万円以下の罰金、拘留、科料若しくは没収の刑……を科する旨の規定を設けることができる」と規定しているので、地方公共団体は、法令に特別の定めがあるものを除いて、条例上の義務に違反した者に対し、刑罰を科することができます。法令に特別の定めがある場合は、その定めるところによらなければなりません。法令の特別の定めとしては、地方自治法228条、屋外広告物法30条、風俗営業等の規制及び業務の適正化等に関する法律49条、建築基準法102条などがあります。なお、地方自治法14条３項（過料部分を除きます。）の刑罰は、いわゆる行政刑罰であり、刑法総則の適用があることはいうまでもありません。

刑罰は、法令の規定に違反した行為がある場合に、その行為者（自然人）に対して科すのが原則ですが、行政犯については、その行政目的を達成するために必要な限度において、法人などの代表者、使用人その他の従業者などの行為者を罰するほか、その法人などに対しても刑罰を科することができると解されています（行政実例昭和25年８月26日）。もちろんこれらの刑罰を科すために、その刑罰の根拠が法律あるいは条例で規定されていることが必要です。

なお、刑罰の定めのある条例の制定改廃（罰則関係部分）については、地方検察庁との協議を行う必要があります。この協議は、法令によって義務づけられた手続ではありませんが、条例の実効性を確保するため、必ず協議を行うこととになります。

❷ 過　料

条例に違反した者に対し、５万円以下の過料を科する旨の規定を設けることができます（法14条３項）。地方分権一括法による地方自治法の改正により、条例違反に対しても過料を科すことができるようになりましたが、地方公共団体の自己決定・自己責任の原則に沿ったものです。過料の制度を単に法定受託事務についてのみ用いることにとどまらず、自治事務についても適切に運用することにより、それぞれの地方公共団体における政策実現に活かすべきことが求められます。

また、分担金、使用料、加入金及び手数料の徴収に関しては、条例で５万円以下の過料を科する規定を設けることができます（法228条２項）。さらに、詐欺その他不正行為により、分担金、使用料、加入金又は手数料の徴収を免れた者については、条例でその徴収を免れた金額の５倍に相当する金額（当該５倍に相当する金額が５万円を超えないときは、５万円）以下の過料を科する規定を設けることができます（法228条３項）。

条例に基づく過料は、地方公共団体の長によって行政処分として科せられます（法149条３号）が、あらかじめ過料の処分を受ける者に対しその旨を告知するとともに、弁明の機会を与えなければなりません（法255条の３）。なお、弁明の機会の付与については、行政手続法は適用されませんが、各地方公共団体の行政手続条例の規定に従うことになります。

●刑事罰と行政罰

	種　類	性　格	内　容	刑法総則	罰を科す主体・手続法
刑事罰		刑罰（刑法犯）	死刑、懲役、禁錮、罰金、拘留、科料及び没収（刑法９条）	適用あり	裁判所 刑事訴訟法
行政罰	行政刑罰	刑罰（行政犯）	懲役、禁錮、罰金、拘留、及び科料	適用あり	裁判所 刑事訴訟法
	行政上の秩序罰	刑罰でない	過料	適用なし	・法令に基づくもの→裁判所、非訟事件手続法 ・条例に基づくもの→地方公共団体の長・地方自治法

Point

1　**自治立法等の種類**

①　条例：自治立法の一つの形式で、地方公共団体が議会の議決を経て制定する法規

②　規則・規程：自治立法の一つの形式で、地方自治体の執行機関が制定する法規

③　訓令：地方公共団体の執行機関が下級行政機関又は補助機関たる職員に対して発する命令又は指示のこと。法規としての性格を有しない。

2　**必要的条例事項と任意的条例事項**

①　必要的条例事項：住民に義務を課し、又は権利を制限するには条例によらなければならない。これ以外にも地方自治法等で条例で規定することとされている事項についても条例で定める必要がある。

②　任意的条例事項：必要的条例事項以外の事項についても、地方公共団体の議会の判断で条例事項とすることができる。

3　**基本（理念）条例と実体的条例**

①　基本（理念）条例：自治基本条例、議会基本条例のほか、土地利用基本条例や環境基本条例のように個別行政分野の基本的なルールを定めたものがある。

②　実体的条例：個別行政分野で、権利を制限し、義務を課すなどの法規を規定するもの。

4　**条例の実効性確保**

条例の規定に基づく義務を住民に履行させるために、条例の実効性確保が求められる。実効性確保の方法としては、行政指導（助言、指導、勧告）、行政命令（下命又は禁止）、許認可の撤回、公表、行政権限の融合（給水拒否等）、経済的ディスインセンティブ、行政命令の強制的実現、罰則がある。

第3節

自治立法の限界

この節では、条例をはじめとする自治立法の限界について学びます。自治立法には、憲法あるいは法律に違反することができないという限界があります。地方公共団体において、適正に自治立法権を行使するためには、憲法及び法律との効力関係等を踏まえて、自治立法を行う必要があります。

1 条例の一般的な効力範囲

（1）地域的効力

地方公共団体の権能は、その地方公共団体の区域に限られ、他の地方公共団体の区域に及ぶものではありません。このため、条例の地域的効力は、その地方公共団体の区域内に限られます。ただし、区域外に公の施設を設置した場合（法244条の３）などは、区域外にも効力が及ぶ場合があります。

（2）人的効力

条例はその地方公共団体の区域のすべての人に効力が及びます。その地方公共団体の住民のみならず、その区域内に一時滞在する者、旅行者、通行者などすべての人、また、自然人や法人、日本人や外国人などを問わず適用されます。逆に、当該地方公共団体の区域外にある者に対しては、当該地方公共団体の住民であっても、原則として適用されません。ただし、地方公共団体の職員の給与、勤務条件等を定める条例のように、条例が当該地方公共団体の区域を越えて属人的に適用される場合もあります。なお、外国人については、条約その他の定めによって適用が除外される場合があります。

（3）時間的効力

条例は、それが現実に対象に対して効力を生じるためには、公布され、さらに施行されなければなりません。「施行」とは、それまで未発動の状態にあった条例の効力が、現実に発動し、作用するようになることをいいます。

条例の施行期日は、その条例の附則で定めるのが通例ですが、その条例に特別の定めのない場合は、公布の日から起算して10日を経過した日から施行されます（法16条３項）。

（４）条例の廃止

条例は、条例の廃止、有効期限の到来、根拠法令の消滅などによって、効力を失います。条例において期限（終期）が定められている場合には、期限の到来で当然に失効します。また、新条例の附則において、旧条例の廃止が規定されている場合には、その施行により廃止されます。

（５）不遡及の原則

条例の効力は、原則としてその施行以前の事項には適用されません。憲法39条では「何人も、実行の時に適法であつた行為又は既に無罪とされた行為については、刑事上の責任を問はれない」とされています。法的安定性の見地から、権利を奪ったり制限したりする方向での条例の遡及は制限されています（不利益不遡及の原則）。ただし、条例の適用の対象者にとって、有利又は不利益でない場合には、遡及して効力を及ぼすことも認められます。

2 条例と憲法適合性

憲法は、基本的人権としてさまざまな人権を保障しています。しかし、どのような人権であっても他の人権との衝突を調整するために必要な場合には制限を受けることがあります。つまり、法律や条例によれば、必要な場合には合理性のある範囲で人権を制限することは可能なのです。もちろんその場合でも、不当に必要以上に人権を制限することはできません。

これが、これまでに説明をしてきた実質的意味の法律の考え方です。例えば、都市景観を守るために屋外広告物の設置という権利（表現の自由あるいは営業活動の自由）を制限するようなことがこれに当たります。この人権調整のための条例については、関係する人権の性質によって違憲審査基準は異なります（拙著『憲法の視点から見る条例立案の教科書』（第一法規、平成29年）に詳説）。

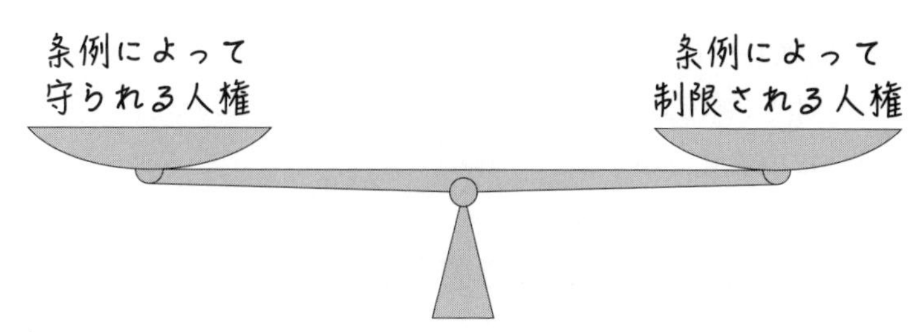

条例制定に当たっては、人権相互間のバランスをとることが求められる

3 条例の法律適合性

（１）条例と法律との関係

条例においては立法権として、法律と同様の制約があるほかにも、法律の範囲内という制約もあります（憲法94条１項）。地方公共団体は、「法律の範囲内で」条例を制定することができますが、「法律の範囲内で」ということは、法律に抵触しない限度でという意味であり、地方自治法14条１項及び15条１項はともに「法令に違反しない限りにおいて」と規定しています。また、「法律の範囲内」という「法律」には、形式的意義の法律のほかに、これに基づく政令、省令などの命令も含みます。

地方公共団体の法規である条例や規則も国家の法体系の一部を構成するものであり、法律及びこれに基づく命令と矛盾抵触したまま存在することは許されません。このような意味で条例や規則は法令に違反することができず、また、その効力は法令に劣るものです。

また、憲法98条では「この憲法は、国の最高法規であつて、その条規に反する法律、命令、詔勅及び国務に関するその他の行為の全部又は一部は、その効力を有しない。」と規定されており、当然に憲法に違反する条例を制定することはできません。

憲法94条で規定する「条例」について、通説は、地方議会が制定するもの（狭義の条例）及び地方公共団体の長その他の執行機関が定める規則を包含するものとし、憲法はこれらの法規範全体について自治立法権として保障したと解されています（佐藤幸治『日本国憲法論』（成文堂、平成23年）564頁）。

これに対する批判説として、通説は機関委任事務に関して条例制定できないというかつての原則に引きずられるもので、議会による一元的な立法体制が近代立法の原則であることを見過ごしているとする見解もあります（前掲川﨑『地方自治法基本解説 第7版』116頁）。

（2）条例の法律適合性に関する判断基準

法律と条例との関係についての判例として、徳島市公安条例違反事件（最判昭和50年9月10日・刑集29巻8号489頁）を挙げることができます。この判例が基本となって今日では、条例の法律適合性に関する基準が一般的に定立されています。

当時の道路交通法が道路使用許可の条件についての違反の罰則として3か月以下の懲役又は3万円以下の罰金に処する旨を定めていたのに対し、徳島市では集団行進及び集団示威運動に関する条例で、条例違反における罰則を1年以下の懲役もしくは禁錮又は5万円以下の罰金に処するとされており、法律より条例のほうが重い罰則が定められていました。そのため、このような条例が許されるのか、あるいは同条例の文言の明確性について争われた事件です。判決では、法律との関係から条例制定権の範囲に関する判断基準を次のとおり示しています。

「条例が国の法令に違反するかどうかは、両者の対象事項と規定文言を対比するのみでなく、それぞれの趣旨、目的、内容及び効果を比較し、両者の間に矛盾抵触があるかどうかによってこれを決しなければならない（略）ある事項について国の法令中にこれを規律する明文の規定がない場合でも、当該法令全体の趣旨からみて、右規定の欠如が特に当該事項についていかなる規制をも施すことなく放置すべきものとする趣旨であると解されるときは、これについて規律を設ける条例の規制は国の法令に違反する……特定事項についてこれを規律する国の法令と条例が併存する場合でも、後者が前者とは別の目的に基づく規律を意図するものであり、その適用によって前者の規定の意図する目的効果をなんら阻害することがないときや、両者が同一の目的に出たものであっても、国の法令が必ずしもその規定によって全国的に一律に同一内容の規律を施す趣旨ではなく、それぞれの地方公共団体において、その地方の実情に応じて、別段の規制を施すことを容認する趣旨であると解されるときは、国の法令に違反する問題は生じえない。」

（3）四つの判断基準

この最高裁判決から、法律と条例の関係について、以下の四つの判断基準を導き出すことができます。

① ある事項について法令が規律していない場合（横出し条例）でも、当該法令がいかなる規制もしないで放置する趣旨であるときは、これを規律する条例は法令に違反する。

法令による規律部分	法令の規律以外の部分（横出し部分） 法令が規制を及ぼさない趣旨である場合 →条例で規律できない。

●法律と条例制定権との関係

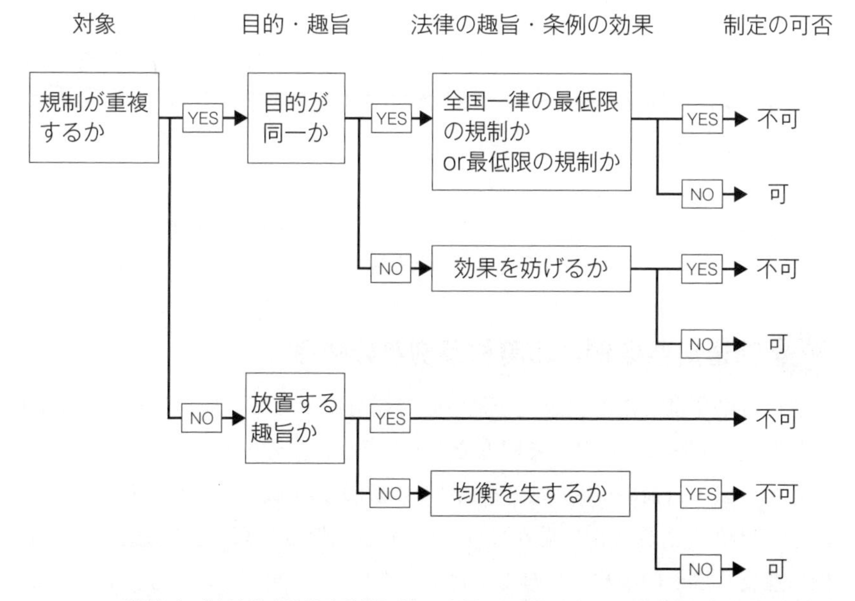

礒崎初仁『自治体政策法務講義』（第一法規、平成24年）196頁を基に筆者が一部修正

② ある事項について法令と条例が併存する場合（広義の上乗せ条例）でも、条例が法令とは別の目的に基づくものであり、かつ法令の意図する目的と効果を阻害しないときは、条例は法令に違反しない。

法令の規律以外の部分（上乗せ部分） 法令と条例の目的が異なり、法令の目的・効果を阻害しない場合 →条例で規律できる。
法令による規律部分

③ ある事項について法令と条例が併存する場合に、両者が同一の目的に基づくものであっても（狭義の上乗せ条例）、法令が全国一律の規制を施す趣旨ではなく、地方の実情に応じて別段の規制を施すことを容認する趣旨であるときは、条例は法令に違反しない。

法令の規律以外の部分（上乗せ部分） 法令と条例が同一目的でも、法令が条例による規律を容認する趣旨の場合 →条例で規律できる。
法令による規律部分

④ ある事項について法令が規律していない場合（横出し条例）でも、法令が条例で法令の規律よりも厳しい規律を行うことを許容しているときは、条例は法令に違反しない。

法令による規律部分	法令の規律以外の部分（横出し部分） 法令よりも厳しい規律を行うことを容認している場合 →条例で規律できる。

4 都道府県条例と市町村条例との関係

都道府県条例と市町村条例が抵触した場合について、地方自治法２条16項の規定を根拠に、抵触する限度で市町村条例が無効となると解している場合もあります（前掲川﨑『地方自治法基本解説 第７版』143頁）。しかし、この地方自治法２条16項は確かに「市町村及び特別区は、当該都道府県の条例に違反してその事務を処理してはならない。」と規定していますが、その前提としてその事務が都道府県の事務か市町村の事務かを考える必要があります。もし都道府県が市町村の事務について条例を制定しているのであれば、その条例は地方自治法14条１項の規定に違反し無効となります。もっともその事務が都道府県あるいは市町村のいずれの事務か明確でない場合も多くあります。そのような場合には、都道府県条例において、例えば市町村に同様の条例があれば市町村条例を適用するなどの市町村条例との調整規定が設けられていることがあります。

Point

1　一般的な条例の効力範囲

①　地域的効力

条例の地域的効力は、原則としてその地方公共団体の区域内に限られる。ただし、法令の特別の定めにより、区域外にも効力が及ぶ場合がある。

②　人的効力

条例は、その地方公共団体の住民、区域内に一時滞在する者、旅行者、通行者などすべての人に及ぶ。

③　時間的効力

条例は、原則として、その施行日から廃止の日まで、その期間内に発生した事項に関し適用される。

④　条例の廃止

条例において終期が定められている場合には期限の到来で失効する。また、新条例によって条例の廃止が規定された場合には、新条例の施行により廃止される。

⑤　法律不遡及の原則

法令の効力は、原則としてその施行以前の事項には適用されない。ただし、条例の適用の対象者にとって、有利又は不利益でない場合には、遡及して効力を及ぼすことも認められる。

2　条例と憲法適合性

条例制定に当たっては、基本的人権の保障など憲法上の基本原理に抵触しないことが求められる。

3　条例と法律適合性

条例は法律の範囲内で制定できることとされているため、条例は法律適合性が求められる。その判断基準として次の四つの基準が挙げられる。

① ある事項について法令が規律していない場合でも、当該法令がいかなる規制もしないで放置する趣旨であるときは、これを規律する条例は法令に違反する。

② ある事項について法令と条例が併存する場合でも、条例が法令とは別の目的に基づくものであり、かつ法令の意図する目的と効果を阻害しないときは、条例は法令に違反しない。

③ ある事項について法令と条例が併存する場合に、両者が同一の目的に基づくものであっても（狭義の上乗せ条例）、法令が全国一律の規制を施す趣旨ではなく、地方の実情に応じて別段の規制を施すことを容認する趣旨であるときは、条例は法令に違反しない。

④ ある事項について法令が規律していない場合でも、法令が条例で法令の規律よりも厳しい規律を行うことを許容しているときは、そうした規律を行う条例は法令に違反しない。

第4節

条例の発案

この節では、条例の議会への提案など条例制定手続について学びます。条例制定権は、議会のみが有する権限ですが、提案権は地方公共団体の長及び議員の双方が有するものとされています。それぞれの提案権の限界、制定手続等について条例制定の基本的な理解を深めます。

1 提案権者

条例の発案権は、原則として地方公共団体の長及び議会の議員の双方にあります。ただし、次の例外があります。

① 地方公共団体の長に専属するもの

都道府県の支庁、市町村の支所又は出張所の設置（法155条1項）、行政機関の設置（法156条1項・2項）、部の設置等（法158条など）

② 地方公共団体の議会の議員に専属するもの

常任委員会、議会運営委員会及び特別委員会の設置（法109条1項）など

なお、長の発案については、条例案が予算を伴う場合には、必要な予算上の措置が適確に講ぜられる見込みが得られるまでの間は、議会に上程してはならないこと（法222条1項）、教育事務に関する条例については、その発案前に教育委員会の意見を聴かなければならないこと（地教行法29条）などに注意しなければなりません。

2 議員発案条例と予算措置

長は、予算を伴う条例は必要な予算措置が行われる見込みがなければ上程してはならないとされています。しかし、議員提案の条例についてはそのような制約がありません。国においては昭和30年の国会法及び議院規則の改正により、予算を伴う法律案の発議や予算の増額を伴う法律案の提出については、予算を伴わない法律案以上の議員数が必要とされています。

●国会において議案を発議するために必要な議員数

	衆議院	参議院
予算を伴う法律案	議員50人以上	議員20人以上
その他の法律案	議員20人以上	議員10人以上

予算を伴う法律案には、必要とする経費を明らかにした文書を添えなければなりません（衆議院規則28条、参議院規則24条）。また、予算を伴う議案の修正には、同様の文書を添える必要があります（衆議院規則47条、参議院規則46条）。さらに、委員会が予算を伴う法律案を提出しようとするときは、委員長は、その決定の前に、内閣に対して意見を述べる機会を与えなければなりません（衆議院規則48条の２、参議院規則50条）。

一方、地方公共団体の場合には、議員が予算を伴う条例等を提出する場合であっても、法律上の制約はありません。しかし、地方自治法222条の趣旨を尊重して、あらかじめ地方公共団体の長と調整の上、財源の見通しを得る必要があると考えられます。条例と予算の提出権者が異なるため不一致が生じる場合があり、その場合は次のように処理することが考えられます。

①　予算措置はあるが、条例が制定されてない場合

地方公共団体の執行機関は、条例、予算その他の議会の議決に基づく事務を誠実に執行する義務を負うとされている（法138条の２）ことから、地方公共団体の長は予算に応じた条例案を提出し議会の議決を求めるべきである。ただし、議会には条例制定の義務はないため、条例案が否決されれば、齟齬は解消されず根本的な解決にはならない。

②　条例は制定されているが、予算措置がない場合

地方自治法138条の２において、地方公共団体の執行機関は条例を誠実に執行する義務を負う。したがって、執行機関は、法律上、補正予算、経費流用、予備費支出の予算制度を活用して、条例を誠実に執行しなければならない。ただし、地方公共団体の長は条例に異議がある場合は、公布前に同法176条に基づき再議に付すべきである（参考：行政実例昭和32年９月３日等）。

3 専決処分による制定・改廃

条例の制定・改廃に当たっては、議会の議決を経ることが原則ですが、それ以外にも「専決処分」によることも可能です。専決処分とは、本来は議会の議決を経なければならない事柄について地方公共団体の長が議会の議決を経ることなく自ら処理することをいいます。専権処分には、「179条に基づく緊急の場合の専決処分」と「180条に基づく議会の委任による専決処分」とがあります（138頁参照）。

「179条に基づく専決処分」を行った場合、次の議会で承認を求める必要があります。条例に関する専決処分が議会で不承認とされた場合には、長は必要と認める措置を講じるとともに議会に報告する義務があります。

また、「180条に基づく専決処分」を行った場合にも議会への報告は必要ですが、軽易な事項であるとともに議会があらかじめゆだねた事項であることから、議会の承認を求める必要はありません。

Point

1　発案権者

条例の発案権は、原則として地方公共団体の長及び議会の議員の双方にある。ただし、次の事項は、それぞれに専属する。

① 地方公共団体の長に専属するもの：都道府県の支庁、市町村の支所又は出張所の設置、行政機関の設置、部の設置など

② 地方公共団体の議会の議員に専属するもの：常任委員会、議会運営委員会及び特別委員会の設置など

2　予算による制約

地方公共団体の長は、予算を伴う条例は必要な予算措置が行われる見込みがなければ上程してはならない。

3　専決処分による制定・改廃

条例の制定・改廃は原則として議会の議決が必要。ただし、長が議決を経ることなく専決処分により条例の制定・改廃を行うことは可能。

第5節

地方公共団体の規則

この節では、地方公共団体が定める規則について学びます。執行機関が定める規則には、地方公共団体の長が定めるものと委員会が定めるものとがあります。ここでは、規則の所管事項、制定改廃手続等について学びます。

1 長が定める規則

（1）規則の意義

規則は、地方公共団体の長が、法令に違反しない限りにおいて、その権限に属する事務に関して制定する自治法規です（法15条1項）。規則は憲法において地方公共団体の自主法として制定することが保障されると考えられており、国の法令又は条例の授権の有無にかかわりなく地方公共団体の長が独自に制定することができる点では、条例と同じです。条例が住民の代表機関である議会の議決を経て制定されるものであるのに対して、規則は議会の議決を経ずに、住民の直接公選による長によって単独で制定されるものであるという制定手続に違いがあるにすぎません。

（2）規則の所管事項

地方公共団体の長は、その権限に属する事務について規則を制定することができます（法15条1項）。この地方公共団体の長の権限に属する事務に関して、地方自治法148条は、「普通地方公共団体の長は、当該普通地方公共団体の事務を管理し及び執行する」と規定しています。これは、長の統括代表権を規定する同法147条及び長の担任事務を規定する同法149条と併せて、地方公共団体の長の権限の包括性及び網羅性を規定しているものとされています。したがって、この規定により、長は当該団体の事務処理について広く管理執行権限を有することの推定を受けることとなり、法令により他の執行機関の権限とされている事務でないものについては、長の権限に属する事務として考えることができるとされています。ただし、「義務を課し、又は権利を制限するには、法令に特別の定めがある場合を除くほか、条例によらなければならない」こととされています（法14条２項）。また、法令により、規則で定める旨が規定されている場合には、その定めるところによります。条例又は規則のいずれの専属的管轄にも属さない事務については、いずれで規定しても差し支えないものと考えられます。

（３）規則の所管事項の限界

規則は、「法令に違反しない限りにおいて」制定することができるものであり、また、他の行政委員会などの権限に属する事務にはその制定権が及ばないことは当然です。

（４）規則による罰則

規則にも、条例と同様、その実効性を担保するため罰則を設けることができます。地方自治法15条２項は、「普通地方公共団体の長は、法令に特別の定めがあるものを除くほか、普通地方公共団体の規則中に、規則に違反した者に対し、５万円以下の過料を科する旨の規定を設けることができる」と規定し、規則には、法令に特別の定めがあるものを除くほか、いわゆる行政上の秩序罰としての過料を科する旨の規定を設けることができることを保障しています。法令の特別の定めには、分担金などに関する罰則（法228条２項・３項）、漁業調整規則違反に関する罰則（漁業法65条３項）などがあります。過料は行政上の秩序罰であり、刑罰ではありません。したがって、刑法総則の適用はなく、また、これを科するのは裁判所ではなく地方公共団体の長です。なお、規則に罰則規定を定めるに当たっては、必要最小限度に限るべきことは、条例の場合と同様です。

（５）規則の制定改廃手続

規則は、地方公共団体の長が制定する独立した法規であり、その制定改廃については議会の議決を要せず、長がこれを決定の上、公布し、施行します。

規則は、長が制定するものであり（法15条１項）、長の専属的権限に属するものです。したがって、条例で規則を改廃することはできず、規則の改廃は規則で行わなければなりません。また、規則の制定改廃権を補助職員に委任することもできません（法152条の規定に基づく職務代理により規則の制定改廃が行われる場合があります。）。なお、規則を制定するに当たっては、その規則の制定又は改正が新たに予算を伴うものであるときは、必要な予算上の措置が適確に講ぜられることとなるまでは、これを制定し、又は改正してはならないとされています（法222条２項）。規則の公布及び施行の手続は、条例の場合と同様です。

（６）規則の効力

規則の地域的、人的、時間的効力は、条例の効力の及ぶ範囲と同様です（215頁「条例の一般的な効力範囲」参照）。

２ 委員会の定める規則・規程

地方公共団体の委員会の規則・規程制定権は、地方自治法138条の４第２項の規定のほか、個別法の定めに基づき認められています（地教行法15条等）。委員会が定める規則は、憲法はもちろん、法令、条例、長の規則に違反することはできません。

また、委員会は、事務局等の組織、事務局等に属する職員の定数又はこれらの職員の身分取扱いで当該委員会の権限に属する事項の一部について、委員会が規則等を定め、又は変更しようとするときは、あらかじめ地方公共団

●協議を要する事項

①　局部課、地方駐在機関の新設に関する事項
②　地方駐在機関別の職員の定数の配置の基準に関する事項
③　職員の採用及び昇任の基準に関する事項
④　昇給の基準並びに扶養手当、特殊勤務手当、時間外勤務手当、宿日直手当、夜間勤務手当、休日勤務手当、勤勉手当及び旅費の支給の基準に関する事項
⑤　職員の意に反する休職の基準に関する事項
⑥　定年による退職の特例及び定年退職者の再任用の基準に関する事項
⑦　地方公務員法の規定による職務専念義務の免除及び営利企業等の従事の許可の基準に関する事項

体の長に協議しなければなりません（法180条の４）。

Point

1　長の定める規則

①　規則の意義

地方公共団体の長が、法令に違反しない限りにおいて、その権限に属する事務に関して制定する自治法規。他の行政委員会などの権限に属する事務には、長は規則を制定することができない。

②　規則の罰則

規則に違反した者に対し、５万円以下の過料を科する旨の規定を設けることができる。

③　規則の制定改廃手続

規則の制定改廃については議会の議決を要せず、長がこれを決裁の上、公布し、施行する。

2　委員会の定める規則・規程

委員会は、法令、条例、規則に違反しない限り、規則・規程を制定することができる。ただし、委員会等の事務局の組織等について規則の制定等を行う場合には協議が必要。

第６節

判例から学ぶ

1 広島市暴走族追放条例違反被告事件（最判平成19年９月18日・刑集61巻６号601頁）

・事案の概要

被告人は、暴走族構成員約40名と共謀の上、広島市が管理する公共の場所である公共広場において、市長の許可を得ないで、所属する暴走族のグループ名を刺しゅうしたいわゆる特攻服を着用し、顔面の全部もしくは一部を覆い隠し、円陣を組み、旗を立てる等威勢を示して、公衆に不安や恐怖を覚えさせるような集会を行いました。これに対して広島市から、集会を中止して広場から退去するよう命令を受けましたが、引き続き集会を継続し、命令に違反したものとして起訴された事案です。

・判決の概要

「暴走族の定義」について「本条例は、暴走族の定義において社会通念上の暴走族以外の集団が含まれる文言となっていること、禁止行為の対象及び市長の中止・退去命令の対象も社会通念上の暴走族以外の者の行為にも及ぶ文言となっていることなど、規定の仕方が適切ではなく、本条例がその文言どおりに適用されることになると、規制の対象が広範囲に及び、憲法21条１項及び31条との関係で問題があることは所論のとおりである。」とした上で、「本条例19条が処罰の対象としているのは、同17条の市長の中止・退去命令に違反する行為に限られる。そして、本条例の目的規定である１条は、「暴走行為、い集、集会及び祭礼等における示威行為が、市民生活や少年の健全育成に多大な影響を及ぼしているのみならず、国際平和文化都市の印象を著しく傷つけている」存在としての「暴走族」を本条例が規定する諸対策の対象として想定するものと解され、本条例５条、６条も、少年が加入する対象としての「暴走族」を想定しているほか、本条例には、暴走行為自体の抑止を眼目としている規定も数多く含まれている。また、本条例の委任規則である本条例施行規則3条は、「暴走、騒音、暴走族名等暴走族であることを強調するような文言等を刺しゅう、印刷等をされた服装等」の着用者の存在（1号）、「暴走族名等暴走族であることを強調するような文言等を刺しゅう、印刷等をされた旗等」の存在（4号）、「暴走族であることを強調するような大声の掛合い等」（5号）を本条例17条の中止命令等を発する際の判断基準として挙げている。このような本条例の全体から読み取ることができる趣旨、さらには本条例施行規則の規定等を総合すれば、本条例が規制の対象としている「暴走族」は、本条例2条7号の定義にもかかわらず、暴走行為を目的として結成された集団である本来的な意味における暴走族の外には、服装、旗、言動などにおいてこのような暴走族に類似し社会通念上これと同視することができる集団に限られるものと解され」るとして、条例を限定的に解釈することによって条例の合憲性を認めました。

・学習のポイント

判決では、暴走族の定義を限定的に解釈し、その範囲で明確性に欠けないと判断をしています。ただし、藤田宙靖裁判官は反対意見において、次のような厳しい意見を述べています。「多数意見もまた「本条例がその文言どおりに適用されることになると、規制の対象が広範囲に及び、憲法21条1項及び31条との関係で問題があることは所論のとおりである」と指摘せざるを得なかったような本条例の粗雑な規定の仕方が、単純に立法技術が稚拙であることに由来するものであるとの認識に立った場合に、初めて首肯されるものであって、法文の規定そのものから多数意見のような解釈を導くことには、少なくとも相当の無理があるものと言わなければならない。」

地方公共団体の条例立案に際しては、藤田裁判官の反対意見を常に念頭において、規定の明確化を図る必要があります。

2 紀伊長島町水道水源保護条例事件（最判平成16年12月24日・民集58巻9号2536頁）

・事案の概要

ある事業者が産業廃棄物中間処理施設の設置を計画したところ、この計画を知った紀伊長島町が新たに条例を制定し、この施設を新たな条例の規制対象事業場と認定する旨の処分をしたため、事業者が紀伊長島町に対してこの認定の取消しを求めた事案です。

・判決のポイント

紀伊長島町（被上告人）は、事業者（上告人）が「本件条例制定の前に既に産業廃棄物処理施設設置許可の申請に係る手続を進めていたことを了知しており、また、同手続を通じて本件施設の設置の必要性と水源の保護の必要性とを調和させるために町としてどのような措置を執るべきかを検討する機会を与えられていたということができる。そうすると、被上告人としては、上告人に対して本件処分をするに当たっては、本件条例の定める上記手続において、上記のような上告人の立場を踏まえて、上告人と十分な協議を尽くし、上告人に対して地下水使用量の限定を促すなどして予定取水量を水源保護の目的にかなう適正なものに改めるよう適切な指導をし、上告人の地位を不当に害することのないよう配慮すべき義務があったものというべきであって、本件処分がそのような義務に違反してされたものである場合には、本件処分は違法となる」と判断しました。

・学習のポイント

この事件ではもともとはこの条例が廃棄物の処理及び清掃に関する法律（廃掃法）に反しないかということが争われたもので、控訴審判決では、廃掃法と本件条例の目的が異なるとして条例の適法性を認めています。最高裁はこの条例と法律との関係については判断を示しておらず、条例制定に関して条例の適用がある者の地位を不当に害することのないような配慮をすべき義務があるとして手続の適正性を求めています。

近年、特に行政手続における手続の適正性も求められるようになっており、条例立案に当たってもこの点を重視する必要があります。

３ ヘイトスピーチ条例に関する公金支出無効確認等請求事件（最判令和４年２月15日民集76巻２号190頁）

・事案の概要

大阪市ヘイトスピーチへの対処に関する条例は、一定の表現活動をヘイトスピーチと定義した上で、これに該当する表現活動のうち大阪市の区域内で行われたもの等について、市長が当該表現活動に係る表現の内容の拡散を防止するために必要な措置等をとるものとするほか、市長の諮問に応じて表現活動が上記の定義に該当するか否か等について調査審議等をする機関として大阪市ヘイトスピーチ審査会を置くこと等を規定している。

大阪市の住民が、この条例の規定が憲法21条１項等に違反し、無効であるため、同条例に基づく審査会の委員の報酬等に係る支出命令は法令上の根拠を欠き違法であるなどとして、大阪市長を相手に、地方自治法242条の２第１項４号に基づき、当時市長の職にあった者に対して損害賠償請求をすることを求めた住民訴訟です。

・判決のポイント

ここでは、本件条例が憲法に抵触するかという点に関する部分のみ紹介することにします。

「憲法21条１項により保障される表現の自由は、立憲民主政の政治過程にとって不可欠の基本的人権であって、民主主義社会を基礎付ける重要な権利であるものの、無制限に保障されるものではなく、公共の福祉による合理的で必要やむを得ない限度の制限を受けることがあるというべきである。そして、本件において、本件各規定による表現の自由に対する制限が上記限度のものとして是認されるかどうかは、本件各規定の目的のために制限が必要とされる程度と、制限される自由の内容及び性質、これに加えられる具体的な制限の態様及び程度等を較量して決めるのが相当である（最高裁昭和52年（オ）第927号同58年６月22日大法廷判決・民集37巻５号793頁等参照）。

本件各規定は、拡散防止措置等を通じて、表現の自由を一定の範囲で制約するものといえるところ、その目的は、その文理等に照らし、条例ヘイトスピーチの抑止を図ることにあると解される。そして、条例ヘイトスピーチに該当する表現活動のうち、特定の個人を対象とする表現活動のように民事上又は刑事上の責任が発生し得るものについて、これを抑止する必要性が高いことはもとより、民族全体等の不特定かつ多数の人々を対象とする表現活動のように、直ちに上記責任が発生するとはいえないものについても、前記１（2）で説示したところに照らせば、人種又は民族に係る特定の属性を理由として特定人等を社会から排除すること等の不当な目的をもって公然と行われるものであって、その内容又は態様において、殊更に当該人種若しくは民族に属する者に対する差別の意識、憎悪等を誘発し若しくは助長するようなものであるか、又はその者の生命、身体等に危害を加えるといった犯罪行為を扇動するようなものであるといえるから、これを抑止する必要性が高いことに変わりはないというべきである。加えて、市内においては、実際に上記のような過激で悪質性の高い差別的言動を伴う街宣活動等が頻繁に行われていたことがうかがわれること等をも勘案すると、本件各規定の目的は合理的であり正当なものということができる。

また、本件各規定により制限される表現活動の内容及び性質は、上記のような過激で悪質性の高い差別的言動を伴うものに限られる上、その制限の態様及び程度においても、事後的に市長による拡散防止措置等の対象となるにとどまる。そして、拡散防止措置については、市長は、看板、掲示物等の撤去要請や、インターネット上の表現についての削除要請等を行うことができると解されるものの、当該要請等に応じないものに対する制裁はなく、認識等公表についても、表現活動をしたものの氏名又は名称を特定するための法的強制力を伴う手段は存在しない。

そうすると、本件各規定による表現の自由の制限は、合理的で必要やむを得ない限度にとどまるものというべきである。そして、以上説示したところによれば、本件各規定のうち、条例ヘイトスピーチの定義を規定した本件条例２条１項及び市長が拡散防止措置等をとるための要件を規定した本件条例５条１項は、通常の判断能力を有する一般人の理解において、具体的場合に当該表現活動がその適用を受けるものかどうかの判断を可能とするような基準が読み取れるものであって、不明確なものということはできないし、過度に広汎な規制であるということもできない。」として、「本件各規定は憲法21条１項に違反するものということはできない」と判示しました。

・学習のポイント

地方公共団体が政策的な条例を制定するに当たっては、特に憲法で保障する人権の不当な制限にならないかという点に留意する必要があります。この条例では、いわゆるヘイトスピーチについて一定の制約を課す内容となっておりますが、最高裁は、条例の規定の目的は合理的であり正当なものであり、条例の規定による表現の自由の制限は、合理的で必要やむを得ない限度にとどまるとしている点が、今後の条例制定に関して参考になるものと思います。

第7章

公の施設

公の施設とは、住民の福祉を増進する目的で住民の利用に供するための施設で、地方公共団体が提供する住民サービスの中心的な役割を果たしています。そのため、正当な理由がない限り住民が公の施設を利用することを拒んではならない、あるいは不当な差別的取扱いをしてはならないなど、住民の利用権が手厚く守られています。

平成15年に指定管理者制度が導入され、民間団体による管理が行われるようになっており、適正な管理を求めるために、地方公共団体の職員としてもこれまで以上の知識が必要になっています。

第1節

公の施設の設置及び管理

この節では、公の施設の設置及び管理について学びます。公の施設とは、住民の福祉を増進する目的をもって、その利用に供するための施設です。地方公共団体が住民に提供するサービスの中でも特に重要なものです。公の施設の利用については、住民の表現の自由などの人権と深くかかわりがあることから、単に施設管理という視点のみでなく、人権という観点も意識して学ぶ必要があります。また、指定管理者制度についても、指定管理者の責任等を十分に理解しておく必要があります。

1 公の施設とは

公の施設とは、「住民の福祉を増進する目的をもつてその利用に供するための施設」です（法244条1項）。つまり、地方公共団体が設置する施設のうち広く住民の利用に供するものであり、庁舎や試験研究機関など住民の利用に供することを目的としていない施設や、収益事業のために設置する競輪場、社会公共秩序維持のために設けられる留置場などは、公の施設に当たらないと解されています。

公の施設は「広く住民の利用に供する」という性格上、各施設の設置目的の範囲内で住民が公平に利用することが確保されていなければなりません。このため、地方自治法では、普通地方公共団体は「正当な理由がない限り、住民が公の施設を利用することを拒んではならない。」（法244条2項）、あるいは「普通地方公共団体は、住民が公の施設を利用することについて、不当な差別的取扱いをしてはならない。」（法244条3項）と規定し、公平な利用の確保を求めています。また、公の施設の設置及び管理については、法律又はこれに基づく特別の定めがあるものを除いて、条例で定めなければならないとしています（法244条の2第1項）。これは、住民の代表である議会で定める条例で規定することにより、公平な利用を確保しようとしているのです。

公の施設という概念は、地方自治法の制定時には規定されておらず、昭和

38年の地方自治法の改正により制度化されたものです。改正以前には、財務に関する第９章に「財産」とともに「営造物」として規定されていました。この「営造物」という言葉は、「行政主体により公の目的に共用される人的手段及び物的施設の総合体」に基づくものです。改正前は「財産」に位置づけられていたように「財産管理的側面」に重点が置かれていましたが、改正によって「住民へのサービス」と「住民の利用権」とが重視されるようになりました。そのために、先にも述べたように「公の施設」については、地方自治法において公平な利用関係を規定するとともに、その設置・管理について条例で定めなければならないとして、議会による民主的コントロールが求められています。

2 公の施設の利用関係

公の施設の利用については、基本的に次の三つに分類することができます。

① 自由利用

道路、公園、図書館、博物館のように許可などを受けることなく自由に利用することができる。自由利用は必ずしも無料であるわけではなく、博物館や美術館のように入場料を徴収する場合もある。

② 許可利用

体育館、公民館等のように、利用に当たっては、許可を受けなければならないとされている施設がある。

③ 契約利用

水道、公立病院等は、給水契約や診療契約に基づいて利用する。

さらに、これらが複合した利用もあります。例えば、公営住宅は入居については許可になりますが、その後の利用関係は通常に借家契約によるものになるとされています。つまり、入居者の資格や選考方法が公営住宅法に定められており、また、特定の者が公営住宅に入居するためには使用許可を受けなければならない旨が定められているため、入居に当たっては使用許可になります。そして、入居者が使用許可を受けて、公営住宅の設置者と入居者との間で公営住宅の使用関係ができると、法律及び条例による規制はあっても、その法律関係は、基本的には私人間の家屋賃貸借関係と異なるところはないとされています（最判昭和59年12月13日・民集38巻12号1411頁）。

また、公の施設を目的外使用許可を受けて使用する場合があります。例えば、公立病院や体育館、図書館などで喫茶店を営業する場合、目的外使用許可によることになります。

3 特に重要な施設の廃止及び独占的利用

公の施設は、広く住民の利用に供すべき施設であることから、条例で定める特に重要な施設を廃止しようとする場合には、議会において出席議員の３分の２以上の者の同意を得なければなりません（法244条の２第２項）。

また、条例で定める特に重要な施設を長期かつ独占的な利用をさせようとするときも、議会において出席議員の３分の２以上の者の同意を得る必要があります（法244条の２第２項）。なお、「長期」とは、住民一般の利用に供するという公の施設の設置目的を達成することができない期間と解されます。

4 公の施設の区域外設置

公の施設は、設置主体である地方公共団体の区域内に設置するのが一般的です。しかし、施設の性質などから地方公共団体の区域外に設置する場合もあります。例えば、都市部の地方公共団体が青少年野外活動センターを山間部に設置したり、鉄道施設等が区域外に設置されるなどです。

このように、地方公共団体の区域外に公の施設を設置する場合には、関係地方公共団体との協議が必要です（法244条の３第１項）。この協議については、関係地方公共団体の議会の議決を経なければなりません（法244条の３第３項）。

5 公の施設の区域外利用

地方公共団体が設置した公の施設については、その地方公共団体の住民には利用する権利が認められます（法10条２項）が、自らが属さない地方公共団体が設置した公の施設については利用する権利を当然に有するわけではありません。

しかし、日常生活圏が拡大するにつれて、近隣地方公共団体の住民からの需要や施設の有効利用という観点から、他の地方公共団体の住民の利用に供する必要がある場合もあります。そのため、他の地方公共団体との協議により、他の地方公共団体の公の施設を自己の住民の利用に供させることができるとされています（法244条の３第２項）。この協議については、関係地方公共団体の議会の議決を経なければなりません（法244条の３第３項）。

6 公の施設を利用する権利に関する処分についての審査請求

地方公共団体の長以外の機関（教育委員会等）が行った公の施設を利用する権利に関する処分についての審査請求は、地方公共団体の長が処分庁の最上級行政庁でない場合でも、地方公共団体の長に対してすることとされています（法244条の４第１項）。また、公の施設を利用する権利に関する処分についての審査請求があったときは、地方公共団体の長は議会に諮問して決定しなければなりません（法244条の４第２項）。この諮問があった場合、議会は諮問があった日から20日以内に意見を述べなければなりません（法244条の４第３項）。

なお、平成29年の地方自治法の改正により、審査請求を不適法であるとして却下する場合には議会への諮問を行う必要なく、却下した旨を議会に報告することとされました（法244条の４第４項、平成30年４月１日施行）。

7 過料及び使用料に関する不服申立て

使用料の徴収に関しては、５万円以下の過料を科する規定を条例で設けることができます（法228条２項）。さらに、詐欺その他不正の行為により、使用料の徴収を免れた者については、その徴収を免れた金額の５倍に相当する金額（当該５倍に相当する金額が５万円を超えないときは、５万円）以下の過料を科する条例で規定を設けることができます（法228条３項）。

また、地方公共団体が徴収する使用料については、公の施設を利用する権利に関する処分についての審査請求と同様の特則が規定されています（法229条１項～３項）。さらに、使用料の徴収に関する処分について訴訟を提起する場合には、審査請求に対する裁決を受けた後でなければ、裁判所に出訴することができません（法229条４項）。

Point

1　公の施設とは

公の施設とは、住民の福祉を増進する目的をもって、その利用に供するための施設である。したがって、その性格上、各施設の設置目的の範囲内で住民が公平に利用することが確保されていなければならない。

2　公の施設の利用関係

公の施設の利用については、①自由利用、②許可利用、③契約利用がある。なお、これらが複合した使用もある。

3　特に重要な施設の廃止及び独占的利用

条例で定める特に重要な施設を廃止しようとする場合、又は条例で定める特に重要な施設を長期かつ独占的な利用をさせようとする場合には、議会で出席議員の３分の２以上の者の同意を得なければならない。

4　公の施設の区域外設置

地方公共団体の区域外に設置する場合には、関係地方公共団体との協議を経て設置する。この協議は、議会の議決を経なければならない。

5　公の施設の区域外利用

他の地方公共団体との協議により、他の地方公共団体の公の施設を自己の住民の利用に供させることができる。この協議は議会の議決を経なければならない。

6　公の施設を利用する権利に関する処分についての審査請求

地方公共団体の長以外の機関がした公の施設を利用する権利に関する処分についての審査請求は、地方公共団体の長に対してする。また、公の施設を利用する権利に関する処分についての審査請求があったときは、地方公共団体の長は議会に諮問して決定しなければならない。

第2節

指定管理者制度

1 指定管理者制度の趣旨

公の施設の設置の目的を効果的に達成するため必要があると認めるときは、条例の定めるところにより、法人その他の団体であって地方公共団体が指定するものに、当該公の施設の管理を行わせることができます（法244条の2第3項）。この地方公共団体が指定するものを「指定管理者」といいます。

指定管理者制度は、公共団体、公共的団体及び地方公共団体の出資法人だけでなく、民間営利企業も含む地方公共団体が指定する者が管理を代行することができる制度です。受任者の公共性に着目していた従来の管理委託制度と異なり、適正な管理を確保する仕組みを整えた上で、受任者の資格制限を撤廃し、その施設サービスを提供することについて最も適当な事業者を選定する、住民サービスの向上に資するものといえます。

2 指定管理者制度の背景

公の施設の管理については、昭和38年に公の施設が制度化された時点において、公共団体あるいは公共的団体に施設の管理を委託することができるとする制度が設けられました。しかし、管理者の権限については地方公共団体の管理権限の下で管理受託者が具体的な管理の事務又は業務の執行を執行するものであり、使用許可権限等は委託できないと、限定されたものでした。

その後、わが国では「官から民へ」「国から地方へ」との方針の下、地域再生の本格的な枠組みを構築し、地方の権限と責任を大幅に拡大するなどの政策が強力に推進されてきました。また、一方ではサービスの提供側についても、公的主体以外の民間主体でも十分なサービス提供能力が認められるものが増加しています。さらに、多様化する住民ニーズにより効果的、効率的に対応するためには民間の事業者の有するノウハウを広く活用することが有効であると考えられるようになってきています。こうした流れを受けて、指定管理者制度を導入する地方自治法の改正が平成15年９月に行われました。

指定管理者制度の最も大きな特徴として、従来は地方公共団体が有していた公の施設の使用許可権を指定管理者が有することになった点が挙げられます。

3 指定管理者制度の導入手続

指定管理者制度を導入しようとする場合には、指定管理者の指定の手続、指定管理者が行う管理の基準及び業務の範囲その他必要な事項を条例で定めなければなりません（法244条の２第４項）。

なお、この指定管理者の指定の手続として、申請の方法や選考基準等を規定すべきとされています。また、管理の基準としては、住民が当該公の施設を利用するに当たっての基本的な条件（休館日、開館時間、使用制限の要件等）のほか、管理を通じて取得した個人に関する情報の取扱いなど当該公の施設の適正な管理の観点から必要不可欠である業務運営の基本的事項を定めるべきとされています（前掲松本『逐条地方自治法 第９次改訂版』1108頁）。

以上を踏まえ、指定管理者制度を導入する際の条例の改正条項としては、次頁の表のようなものが考えられます。

4 指定管理者の指定

指定管理者の指定は、「行政処分」であり、「契約」には該当しません。指定管理者が地方公共団体の代わりに公の施設の管理（管理の代行）を行うものであるため、「請負」にも該当しません。そのため、地方自治法234条の契約に関する規定の適用はなく、一般競争入札などの手続による必要はありません。ただし、公平性などの観点から、公募によるのが一般的です。公募による指定では、施設の設置目的又は制度目的の達成に支障が生じる場合は、公募を行わず指定管理者の指定を行う場合もあります。

また、地方自治法の議員や長の兼職禁止規定も適用されないため、議員や長などが経営する会社などについて指定管理者の対象としない旨を条例で規定しておくべきだと考えられます。

指定管理者の指定は、期間を定めて行うこととされています（法244条の２第５項）。この期間の長さについて法的な規制はありませんが、指定管理

●指定管理者制度導入に当たっての条例改正（例）

導入前	導入後
第１条　設置	第１条　設置
第２条　業務	第２条　業務
	第３条　開館時間等
第３条　使用の承認	第４条　使用の承認
第４条　使用料等	第５条　使用料等
第５条　施設等の変更の禁止	第６条　施設等の変更の禁止
第６条　使用の承認の取消し等	第７条　使用の承認の取消し等
第７条　原状回復の義務	第８条　原状回復の義務
第８条　管理の委託	第９条　指定管理者による管理
	第10条　指定管理者の指定の手続
	第11条　指定管理者の指定の告示等
	第12条　指定管理者の管理の基準等
第９条　委任	第13条　委任

者が従業員を雇用する、あるいは備品などの準備をする場合があることを考えると、ある程度長期になることも想定されます。ただし、いたずらに長期間の指定を行うことは、地方公共団体によるチェックが及びにくくなることがありますので、施設の性格などを考慮して合理的な期間を定める必要があります。

指定管理者の指定をしようとするときは、あらかじめ、当該地方公共団体の議会の議決を経なければなりません（法244条の２第６項）。これは、公の施設の使用許可を地方公共団体に代わって行う権限を指定管理者に付与することになるため、議会の議決という慎重な手続を求めているのです。

さらに、指定管理者に対して複数年度にわたって委託料などを支出する場合に、指定管理者の公募の段階で債務負担行為の設定が必要かということが問題となります。債務負担行為の設定は、公募の段階では不要で、指定の段階で必要とされてます（成田頼明『指定管理者制度のすべて 制度詳解と実務の手引 改訂版』（第一法規、平成21年）103～104頁）。

5 協定の締結

指定管理者が行う管理の基準及び業務の範囲等の必要な事項は条例で規定

することとされていますが、そのほかに詳細な事項についての取り決めを行うために、指定管理者と地方公共団体との間で協定を締結することになります。協定に規定する事項としては次のようなものが考えられますが、その内容により、契約の部分（費用等）と、指定の附款の部分（指定の取消し等）とがあると考えられます。

①　管理施設の管理に関する事項
②　事業報告書に関する事項
③　地方公共団体が支払うべき管理の業務に係る費用に関する事項
④　指定の取消し及び管理の業務の停止に関する事項
⑤　管理の業務を行うに当たって保有する個人情報の保護に関する事項
⑥　その他必要な事項

6　指定管理者に対する地方公共団体の関与

指定管理者は、毎年度終了後、公の施設の管理の業務に関し事業報告書を作成し、当該公の施設を設置する地方公共団体に提出しなければなりません（法244条の２第７項）。また、地方自治法244条の２第10項では「普通地方公共団体の長又は委員会は、（略）指定管理者に対して、当該管理の業務又は経理の状況に関し報告を求め、実地について調査し、又は必要な指示をすることができる。」とされており、事業報告書から問題点を把握した場合等には、地方公共団体の長あるいは委員会は指定管理者に対して必要な指示等を行うことになります。

なお、指定管理者制度を導入した場合の公の施設の利用権に関する処分の審査請求については、地方自治法244条の４第１項により指定管理者が行った処分であっても地方公共団体の長に対してすることとされています。

7　指定管理者に対する指定の取消し

指定管理者が公の施設の管理を適切に行わない場合には、地方公共団体は地方自治法244条の２第10項の規定に基づき必要な指示を行うことになります。さらに、指定管理者が指示に従わない場合や指定管理者による管理を継続することが適当でないと認めるときは、その指定を取り消し、又は期間を定めて管理の業務の全部又は一部の停止を命ずることができます（法244条の２第11項）。指定の取消等を行おうとする場合、地方公共団体は行政手続法に基づき、聴聞、弁明の機会の付与など適正な手続を行う必要があります。

なお、指定を取り消した場合には、設置者である地方公共団体がその公の施設を直接に管理、運営を行うことになります。そのため、公の施設の管理運営に関する条例に、地方公共団体が直接に管理運営する場合には、「指定管理者」を「地方公共団体の長」や「地方自治体の委員会」と読み替える規定を設けている地方公共団体もあります。

8 利用料金制

公の施設の使用料等は原則として地方公共団体の収入とされていますが、利用料金として指定管理者が収入した上で施設を管理していくための管理経費に充てることもできます。この場合、指定管理者は、地方公共団体からの委託料と利用料金等の収入をもって、施設を管理することになります。

従来は、地方公共団体から定額の委託料を受けるだけでしたが、利用料金制を採用することにより、指定管理者の経営努力により利用料金が増えることになるため、インセンティブが高まり、サービスの質や量が向上すると利用の増加につながります。

利用料金は、条例の定めるところにより、指定管理者が定めることになります。ただし、指定管理者が利用料金を定めようとする際には、あらかじめその利用料金について地方公共団体の承認を受けなければなりません（法244条の２第９項）。

利用料金と使用料との相違点は、次のとおりです。

使用料は、地方公共団体の歳入となるべき公法上の債権に基づくものです。これに対し利用料金は、指定管理者の収入として収受させるもので、私法上の債権とされていることから、仮に強制的に徴収する場合には、通常の私債権に係る民事上の手続によることとなります。

一方、利用料金は、地方公共団体の歳入ではなく、指定管理者の収入となるため、使用料について定めた地方自治法228条や229条等の規定は適用されません。このため、利用料金の徴収を免れた場合に過料を科すこと、あるいは利用料金に対する不服申立てを行うことはできません。

Point

1　指定管理者制度

指定管理者制度は、出資法人以外の民間営利企業も含む地方公共団体が指定する者（指定管理者）が管理を代行する制度

2　指定管理者の導入手続

指定管理者制度を導入する場合には、指定の手続、指定管理者が行う管理の基準及び業務の範囲その他必要な事項を条例で定めなければならない。

3　指定管理者の指定

指定管理者の指定は、「契約」ではなく「行政処分」であるため、地方自治法の契約に関する規定の適用はない。

4　協定の締結

指定管理者が行う管理の基準及び業務の範囲等は条例で規定し、他の事項は指定管理者と地方公共団体との間の協定で定める。

5　指定管理者に対する地方公共団体の関与

指定管理者は、毎年度終了後、事業報告書を作成し、当該地方公共団体に提出しなければならない。また、地方公共団体の長又は委員会は、指定管理者に対して、当該管理の業務又は経理の状況に関し報告を求め、実地について調査し、又は必要な指示をすることができる。

6　指定管理者に対する指定の取消し

指定管理者が公の施設の管理を適切に行わない場合には、地方公共団体は必要な指示を行う。さらに、指定管理者が指示に従わない場合等には、指定を取り消し、又は期間を定めて管理の業務の停止を命ずることができる。

7　利用料金制

利用料金を指定管理者が収入した上で施設の管理経費に充てることができる。利用料金は、地方公共団体の承認を得て指定管理者が定める。

第3節

判例から学ぶ

1 上尾市福祉会館使用不許可事件上告審判決（最判平成８年３月15日・民集50巻３号549頁）

・事案の概要

合同葬の会場に使用する目的で行われた福祉会館の使用許可申請に対して上尾市は不許可処分としました。許可申請を行った住民が、これによって集会の自由を奪われたなどの損害を被ったとして、国家賠償法１条１項に基づき、損害賠償請求を行った事案です。

・判決のポイント

「同法244条に定める普通地方公共団体の公の施設として、本件会館のような集会の用に供する施設が設けられている場合、住民等は、その施設の設置目的に反しない限りその利用を原則的に認められることになるので、管理者が正当な理由もないのにその利用を拒否するときは、憲法の保障する集会の自由の不当な制限につながるおそれがある。したがって、集会の用に供される公の施設の管理者は、当該公の施設の種類に応じ、また、その規模、構造、設備等を勘案し、公の施設としての使命を十分達成せしめるよう適正にその管理権を行使すべきである。以上のような観点からすると、本件条例６条１項１号は、「会館の管理上支障があると認められるとき」を本件会館の使用を許可しない事由として規定しているが、右規定は、会館の管理上支障が生ずるとの事態が、許可権者の主観により予測されるだけでなく、客観的な事実に照らして具体的に明らかに予測される場合に初めて、本件会館の使用を許可しないことができることを定めたものと解すべきである。」とした上で、「本件事実関係の下においては、本件不許可処分時において、本件合同葬のための本件会館の使用によって、本件条例６条１項１号に定める「会館の管理上支障がある」との事態が生ずることが、客観的な事実に照らして具体的に明らかに予測されたものということはできないから、本件不許可処分は、本件条例の解釈適用を誤った違法なものというべきである。」とし、上尾市に対する賠償請求を認容しました。

・学習のポイント

公の施設は、住民の利用に供する施設であるため、特別の理由がない限り、使用を認めなければなりません。多くの施設では設置条例において、「管理上支障があると認められるとき」には使用を認めない旨の規定を設けていますが、公の施設の性格上、このような規定は厳格に適用するべきです。この判決では、「客観的な事実に照らして具体的に明らかに予測される場合に初めて」使用を認めないことが許されるとしています。各地方公共団体が公の施設を管理する上で、参考にすべき基準といえます。

2 泉佐野市民会館使用不許可事件上告審判決（最判平成７年３月７日・民集49巻３号687頁）

・事案の概要

泉佐野市民会館で関西新空港反対決起集会の開催を企画し、市長に対し使用許可申請をしましたが、不許可処分を受けたため、住民らがこの処分を違法として国家賠償法１条１項に基づき損害賠償請求を行った事案です。

・判決のポイント

市立泉佐野市民会館「条例７条１号は、「公の秩序をみだすおそれがある場合」を本件会館の使用を許可してはならない事由として規定しているが、同号は、広義の表現を採っているとはいえ、右のような趣旨からして、本件会館における集会の自由を保障することの重要性よりも、本件会館で集会が開かれることによって、人の生命、身体又は財産が侵害され、公共の安全が損なわれる危険を回避し、防止することの必要性が優越する場合をいうものと限定して解すべきであり、その危険性の程度としては、前記各大法廷判決の趣旨によれば、単に危険な事態を生ずる蓋然性があるというだけでは足りず、明らかな差し迫った危険の発生が具体的に予見されることが必要であると解するのが相当である。そう解する限り、このような規制は、他の基本的人権に対する侵害を回避し、防止するために必要かつ合理的なものとして、憲法21条に違反するものではなく、また、地方自治法244条に違反するものでもないというべきである。そして、右事由の存在を肯認することができるのは、そのような事態の発生が許可権者の主観により予測されるだけではなく、客観的な事実に照らして具体的に明らかに予測される場合でなければならないことはいうまでもない。」とした上で「客観的事実からみて、本件集会が本件会館で開かれたならば、本件会館内又はその付近の路上等においてグループ間で暴力の行使を伴う衝突が起こるなどの事態が生じ、その結果、グループの構成員だけでなく、本件会館の職員、通行人、付近住民等の生命、身体又は財産が侵害されるという事態を生ずることが、具体的に明らかに予見されることを理由とするものと認められる。」として「本件不許可処分が憲法21条、地方自治法244条に」違反しないと判断しました。

・学習のポイント

公の施設の使用許可に関しては上尾市福祉会館事件判決と同様の基準が示されたものの、結論としては同判決と異なり、不許可処分が適法であるとされています。両判決が相違した状況を理解することが重要です。

3 高根町給水条例無効確認等事件上告審判決（最判平成18年７月14日・民集60巻６号2369頁）

・事案の概要

旧高根町（現在の北杜市）内に別荘を所有する人たちが旧高根町の簡易水道事業給水条例の別表１は別荘給水契約者を不当に差別するものであると主張して、本件別表が無効であることの確認を求めるとともに、未払水道料金につき債務不存在確認を求めるなどした事案です。

・判決のポイント

「普通地方公共団体が経営する簡易水道事業の施設は地方自治法244条１項所定の公の施設に該当するところ、同条３項は、普通地方公共団体は住民が公の施設を利用することについて不当な差別的取扱いをしてはならない旨規定している。ところで、普通地方公共団体が設置する公の施設を利用する者の中には、当該普通地方公共団体の住民ではないが、その区域内に事務所、事業所、家屋敷、寮等を有し、その普通地方公共団体に対し地方税を納付する義務を負う者など住民に準ずる地位にある者が存在することは当然に想定されるところである。そして、同項が憲法14条１項が保障する法の下の平等の原則を公の施設の利用関係につき具体的に規定したものであることを考えれば、上記のような住民に準ずる地位にある者による公の施設の利用関係に地方自治法244条３項の規律が及ばないと解するのは相当でなく、これらの者が公の施設を利用することについて、当該公の施設の性質やこれらの者と当該普通地方公共団体との結び付きの程度等に照らし合理的な理由なく差別的取扱いをすることは、同項に違反するものというべきである。」「本件改正条例における水道料金の設定方法は、本件別表における別荘給水契約者と別荘以外の給水契約者との間の基本料金の大きな格差を正当化するに足りる合理性を有するものではない。また、同町において簡易水道事業のため一般会計から毎年多額の繰入れをしていたことなど論旨が指摘する諸事情は、上記の基本料金の大きな格差を正当化するに足りるものではない。」とした上で、「本件改正条例による別荘給水契約者の基本料金の改定は、地方自治法244条３項にいう不当な差別的取扱いに当たる」としました。

・学習のポイント

公の施設の利用については不当な差別的取扱いが許されませんが、本判決はこの点に反するとされたものです。平等利用のための考え方の参考になると思われます。

4　図書館利用禁止処分取消請求等控訴事件（名古屋高判令和４年１月27日判例自治492号65頁）

・事案の概要

土岐市図書館の利用者である住民が、図書館の利用及び入館禁止処分を受けたことにつき、同処分の取消しを求めるとともに、同処分等により精神的苦痛を被ったとして、国家賠償法１条１項等に基づく損害賠償（慰謝料40万円）を求めた事案です。

・判決のポイント

「本件図書館は、図書館法に基づいて設置された公立図書館であるところ（本件条例１条、２条）、図書館が、図書その他の資料を一般公衆の利用に供し、その教養、調査研究、レクリエーション等に資することを目的とする施設であり（図書館法２条１項、２項）、公立図書館においては入館や図書館資料の利用に対する対価の徴収が禁じられていること（図書館法17条）などに照らせば、個々の住民の公立図書館利用権が重要な権利であることは明らかであって、これをみだりに制限することは許されないというべきである。ただ、一部の利用者が公立図書館の管理運営に重大な支障をもたらす態様で公立図書館を利用するような場合には、図書館の上記目的を実現するためにも、必要かつ合理的な範囲内で当該利用者の図書館利用を制限する必要が生じ得ることは明らかであり、図書館法等がそのような制限を一切想定していないとは考え難い。」これを踏まえれば、「本件規則６条は、〔１〕対象者が「この規則若しくは館長の指示に従わない者」であって、〔２〕その者に引き続き本件図書館の施設等の利用を許したのでは本件図書館の管理運営に重大な支障を生ずるおそれが大きい場合に限り、〔３〕当該支障発生の防止のために必要かつ合理的な範囲内で、その「利用を禁止」し得ることを定めたものと解するのが相当であり、そのように解する限りにおいて、図書館法、地方自治法その他の関係法令に反するものではなく、本件条例６条の委任の範囲を逸脱するものでもないというべきである。」として、処分は違法とはいえないと判示しました。

・学習のポイント

本件の第一審判決（岐阜地判令和３年７月21日判例自治492号69頁）は、「本件図書館は、公の施設であって、原則として、誰でも無償で利用でき（地方自治法244条２項、図書館法17条）、他方、地方公共団体は、権利を制限するには、法令に特別の定めがある場合を除くほか、条例によることが必要とされていること（地方自治法14条２項）に照らせば、利用者に対し、一時的な利用の制限を超えて、全面的かつ無期限の利用禁止の処分をすることは、およそ本件図書館の管理運営の基本的事項に含まれるということはできない。（略）本件条例及び法令に、図書館の利用者に対し、全面的かつ無期限の利用禁止処分をすることを許容する規定はないから、本件規則６条は、全面的かつ無期限の図書館資料及び施設の利用禁止処分をすることができることを委任された規定と解することはできない。そうすると、被告教育委員会は、本件規則６条に基づいて本件処分をすることはできないというべきである。」と判示しました。高裁判決では、地方自治法14条２項について触れられていませんが、地方公共団体が、住民の権利を制限するには、地方自治法14条２項の規定により、条例によることが必要ということを意識しなければなりません。

第8章

自治財政権

地方分権の進展に伴い、地方公共団体の財政の自立性が高まり、さまざまな形で地方公共団体の財政の適正化が求められています。地方自治法には、地方公共団体の適正な財務処理を確保するためのルールが規定されています。

この章では、地方財政の基本、歳入及び歳出、財産の管理、そして契約手続について学びます。

第1節

地方財政の基本

この節では地方財政の基本を学びます。地方公共団体の適正な財務処理を確保するため、「会計年度独立の原則」等のさまざまな会計の原則が規定されているほか、予算、決算については議会、監査委員による審査等の手続が規定されています。こうした手続を通じて、地方公共団体は財政の健全化を図っているのです。

地方公共団体の適正な財務処理を確保するため、議会・住民による民主的統制を保障するとともに、財務会計事務手続の基本ルールを定めています。

1 会計の原則

地方公共団体の会計には、次のような原則が定められています。

（1）会計年度独立の原則

地方公共団体の会計年度は、4月1日に始まり翌年3月31日に終わることとされています。また、各会計年度における歳出は、その年度の歳入をもって、これに充てなければなりません（会計年度独立の原則、法208条2項）。ただし、すべてについて、会計年度独立の原則を厳格に適用すると、かえって不効率、不経済になる場合もあるため、次の例外を認めています。

① 継続費の逓次繰越し（法212条、施行令145条）
② 繰越明許費（法213条、施行令146条）
③ 事故繰越し（法220条3項、施行令150条3項）
④ 過年度収入・過年度支出（法243条の5、施行令160条・165条の8）
⑤ 歳計剰余金の繰越し（法233条の2）
⑥ 翌年度歳入の繰上充用（法243条の5、施行令166条の2）

（2）総計予算主義

総計予算主義とは、一会計年度における一切の収入及び支出は、すべて歳入歳出予算に編入しなければならない（法210条）とする原則です。地方公共団体の収入と支出をすべて予算に計上することによって、議会の議決をはじめ適正な管理を行おうとするものです。

（３）会計の種類

地方公共団体の会計には、「特別会計」と「一般会計」とがあります（法209条１項）。

❶ 特別会計

特別会計は、地方公営企業等の特定の事業を行う場合に、特定の歳入をもって特定の歳出に充てて一般会計と区別して経理する必要がある場合に条例で設置できます（法209条２項）。例えば、水道事業や交通事業、病院事業、国民健康保険事業、収益事業などを行う場合がこれに当たります。ただし、公営企業会計や国民健康保険会計等については、法律で特別の会計の設置が義務づけられています（地公企法17条、国民健康保険法10条）。法律の規定に基づく場合には、条例で規定する必要はありません。

特別会計のうち、公営企業会計は、地方公営企業法の適用を受け、企業会計方式で地方公共団体が経営している事業に関する会計です。水道事業や交通事業、病院事業等、特定の歳入を特定の歳出に充てる独立採算制を原則とする企業的色彩の強い事業を行う場合に、法令や条例に基づいて設置するものです（地公企法２条）。一般会計等が現金主義会計方式をとっているのと異なり、公営企業会計は収益や費用の発生の原因である取引きが行われた時点で記録整理する「発生主義会計方式」をとっており、「収益的収支」（事業活動によって生じる料金等の収益と人件費、物件費その他の費用の経理）と、「資本的収支」（施設、設備等の整備に関する収入や支出の経理）とに区分されています。

❷ 一般会計

一般会計は、特別会計に属するもの以外のすべてが属することになります。

公会計制度改革

公会計制度改革とは、現金主義・単式簿記を特徴とする現在の一般会計の制度に対して、発生主義・複式簿記などの企業会計手法を導入しようとする取り組みのことです。

地方公共団体の会計は、予算を適正に、また確実に執行するために、現金主義会計であり、単式簿記です。しかし、この「単式簿記・現金主義」の官庁会計には、①行政サービスにかかるコストを適切に把握することができない、②地方公共団体全体の総合的な財務状況が把握しづらい、③予算審議など内部管理への利用が困難、④住民にとって分かりにくい、という課題があります。そこで、①資産や債務の管理、②費用の管理、③財務情報の分かりやすい開示、④行政評価・予算編成・決算分析との関係づけ、⑤議会における予算や決算審議での利用を目的に地方公共団体の公会計制度の改革が進められてきました。

平成27年１月には従来の現金主義会計を補完するものとして、企業会計と同様の「複式簿記・発生主義会計」に基づく財務書類を作成することが全地方公共団体に要請され、新しい時代に入ってきています。

❸ 普通会計

普通会計とは、一般会計と特別会計のうち公営事業会計（上水道・下水道等の公営企業会計及び国民健康保険事業特別会計等）以外の会計を合わせて一つの会計としてまとめたものです。個々の地方公共団体ごとに各会計の範囲が異なるため、実際の会計区分では財政比較や統一的な把握が困難なため、地方財政統計上統一的に用いられる会計区分です。一般的に地方財政をいう場合、この普通会計を基本としています。

2 予算・決算

（1）予　算

予算とは、一会計年度における歳入歳出の見積りを主な内容とし、その他に、「継続費」「繰越明許費」「債務負担行為」「地方債」「一時借入金」及び「歳出予算の各項の経費の金額の流用」という７つの事項からなります（法215条）。

❶ 歳入歳出予算

歳入予算はその性質に従って「款」に大別し、さらに各款を「項」に区分します。一方、歳出については、目的に従ってこれを款項に区分しなければなりません（法216条）。この歳入歳出予算の款項の区分は、地方自治法施行令147条で「総務省令で定める区分を基準としてこれを定めなければならない」と規定され、具体的には地方自治法施行規則15条及び別記様式で定められています。

❷ 継続費

公共工事等は、一会計年度では事業が終了せず、数年度にわたる場合があります。このような場合には、経費総額と年割額を定め、複数年度にまたがって支出することができます（法212条）。これを「継続費」といいます。

❸ 繰越明許費

歳出予算のうち、その性質上又は予算成立後の事由によって年度内に支出を終わらない見込みのあるものについて、予算の定めにより、翌年度に繰り越して使用できる経費を「繰越明許費」といいます（法213条）。具体的には、年度末が近づいた時期に国の補正予算で事業が決まり年度内に終わらない場合や、公共工事の進捗が遅れた場合などについて、繰越明許費として翌年度に繰り越します。

❹ 債務負担行為

歳出予算の金額、継続費の総額又は繰越明許費の金額の範囲内におけるものを除くほか、地方公共団体が債務を負担する行為をするには、予算で「債務負担行為」として定めておかなければなりません（法214条）。翌年度以後における経費の支出を伴うような公共工事等の契約締結がその例です。このような支出義務を負うようなものについては、当該年度の予算のみならず、将来の負担も併せて議会の審議を行うことが必要であるためです。

❺ 地方債

地方債は、地方公共団体が行う借入金の一つです。269頁以降で詳しく説明します。

❻ 一時借入金

一時借入金とは、歳出予算内の資金の不足を臨時に補うために、その年度内に償還する条件で借り入れる借入金です（法235条の３第３項）。一時借入金の借入限度額については、予算で定めなければなりません（法235条の３第２項）。

❼ 歳出予算の各項の経費の流用に関する定め

予算の流用とは、予算で一定の目的に充てられた経費の支出を抑制し、他の支出科目を増額することを、予算の補正を伴わないで、予算執行上の処理として行うことです。予算の「款」の間と、「項」の間の流用はできませんが、「項」の間については、予算の執行上必要がある場合は、あらかじめ予算に定めることで流用することができます（法220条２項）。

（２）予算の調製

地方公共団体の長は、毎会計年度予算を調製し、年度開始前に、議会の議決を経なければなりません（法211条）。予算の提出権限は、長に専属しています（法112条１項、211条、218条１項・２項）。議会は、修正を行うことはできますが、一定の限界があります（94頁参照）。

なお、当初予算が年度開始前に成立する見込みのない場合等には、いわゆるつなぎとして、一会計年度のうちの一定期間に係る暫定予算を調製することができます（法218条）。

予算の繰越し

予算の繰越しには、「繰越明許費」と「事故繰越し」とがあります。
「繰越明許費」の繰越しは、あらかじめ、年度が終わる前に、繰越しになりそうな事業と金額について議会の議決を受けなければなりません。これに対して、「事故繰越し」は、年度内に支出負担行為をした経費について、災害など避けがたい事故のため年度内に支出を終わらなかった場合に限られます。
繰越明許費、事故繰越しとも、繰り越した後には、前年度から繰り越されてきた事業と金額の一覧表（繰越計算書）をつくって、議会に報告することになります。

（3）決　算

会計管理者は、毎会計年度、決算を調製し、出納の閉鎖後３か月以内に証書類等を添えて地方公共団体の長に提出しなければなりません（法233条１項）。この提出を受けた地方公共団体の長は、決算及び証書類等を監査委員の審査に付さなければなりません（法233条２項）。さらに、地方公共団体の長は、監査委員の審査に付した決算を監査委員の意見を付けて、次の通常予算を議する会議までに議会の認定に付さなければなりません（法233条３項）。

なお、決算は、議会の認定を経て確定することになりますが、認定されなくても決算の効力に影響はなく、長の政治的、道義的責任が問われるにとどまるものと解されていました。しかし、平成29年の地方自治法の改正により、地方公共団体の長は、決算の認定に関する議案が否決された場合、当該議決を踏まえて必要と認める措置を講じたときは、速やかに、当該措置の内容を議会に報告するとともに、これを公表しなければならないこととされました（法233条７項、平成30年４月１日施行）。

Point

1　会計の原則

①　会計年度独立の原則：地方公共団体の会計年度は、４月１日から翌年３月31日までである。各会計年度における歳出は、その年度の歳入をもって、これに充てなければならない。ただし、例外としてⓐ継続費の逓次繰越し、ⓑ繰越明許費、ⓒ事故繰越し、ⓓ過年度収入・過年度支出、ⓔ歳計剰余金の繰越し、ⓕ翌年度歳入の繰上充用等がある。

②　総計予算主義：一会計年度における一切の収入及び支出は、すべてこれを歳入歳出予算に編入しなければならない。

2　会計の種類

①　特別会計：特定の歳入をもって特定の歳出に充てて一般会計と区別して経理する必要がある場合に条例で設置する。

②　一般会計：特別会計に属するもの以外のすべてが属する。

③　普通会計：全会計のうち公営事業会計以外の会計を合わせたもの。

3　予算・決算

①　予算：一会計年度における歳入歳出の見積りを主な内容とし、その他に継続費、繰越明許費、債務負担行為、地方債、一時借入金及び歳出予算の各項の経費の金額の流用という七つの事項からなる。

②　予算の調製：地方公共団体の長は、毎会計年度予算を調製し、年度開始前に、議会の議決を経なければならない。予算の提出権限は長に専属しており、議会は修正をできるが一定の限界がある。

③　決算：会計管理者は、毎会計年度、決算を調製し、出納の閉鎖後３か月以内に証書類等を添えて地方公共団体の長に提出しなければならない。提出を受けた長は、決算及び証書類等を監査委員の審査に付した後、決算を監査委員の意見を付けて議会の認定に付さなければならない。

4　公会計改革

現金主義・単式簿記を特徴とする一般会計制度に対して、発生主義・複式簿記などの企業会計手法を導入しようとする取り組み。

第2節

地方公共団体の歳入

この節では、地方公共団体の歳入について学びます。地方公共団体の歳入とは、一会計年度における一切の収入をいいます。具体的には、地方税、分担金、使用料、加入金、手数料、地方債などがあります。歳入の中心は地方税ですが、地方交付税も地方公共団体の歳入において重要な位置を占めています。さらに地方債についても、単に借金というだけでなく財政負担の年度間調整など重要な役割を果たしています。

1 地方税

(1) 地方税とは

租税のうち、国が課税主体となるものが国税で、地方公共団体が課税主体になるものが地方税です。地方自治法223条では「普通地方公共団体は、法律に定めるところにより、地方税を賦課徴収することができる」と定め、地方公共団体に課税権を認めています。

住民自治の下では、地方税の賦課・徴収は、住民の代表機関である地方議会の制定した条例の根拠に基づいて行われることになります。しかし、税制をすべて地方公共団体に任せると、地方公共団体ごとに制度がまちまちになり住民の税負担が著しく不均衡になる可能性があります。そこで、地方公共団体の課税権に対して国の法律で統一的な準則や枠を設ける必要があります。そのような意味を持つ準則法として、地方税法があります。

自主財政主義の趣旨にかんがみると、地方公共団体の自主性が十分に尊重されるべきであって、地方税のすべてを一義的に地方税法で規定し尽すことは適当でなく、また国の行政機関の指揮・監督権はなるべく排除する必要があります。そこで、道府県民税、市町村民税等については、地方税法で標準税率を定めるものの、地方公共団体は財政上その他の必要がある場合には標準税率によることを要しないとされています。

地方税には、使途が限定されない住民税や事業税などの「普通税」と、使途が限定されているとされる「目的税」とがあります。

昭和15年にそれまで市制町村制、府県制などにばらばらに規定されていた地方税は初めて統一的な地方税法にまとめられました。このときは第二次世界大戦下の総動員体制のもと地方税の国税付加税化が行われました。昭和22年改正で、国税付加税が廃止となり、ついで昭和24年のシャウプ勧告に基づいて現行地方税法が制定されました。このとき道府県と市町村はともに独立税として別個の税目を与えられました（独立税主義）。

昭和29年の改正で、このシャウプ税制が崩され、付加価値税の廃止と、道府県民税、事業税、不動産取得税、たばこ消費税の創設が行われ、主として府県税の拡充が図られています。昭和63年には、消費税の導入に伴い、市町村税のうち、電気税、ガス税、木材引取税が消費税に吸収されて廃止となり、道府県税のうち料飲税が特別地方消費税に、娯楽施設利用税がゴルフ場利用税に縮小、改組されました。

（２）道府県税

道府県税は、まず普通税として次のものがあります（地方税法４条２項）。

①　その道府県に住んでいる住民が必ず納めなければならない「道府県民税」
②　そこで事業を営んでいる法人や個人が納めなければならない「事業税」
③　国内取引や輸入取引など消費税を収めている事業者が納める「地方消費税」
④　土地や家屋を売買したときにかかる「不動産取得税」
⑤　道府県たばこ税
⑥　ゴルフをした人が納める「ゴルフ場利用税」
⑦　自動車取得税
⑧　軽油取引税
⑨　自動車を持っている人にかかる「自動車税」
⑩　鉱物を掘るときにかかる「鉱区税」

また、目的税として次の二つがあります（地方税法４条４項・５項）。

①　狩猟者の登録を受ける者に課される狩猟税

②　水利に関する事業等によって特に利益を受ける土地・家屋に課される水利地益税

（３）市町村税

市町村税には、普通税として６種類があります（地方税法５条２項）。

①　住民税として、その市町村に住んでいる人が納めなければならない「市町村民税」

②　その市町村の区域に土地や家屋を持っている人が納めなければならない「固定資産税」

③　オートバイや小型の自動車を持っている人が支払う「軽自動車税」

④　市町村たばこ税

⑤　鉱物を掘る事業者に対する「鉱産税」

⑥　一定規模以上の土地を新たに取得した場合にかかる「特別土地保有税」

また、目的税としては、次のものがあります。

①　都市計画事業を進める目的として課税される「都市計画税」

②　水利事業で利益を受ける人にかかる「水利地益権」

③　汚物処理施設等を設置する際にかかる「共同施設税」

④　宅地造成などを行う際にかかる「宅地開発税」

⑤　国民健康保険税

ただし、国民保健税は、地方公共団体によっては、保険料として徴収している場合もあります（地方税法５条６項）。その市町村の区域内に鉱泉浴場などの温泉地を抱える場合には、温泉に入浴する人に係る「入湯税」（地方税法５条４項）や、人口30万人以上の都市では、事業者や事業用家屋等に係る「事業所税」もあります（地方税法５条５項）。

なお、道府県税に関する規定は都に、市町村税に関する規定は区に準用されます（地方税法１条2項）。

（４）法定外税

地方公共団体の課税する地方税については、地方税法に詳細に規定されています。この地方税法で定められている住民税、事業税、固定資産税などの

●法定外税　新設の手続

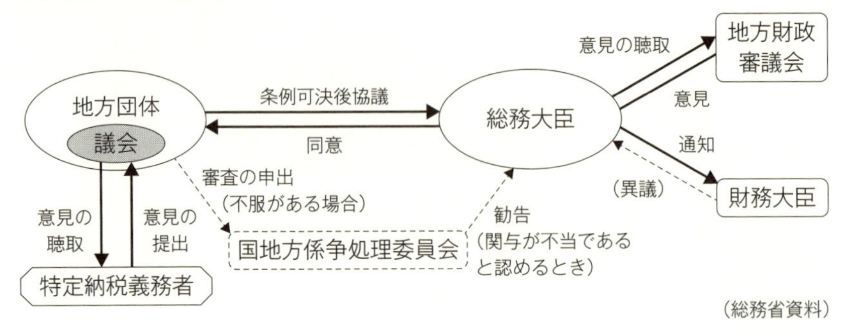

（総務省資料）

各税目以外に、地方公共団体が特定の使用目的や事業の経費とするために、独自に条例で定めて設けることができる税金のことを「法定外税」といいます（地方税法４条３項・６項、５条３項・７項）。

法定外税にも、地方税で規定しているものと同様に「法定外目的税」と「法定外普通税」があります。法定外普通税は、従来から認められていましたが、法定外目的税については、平成12年４月の地方一括分権法施行により地方税法が改正され、創設された制度です。これにより、特定目的のための財源として地方公共団体が独自課税する道が開かれました。なお地方公共団体が、法定外税を新設、変更しようとする場合は、あらかじめ総務大臣に協議し、その同意を得なければなりません（地方税法259条、669条）。

2 地方交付税

（1）地方交付税とは

地方交付税は、地方公共団体間の財源の不均衡を調整し、どの地域に住む国民にも一定の行政サービスを提供できるよう財源を保障するためのものです。国庫支出金のような使途の制限がなく、地方公共団体の判断で使い道を決めることができる財源です。本来、地方の税収入とすべきですが、団体間の財源の不均衡を調整し、すべての地方団体が一定の水準を維持しうるよう財源を保障する見地から、国税として国が代わって徴収し、一定の合理的な基準によって再配分する、いわば「国が地方に代わって徴収する地方税」であると国は見解を示しています（平成17年２月15日衆議院本会議小泉総理大臣答弁)。

地方交付税の総額は、所得税及び法人税の収入額のそれぞれ33.1%、酒税の収入額の50%、消費税の収入額の22.3%及び地方法人税の収入額の全額とされています（地方交付税法６条１項)。

また、地方交付税の種類は、「普通交付税」（交付税総額の94%）及び「特別交付税」（交付税総額の６%）とされています（地方交付税法６条の２)。

（２）普通地方交付税とは

普通地方交付税とは、基準財政需要額が基準財政収入額を上まわった場合、その財源不足額が交付されます。反対に基準財政収入額が基準財政需要額を上まわった場合は、普通交付税は交付されず、不交付団体となります。

各地方公共団体の普通交付税額＝(基準財政需要額－基準財政収入額)＝財源不足額

「基準財政需要額」とは、各地方公共団体の財政上必要となる額を法律の規定に基づいて算定したものです。その額は、行政経費の項目（教育費、土木費、警察費等）ごとに設けられた測定単位（児童数、道路面積、職員数等）の数値に、単位費用と補正係数（寒冷地等の条件差異）を乗じたものです。

単位費用とは、「標準的条件を備えた地方団体が合理的、かつ妥当な水準において地方行政を行う場合又は標準的な施設を維持する場合に要する経費を基準」として算定されています。すべての都道府県又は市町村について、同一の単位費用が用いられています。しかし、実際には各公共地方団体の測定単位当たりの行政経費は、自然的・社会的条件の違いによって大きな差があるので、これらの行政経費の差を反映させるため、その差の生ずる理由ごとに測定単位の数値を補正しています。これが測定単位の数値の「補正」であり、補正に用いる乗率は「補正係数」と呼ばれています。

基準財政需要額＝単位費用×測定単位(人口、面積等)×補正係数(寒冷補正等)

一方、「基準財政収入額」とは、各地方公共団体の財政力を合理的に測定する額です。具体的には、地方公共団体の標準税率に基づく地方税収入の75%に地方譲与税等を加えた額です。

基準財政収入額＝標準税率に基づく地方税収入×75％＋地方譲与税等

（3）特別地方交付税とは

特別地方交付税とは、基準財政需要額や基準財政収入額の算定に反映することのできなかった具体的な事情（台風・地震等の災害による被害等）を考慮して交付されるものです。普通交付税を交付されない不交付団体にも特別交付税は交付されます。

3 分担金

地方公共団体は、住民の一部に対して利益のある事業等について、その実施等のために必要な費用に充てるため、特に利益を受ける者から、その受益の限度において、分担金を徴収できます（法224条）。分担金を徴収する事業の例としては、水道事業、下水道事業、土地改良等の農業土木が挙げられます。この分担金の額等については、条例で定めなければなりません（法228条）。

4 使用料・手数料

使用料とは、施設等の使用に対する対価として徴収するものです。使用料の種類としては、次のものがあります。

① 公の施設の使用（法244条の２、225条）
② 行政財産の目的外使用（法238条の４第７項、225条）
③ 地方公営企業の給付についての料金（地公企法21条）
④ 地方公共団体が管理する国の営造物の使用についての使用料（地方財政法23条）など

手数料とは、特定の人に提供する役務に対して徴収する反対給付です（法227条）。各種証明、許認可、登録等さまざまな事務について手数料を徴収しています。

使用料も手数料も、条例で額等を定めなければなりません（法228条）。また、手数料のうち、全国的に統一して定めることが特に必要と認められる標準事務（例えば、戸籍の謄本や抄本の交付等）については、地方公共団体の手数料の標準に関する政令で定める金額を標準として定めなければなりません（法228条1項）。

5 地方債

（1）地方債制度の概要

地方債とは、特定の歳出に充てるため地方公共団体が行う借入金のうち、その元利の償還を、借り入れた年度以後に行うものです。これに対して、借り入れた同一年度に返済する借入金のことを「一時借入金」といいます。

地方自治法230条1項では「普通地方公共団体は、別に法律で定める場合において、予算の定めるところにより、地方債を起こすことができる。」とし、また同条2項では「地方債の起債の目的、限度額、起債の方法、利率及び償還の方法は、予算でこれを定めなければならない。」と規定しています。さらに、地方財政法5条1項では「地方公共団体の歳出は、地方債以外の歳入をもつて、その財源としなければならない。」として、地方公共団体の財政制度は基本的に地方債によらない（非募債主義）こととしています。ただし、同条2項で①交通事業などの公営企業に要する経費、②出資金、貸付金の財源とする場合、③地方債の借り換え、④災害復旧事業費に充てる場合、⑤公共・公用施設の建設事業の財源については地方債の発行を認めています。

地方公共団体の経常経費の収支不足に当てるための、いわゆる赤字地方債は原則として認められていません。例外として、財政再生団体は財政再生計画の計画期間内で収支不足額を解消するため必要な範囲内で地方債を起こすことができます（財政健全化法12条）。

（2）地方債の機能

地方債の機能として、主に次の4点が挙げられています。

❶ 一般財源の補完

公共施設の建設事業や災害復旧事業などは、単年度に多額の財源が必要となり、地方税や地方交付税等の一般財源のみでその財源を賄うことは困難です。そのような場合に、地方債の発行により必要な資金を調達することが可能になります。地方税等を補完する機能を有しており、一定の機動性と弾力性をもった地方財源の確保方策として重要な役割を担っています。

❷ 財政支出と財政収入の年度間調整

公共施設の建設等のために単年度に多額の支出を行った場合に、地方債の元利償還金の支払いを後年度に平準化することによって、財政負担の年度間の調整を行うことができます。

❸ 住民負担の世代間の公平のための調整

道路や学校その他の公共施設等は長期間にわたって使用されるものです。地方債の元利償還金の支払財源に後年度の税収入等を充てることにより、建設時点の世代のみでなく、将来、公共施設を使い便益を受けることとなる後世代の住民も同様に負担をすることが可能になります。

こうしたことから、地方債の償還年限は、当該地方債を財源として建設した公共施設又は公用施設の耐用年数を超えてはならないとされています（地方財政法５条の２）。

❹ 国の経済政策との調整

地方財政は、国民経済の中で重要な位置を占めており、行政投資の多くが地方公共団体により実施されていることから、国が行う経済政策も地方財政と一体となって行わなければ実効性に乏しいといえます。そのため、地方公共団体を通じて実施される建設事業費の財源となる地方債は、その発行量の増減によって事業量を調整することが可能であり、景気対策等において重要な機能を果たしています。

（３）地方債の協議制度

地方公共団体が地方債を発行するときは、原則として、都道府県及び政令指定都市にあっては総務大臣、市町村にあっては都道府県知事と協議を行うことが必要とされています（地方財政法５条の３）。総務大臣又は都道府県知事の同意がある場合には、元利償還金が地方財政計画の歳出に算入されるとともに、公的資金の充当が可能とされており、仮に同意がない場合であっても、地方公共団体は議会に報告すれば地方債を発行できることとされています。ただし、地方財政の健全性等の観点から、財政状況が悪化している地方公共団体が地方債を起こすときには、総務大臣又は都道府県知事の許可が必要とされています（財政健全化法13条）。また、総務大臣は同意又は許可をしようとするときは、地方財政審議会の意見を聴くこととされています。

平成24年度からは、地域の自主性及び自立性を高める観点から、地方債協議制度を一部見直し、財政状況について一定の基準を満たす地方公共団体については、原則として民間等資金債の起債に係る協議を不要とし、事前に届け出ることで起債ができる「事前届出制」が導入されました。さらに、平成28年度からは、届出基準が一部緩和されるとともに、公的資金債の一部（特別転貸債・国の予算等貸付金債）に事前届出制が導入されました。

6 収入方法と滞納処分

（１）収入方法

地方公共団体が歳入を収入するときは、調定し、納入義務者に対して納入の通知をしなければなりません（法231条）。収納の方法としては、現金のほか口座振替、証券や証紙による納付が認められています。なお、令和３年に地方自治法が改正され、指定納付受託者制度が創設されました（法231条の２の２）。

（2）指定納付受託者制度

❶ 指定納付受託者に対する納付の委託

地方公共団体の歳入納付するに当たって、指定納付受託者に対して、①バーコードの記載のある納付通知によるコンビニエンスストア等での納付及び②クレジットカードやスマートフォンアプリ等を利用した決済方法による納付を委託することができることとされました（法231条の２の３）。

❷ 指定納付受託者の指定要件

指定納付受託者の指定の要件としては、次の事項が規定されています（法231条の2の3第1項、法施行令158条。）

① 納付事務を適切かつ確実に遂行することができる財産的基礎を有すること。 ② その人的構成等に照らして、納付事務を適切かつ確実に遂行することができる知識及び経験を有し、かつ、十分な社会的信用を有すること。

(3) 指定公金事務取扱者

地方自治法243条では、公金の徴収・収納又は支出の権限は、原則として、私人に委任等をしてはならない旨を規定しています。ただし、法243条の2第1項では、その例外として、地方公共団体の長は、公金の徴収・収納又は支出に関する事務（公金事務）を適切かつ確実に遂行することができる者として指定したもの（指定公金事務取扱者）に、公金事務を委託することができます。

指定公金事務取扱者の要件については、地方自治法施行令173条において、指定納付受託者の指定の要件とほぼ同様の要件が規定されています。

(4) 地方税共同機構への委託

令和6年の地方自治法改正により、地方税共同機構が、地方公共団体の歳入等を行うことができることとされました（法243条の2の7）。地方税共同機構は、地方税における手続をインターネットを利用して電子的に行うシステム（地方税ポータルシステム（eLTAX））を運用しており、このシステムを活用することです、公金の収納事務のデジタル化を推進しようとするものです。

(5) 滞納処分

分担金、使用料、加入金、手数料及び過料その他の地方公共団体の歳入を納期限までに納付しない者があるときは、地方公共団体の長は、期限を指定して督促しなければなりません（法231条の3第1項）。分担金、加入金、過料又は法律で定める使用料その他の歳入につき、督促をしても期限までに納付しない場合は、分担金、加入金、過料については地方税の滞納処分の例により滞納処分ができますが、使用料その他の歳入については法律で定められたものに限り滞納処分をすることができます（法231条の３第３項）。

公営住宅の家賃や水道料金、病院の使用料については、いわゆる私法上の債権であり、強制徴収はできないものとされています。

なお、分担金、使用料、加入金、手数料及び過料等の歳入に関する督促、滞納処分等についての納入義務者からの不服申立ては、その地方公共団体の長に対して行いますが、長は議会への諮問を経て決定しなければなりません（法229条４項）。

●地方税の滞納処分の例によることができる歳入

・港湾の入港料その他の料金等（港湾法44条、44条の２等） ・土地改良事業の施行に伴う精算金等（土地改良法） ・公共下水道の損傷負担金等（下水道法18条～20条、25条の10） ・漁港の利用の対価等（漁港漁場整備法35条、39条の２、39条の５） ・国民健康保険料（国民健康保険法79条の２）	・道路占用料（道路法73条） ・有料道路の料金等（道路整備特別措置法45条） ・河川使用料（河川法74条） ・海岸占用料・土砂採取料等（海岸法35条） ・障害者の自立支援給付金の不当利得の徴収金（障害者自立支援法８条） など

Point

地方公共団体の歳入とは、一会計年度における一切の収入をいう。

1　地方税

（1）都道府県税

①　普通税：都道府県民税、事業税、地方消費税、不動産取得税、都道府県たばこ税、ゴルフ場利用税、自動車取得税、軽油取引税、自動車税、鉱区税

②　目的税：狩猟税、水利地益税

（2）市町村税

①　普通税：市町村民税、固定資産税、軽自動車税、市町村たばこ税、鉱産税、特別土地保有税

②　目的税：都市計画税、水利地益権、共同施設税、宅地開発税、 国民健康保険税、入湯税、事業所税

（3）法定外税：地方税法で定められている各税目以外に、地方公共団体が独自に条例で定めて設ける税金

2　地方交付税

地方交付税は、地方公共団体間の財源の不均衡を調整するために、使途の制限なく交付されるもの。普通地方交付税と特別地方交付税がある。

3　分担金

分担金とは、一部の市民に対し利益のある事項に関して、必要な費用に充てるため、利益を受ける者から、受益の限度において徴収するもの。

4　使用料・手数料

使用料とは、施設等の使用に対する対価として徴収するもの。

5　地方債

地方債とは、特定の歳出に充てるため地方公共団体が行う借入金のうち、その元利の償還を、借り入れた年度以後に行うもの。

6　収入方法

(1) 指定納付受託者制度

歳入を納付する者は、地方公共団体が指定する指定納付受託者に対して、①バーコードの記載のある納付通知によるコンビニエンスストア等での納付及び②クレジットカードやスマートフォンアプリ等を利用した決済方法による納付を委託することができる。

(2) 指定公金事務取扱者

地方公共団体の公金の徴収・収納又は支出の権限は、原則として、私人に委任等をしてはならない。ただし、その例外として、地方公共団体の長は、指定公金事務取扱者に公金事務を委託することができる。

(3) 地方税共同機構への委託

地方税共同機構が、地方公共団体の歳入等を行うことができる。同機構が運用するシステムを活用して、公金の収納事務のデジタル化を推進する。

7　滞納処分等

納期限までに納付されない場合には、期限を指定して督促しなければならない。さらに期限までに納付されない場合、滞納処分を行うことができる。

第3節

地方公共団体の歳出

この節では、地方公共団体の歳出について学びます。地方公共団体は、最少の経費で最大の効果を挙げるようにしなければなりません。また、法令に従って適正に歳出がなされなければなりません。そのために、地方公共団体の支出手続において、支出を命ずる機関（長）と実際に支出を行う機関（会計管理者）とを分離してより適正な執行を図っています。また、多くの地方公共団体で交付している補助金については公益性が求められますが、数多くの住民訴訟が提起され、その公益性が争われています。

1 歳出の方法

（1）会計管理者と長との関係

地方公共団体は、「その事務を処理するために必要な経費」及び「法律又はこれに基づく政令により当該普通地方公共団体の負担に属する経費」を支弁しなければなりません（法232条）。また、地方自治法232条の４では、会計管理者は、長の命令がなければ、支出をすることができない旨が定められています。長の支出命令を受けた会計管理者は、①支出負担行為が法令又は予算に違反していないこと及び②支出負担行為に係る債務が確定していることを確認した上で支出を行うことになります。

このように、地方公共団体の支出手続において、支出を命ずる機関と実際に支出を行う機関とは分けられているのです。二段階のチェックを行うことにより、地方公共団体の財政運営の適法性、適正性を確保しています。

（2）支出負担行為

地方公共団体の支出の原因となるべき契約その他の行為を「支出負担行為」といい、支出負担行為は法令又は予算の定めるところに従い行わなければなりません（法232条の３）。具体的には、契約、補助金の交付決定等、地方公共団体として支出の義務を負う行為が、支出負担行為に当たります。支出負担行為を支出とは区別して位置づけることによって、支出の段階のみならず、支出の義務を負う段階でも予算に基づく適正な執行を求めるものです。

（3）支　出

地方公共団体の支出は、債権者のためでなければ行うことができません（法232条の５第１項）。この「債権者のため」とは、債権者だけでなく債権者から委任を受けた者などを含みます。また支出の方法としては、資金前渡、概算払、前金払、繰替払、隔地払又は口座振替の方法によることができます（法235条の５第２項）。

「資金前渡」とは、職員に現金での支払いをさせるため、その現金を職員に前渡することをいいます。資金前渡することができる経費としては、①外国や遠隔の地又は交通不便の地域において支払をする経費、②給与その他の給付、③官公署に対して支払う経費、④生活扶助費、生業扶助費その他これらに類する経費などがあります（施行令161条）。

「概算払」とは、支払うべき金額の確定前に概算で支払うものです。支払うことができる経費の範囲としては、①旅費、②補助金、負担金及び交付金、③訴訟に要する経費などがあります（施行令162条）。

「前金払」とは、支払うべき債務の履行期が到来する前に支払うものです。支払うことができる経費としては、①官公署に対して支払う経費、②補助金、負担金、交付金及び委託費、③前金で支払をしなければ契約しがたい請負、買入れ又は借入れに要する経費、④土地又は家屋の買収又は収用により移転を必要とする家屋又は物件の移転料などがあります（施行令163条）。

「繰替払」とは、競輪や競馬等の開催地で支払う勝者投票券の払戻金等を投票券の売り上げから一時繰り替えて使用する支出方法をいいます。この支払い方法の対象となるのは、①地方税の報奨金　当該地方税の収入金、②競輪、競馬等の開催地において支払う報償金、勝者、勝馬等の的中投票券の払戻金及び投票券の買戻金　当該競輪、競馬等の投票券の発売代金などです。本来、投票券の売り上げは地方公共団体の歳入として受け入れ、払戻金は別途市の会計から支出すべきものですが、例外的に発売代金等の収入から現金を繰り替えて支出するのです。この場合でも、総計予算主義の原則に基づい

●地方公共団体の支出手続

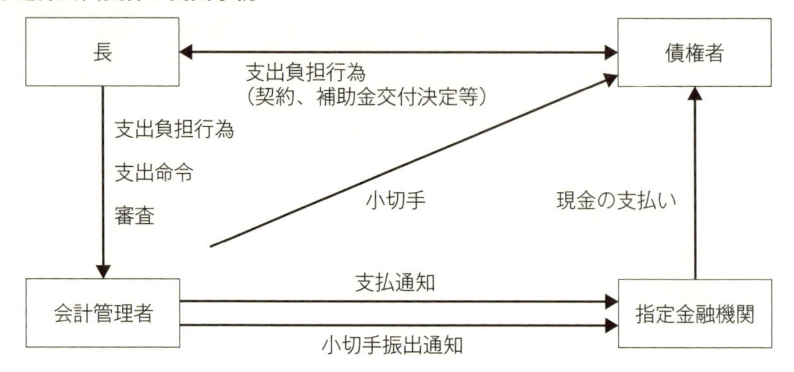

（前掲川﨑『地方自治法基本解説 第７版』346頁）

て、歳入歳出の経理は原則どおり行わなければなりません。

「隔地払」とは、地方公共団体の遠隔地の債権者に対して支払いをする必要がある場合に、支払場所を指定して、指定金融機関等に対して支払いに必要な資金を交付して送金の手続をさせ、その旨を債権者に通知することによって、支払う方法です。

「口座振替による支出」は、現在最も一般的な支払方法で、金融機関に通知して債権者の預金口座への支払いを行うものです。

2 補助金

（１）補助金とは

補助金は、公共的見地から公益性があると認められる特定の事務、事業に対し、その実施に対して反対給付を求めることなく交付される金銭的給付とされています。補助金は、地方公共団体がさまざまな行政施策を推進する方法として活用されています。補助金を支出することをインセンティブ（誘引）として住民等に協力してもらい、地方公共団体の施策を推進するのです。

（２）補助金の法的根拠

地方公共団体は、その公益上必要がある場合においては、寄附又は補助をすることができることとされています（法232条の２）。また、交付手続については、国では「補助金等に係る予算の執行の適正化に関する法律」において交付手続や返還命令を規定しています。しかし、この法律は、地方公共団体には適用がないため、各地方公共団体はこの法律に準じて補助金の交付手続等を定める条例や規則を制定しています。

（３）補助金の法的性格

補助金の法的性格に関する裁判例として、「釧路市雪印乳業事件」があります。釧路市工場誘致条例の改正を契機として紛争が生じ、原告会社が交付決定取消及び奨励金交付申請却下処分の取消しを求めたものです。

この判決において、補助金とは「行政主体が他の事業を助成ないし、奨励するために金銭を給付することは行政主体が非権力的作用として行うものであつて、本来恩恵的、奨励的なものであり、私法上の贈与的性質のものとみるべきである。奨励金ないし補助金交付の法形式をどのように定めるかは立法政策の問題であり、その交付の形式を行政庁が一方的に行う行政処分として定立することも可能であると考える。その交付の方法は、交付を受けようとする者から行政庁である市長に対し申請をなさしめこれに対して市長が交付決定をするという行政処分としての法形式を採用したものとみるべき」としています（札幌高判昭和44年４月17日・判タ234号別冊１頁）。

裁判例の多くは釧路市雪印乳業事件判決のように、原則として「私法上の贈与」であると判断し、例外的に条例等により交付決定を行政処分と位置づけられた場合に限って、行政処分となると解してます。

各手続は、行政処分の場合には交付申請が「行政処分を求める申請」に、交付決定が「行政処分」に当たり、贈与の場合には、募集が「申込の誘引」に、交付申請が「申込」に、交付決定が「承諾」に当たります。

（４）補助金の交付の法律上の制限

補助金の交付について最も重要な法律上の制限は、次の二つです。

❶ 公益上の必要性による制限

地方自治法232条の２では、地方公共団体は、「公益上必要がある場合」

に限って、補助金を交付することができると規定しています。また、この公益上の必要性については、行政実例によれば「公益上必要があるか否かは当該地方公共団体の長及び議会は個々の事例に即して認定することになるが、まったくの自由裁量行為ではなく、客観的にも公益上必要であると認められなければならない」（行政実例昭和28年６月29日）とされています。実際に公益上必要であるかについては、ケースごとに具体的に考える必要があります。

❷ 宗教、慈善、教育、博愛の事業への補助の制限

憲法89条は宗教活動や公の支配に属さない慈善、教育、博愛の事業に対して公金を支出してはならないと定めています。前段の「宗教活動」に関する部分については政教分離原則を財政面から徹底されたもので、後段の趣旨については、①私的な事業への不当な公権力の支配が及ぶことを防止するための規定と解する立場と、②公財産の濫費を防止し、慈善事業等の営利的傾向ないし公権力に対する依存性を排除するための規定と解する立場、とがあります。

①の立場では、一般に「公の支配に属する」を、「その事業の予算を定め、その執行を監督し、さらにその人事に関与するなど、その事業の根本的方向に影響を及ぼすことのできる権力を有すること」として、国や地方公共団体が監督権限を有するだけでは「公の支配に属する」といえないと考えられます。②の立場では、「公の支配に属する」を、「国又は地方公共団体の一定の監督が及んでいることをもって足りる」として、業務や会計の状況に関し報告を求めたり、予算について必要な変更を勧告する程度の監督権を持っていれば、助成は合憲と考えられます。新潟県加茂市が私立大学建設事業費寄付金を支出したことが憲法89条違反であるとして提起された住民訴訟の東京高裁判決が②の立場に立ったものです。この判決は、教育の事業が憲法89条後段の「公の支配」に属しているというためには、国又は地方公共団体等の公の権力が当該教育事業の運営、存立に影響を及ぼすことにより、当該事業が公の利益に沿わない場合にはこれを是正し得る方途が確保され、公の財産が濫費されることを防止し得ることをもって足り、必ずしも、当該事業の人事、予算等に公権力が直接的に関与することを要するものではないとして

います（東京高判平成５年７月20日・行政事件裁判例集44巻６・７号627頁）。

また、平成15年の内閣法制局による私学助成における公の支配の解釈では、「会計、人事等について国、地方公共団体の特別の監督関係のもとに置かれているということを意味する。」とされ、②の立場に立っています。実務上は、一般的に②の立場に基づき、比較的広く公金の支出を認めています。

Point

1　会計管理者と長との関係

会計管理者は、長の命令がなければ、支出をすることができない。また、長の支出命令を受けた会計管理者は、①支出負担行為が法令又は予算に違反していないこと及び②支出負担行為に係る債務が確定していることを確認した上で支出を行う。

2　支出負担行為

地方公共団体の支出の原因となるべき契約その他の行為を支出負担行為といい、支出負担行為は法令又は予算の定めるところに従い、これをしなければならない。支出負担行為とは具体的には契約、補助金の交付決定等、地方公共団体として支出の義務を負うような行為をいう。

3　支出方法

地方公共団体の支出は、債権者のためでなければすることができない。また支出の方法としては、資金前渡、概算払、前金払、繰替払、隔地払又は口座振替の方法によることができる。

4　補助金

補助金は、公共的見地から公益性があると認められる特定の事務、事業に対し、その実施に資するため反対給付を求めることなく交付される金銭的給付をいう。法的には、一般的に私法上の贈与的契約であるとされる。ただし、条例等により、補助金交付決定を行政処分として位置づけることも可能である。また、補助金は公益上の必要がある場合に限り交付することができ、宗教、慈善、教育、博愛の事業への補助金の交付には一定の制約がある。

第4節

地方公共団体の財産

この節では、地方公共団体の財産について学びます。地方公共団体は、財産として公有財産、物品及び債権並びに基金を有しています。公有財産には行政財産と普通財産とがありますが、特に行政財産については行政目的を有するものであるために、原則として貸付けができない等その管理については厳格に規律されています。

1 財　産

地方公共団体の財産には、①公有財産、②物品、③債権、④基金があります。これらの財産については、法律、条例又は議会の議決による場合でなければ、交換すること、出資の目的や支払手段として使用すること、適正な対価なく譲渡や貸付けをすることは認められていません（法237条）。

2 財産の区分

（1）公有財産

公有財産とは、地方公共団体の所有に属する財産のうち、基金に属するものを除き、次のものをいいます（法238条）。

① 不動産
② 船舶、浮標、浮桟橋、浮ドック、航空機
③ ①②の従物
④ 地上権、地役権、鉱業権、その他これらに準ずる権利
⑤ 特許権、著作権、商標権、実用新案権、その他これらに準ずる権利
⑥ 株式、社債（特別の法律により設立された法人の発行する債券に表示されるべき権利を含みます。また短期社債等を除きます。）、地方債、国債、その他これらに準ずる権利
⑦ 出資による権利
⑧ 財産の信託の受益権

（2）物　品

物品とは、地方公共団体が使用のために保管する動産及び地方公共団体の所有に属する動産をいいます。ただし、次に掲げるものを除きます（法239条）。

①現金（現金に代えて納付される証券を含みます。）

②公有財産に属するもの

③基金に属するもの

（3）債　権

債権とは、金銭の給付を目的とする地方公共団体の権利をいいます。長は、債権について、督促や強制執行、その他その保全や取立てに関し必要な措置をとらなければなりません。また、場合によっては徴収停止や履行期限の延長、当該債権に係る債務の免除をすることができます（法240条）。

（4）基　金

地方公共団体は、条例の定めるところにより、基金を設けることができます。この基金には、①特定の目的のために財産を維持し、資金を積み立てるための基金と②定額の資金を運用するための基金の２種類があります（法241条）。

①の基金は、特定の財源を確保するために設けられるもので、学校建築資金を調達する目的や地方債の償還の目的のためのものがあります。この基金については、その目的のためには、そこから生じる収益のみならず元本も処分し使用できます。一方、②の基金は、財源調達の目的で設置されるものではなく、一定額の原資金を運用することにより特定の事業等を運営するために設けられるものです。

3 行政財産と普通財産

地方公共団体の財産は、「行政財産」と「普通財産」に区分されます（法238条３項）。

（１）行政財産

行政財産とは、地方公共団体において公用又は公共用に供し又は供することと決定した財産をいいます（法238条４項）。この「公用」とは、地方公共団体がその事務事業のために直接に使用する財産をいいます。庁舎がその典型的な例です。「公共用」とは住民の利用に供することを目的とするものです。学校、図書館、病院などがその例です。

行政財産は、原則として、貸付けや交換、売払い、譲与、出資目的、信託、私権設定をすることはできません（法238条の４第１項）。ただし例外として、①一棟の建物を区分して所有するために貸し付ける場合、②庁舎等に余裕がある場合等には、その用途又は目的を妨げない限度において、貸し付け、又は私権を設定することができます（法238条の４第２項）。この場合、借地借家法が適用され（行政財産の目的外相許可については借地借家法の規定は適用しないとする同条８項の規定の反対解釈）、借主が一定の保護を受けることになります。さらに、用途又は目的を妨げない限度においてその使用を許可することができます（行政財産の目的外使用許可。同条７項）。

（２）普通財産

普通財産とは、行政財産以外の一切の公有財産をいいます（法238条４項）。普通財産は、地方公共団体の財産として経済的価値に従って利用することができます。したがって、貸付けや交換、売払い、譲与、出資目的、私権設定をすることができます（法238条の５第１項）。

普通財産を貸し付けた場合において、その貸付期間中に国や地方公共団体その他公共団体で公用又は公共用に供するために必要となった場合には、地方公共団体の長は、その契約を解除することができます（法238条の５第４項）。ただし、その場合には解除によって相手方に生じた損失を補塡しなければなりません（法238条の５第５項）。

Point

1　地方公共団体の財産

地方公共団体の財産には、公有財産、物品、債権、基金がある。

①　公有財産

公有財産とは、地方公共団体の所有に属する財産のうち、基金に属するものを除き、ⓐ不動産とその従物、ⓑ船舶、浮標、浮桟橋、浮ドック、航空機、これらの従物、ⓒ地上権、地役権、鉱業権その他これらに準ずる権利、ⓓ特許権、著作権、商標権、実用新案権その他これらに準ずる権利、ⓔ株式、社債、地方債及び国債その他これらに準ずる権利、ⓕ出資による権利、ⓖ財産の信託の受益権がある。

②　物品

物品とは、地方公共団体が使用のために保管する動産及び地方公共団体の所有に属する動産のこと。ただし、ⓐ現金（現金に代えて納付される証券を含む。）、ⓑ公有財産に属するもの、ⓒ基金に属するものは除かれる。

③　債権

債権とは、金銭の給付を目的とする地方公共団体の権利のこと。

④　基金

地方公共団体は、条例の定めるところにより、基金を設けることができる。基金には、ⓐ特定の目的のために財産を維持し、資金を積み立てるための基金とⓑ定額の資金を運用するための基金の２種類がある。

2　行政財産と普通財産

①　行政財産

行政財産とは、地方公共団体において公用又は公共用に供し又は供することと決定した財産をいう。原則として、貸し付け、交換し、売り払い、譲与し、出資の目的とし、信託し、私権を設定することはできない。

②　普通財産

普通財産とは、行政財産以外の一切の公有財産をいう。貸し付け、交換し、売り払い、譲与し、出資の目的とし、私権を設定することができる。

第5節

地方公共団体の債権債務及び財産に関する時効

この節では、地方公共団体の債権債務に関する時効について学びます。地方公共団体の債権債務については、早期に確定する必要があるため、5年の時効期間が規定されているほか、援用も必要ないとされています。地方公共団体の債権を時効により消滅させた場合に、職員個人が賠償責任を負うこともあるため、時効に関する知識はとても重要です。

地方公共団体の債権債務がいつまで不安定な状況にあることで公益上支障が来すこともあります。そのため、その債権債務を早期に確定するために、地方自治法では、時効に関して民法とは異なる特則を規定しています。

まず、一般的な時効制度を見ていきましょう。

1 時効とは

時効とは、ある事実状態が一定の期間継続したことを法律要件として、その事実状態に合わせて権利ないし法律関係の得喪変更を生じさせる制度をいいます。

例えば、AさんがBさんにお金を貸していました。しかしAさんがBさんに長い間「貸したお金を返して」と請求しないでいると、Aさんは「Bさんからお金を返してもらう権利」をなくしてしまうことがあります。

このように、一定の事実状態をある期間不行使の状態にしていたなどの場合に、一定の要件の下で、その状態を真実の権利関係を反映しているものであるか否かにかかわらず、その状態を尊重して、これに権利の取得又は消滅の効果を生じさせる制度が、時効制度です。

時効には、「取得時効」と「消滅時効」とがあります。

2 時効制度の意義

時効の存在理由として一般に以下の三つが挙げられています。

①　永続した事実状態の尊重

一定の期間継続した事実状態に対して、一定の法律上の保護を与えようとするもの。

②　立証の困難の救済

本来は正当な権利者であったとしても、長期間が経過した後にはそれを立証するのが困難になることがあるから、過去に遡っての議論に一定の限界を設けるというもの。

③　権利の上に眠る者を保護しない

たとえ正当な権利者であったとしても、一定の期間、その権利を行使・維持するために必要な措置を採らなかった者を保護する必要はないというもの。

3 時効の援用

時効制度においては、時効期間経過した場合であってもその時効を主張しなければ、時効による利益が受けられません。これを、「時効の援用」といいます。

援用の趣旨としては、時効による利益を享受するか否かをその利益を受けるべき者の意思に委ねるという考え方であり、時効により本来なら得ることのできなかった利益を得ることを潔しとしない「武士道精神」を尊重する「良心規定」として、フランス法にならって導入されたといわれています。

ただし、金銭の給付を目的とする地方公共団体の権利及び地方公共団体に対する権利の時効による消滅については、法律に特別の定めがある場合を除くほか、時効の援用を要せず、また、その利益を放棄することができないこととされています（法236条２項）。

4 取得時効

（1）制度の概要

民法162条では、20年間又は10年間他人の物を占有すれば占有した者は所有権を取得するという、取得時効の制度を定めています。この20年間あるいは10年間のいずれになるかは、土地の占有を例にすると、①占有を開始したときに間違いなく自分の土地と信じ、かつそう信じるについて過失がなければ10年間、また②占有を開始したときに他人の土地であると知っていたり、あるいは自分の土地であると信じることについて過失があった場合には20年間以上占有し続けていた場合に時効取得するというように、占有の始めに自分の土地と思ったかどうかによって異なることになります。したがって、他人の土地に家を建てて住み始めたときに過失なく自分の土地だと思ってＡさんは、10年以上その土地に住んでいれば取得時効によってその土地の所有権を取得することになります。

（2）公有財産と取得時効

地方公共団体が所有する不動産について、個人が時効取得することはあり得るのでしょうか。基本的には、公用財産は時効取得の対象とはなりません。ただし、道路、河川などの公用財産のうち、公用廃止があった土地については、取得時効は成立するとした判例があります。さらに判例では、黙示的に公用廃止があったと考えられる場合にも取得時効が成立するとしていますので、公有土地の管理に当たっては、明確に示すことがなくても黙示的に公用廃止とみなされ、行政財産の土地が取得時効されることがないように注意しなければなりません。

判例（最判昭和51年12月24日・民集30巻11号1104頁）において示された公有財産が時効取得される場合の要件は、次のとおりです。

①　公共用財産が長年の間、公の目的に供用されることなく放置され

②　公共用財産としての形態・機能を全く喪失し

③　他人の占有が継続したが、それによっても公の目的を害することもなく

④　その物を公共用財産として維持すべき理由がなくなった場合

以上四つの要件がそろうことで、黙示的に公用が廃止されたものとみなし、取得時効の成立が認められるとしました。

5 消滅時効

消滅時効とは、一定期間、債権が行使されない場合、債権を消滅させる制

度です。民法においては、二つの時効期間を規定しています。まず、債権者が権利を行使することができることを知った時（主観的起算点）から５年間行使しないときは、時効によって消滅するとされています（166条１項）。さらに、債権者が権利を行使することができることを知らなかった場合であっても、権利を行使することができる時（客観的起算点）から10年間行使しないときは、時効によって消滅するとされています（166条１項）。ただし、客観的起算点からの時効期間に関して、人の生命又は身体の侵害による損害賠償請求権の消滅時効については、時効期間を20年間とする特例が規定されています（167条）。

6 公法上の債権の消滅時効

地方自治法236条において、地方公共団体を当事者とする金銭債権については、他の法律に規定がない限り５年間で時効消滅することになるとされています。さらに、同条２項の規定により援用も必要がないため、債務者の意思にかかわりなく５年経過すれば確定的に時効で消滅することになります。

これは、地方公共団体の債権は、早期に確定させる必要があるため短期（５年）の時効期間とするとともに、援用という不確定な要素により時効の成否が変わるのは公会計上の安定性に欠けるため援用も不要としたものです。

それでは、他の法律に規定がある場合とは、どのようなものがあるのでしょうか。まず、私法上の債権については、先に説明したように民法で規定されているほか、一般の商事債権は商法に規定されています。また公法上の債権については、地方税の徴収金に関する債権は地方税法18条により５年、地方税法の還付金は地方税法18条の３により５年などと規定されています。地方自治法236条の規定が適用されるのは、地方自治法に基づく地方公務員に対する損害賠償請求権、補助金の返還請求権などということになります。ただし、公法上の債権の時効については、地方自治法以外の法律に基づく場合もこの地方自治法の規定とおおむね同様の趣旨で規定されており、時効期間は５年で、援用は必要のない規定となっています。

この時効について地方公共団体の業務のうち民事上の契約に係る債務で考えると、工事の委託契約に基づく債務、物品の購入に伴う債務、調査委託に基づく債務などは、商法が適用される場合（一般的に言えば商取引のような場合）に当たり、５年で時効消滅します。また、この場合には民法と同様に時効の援用がなければ時効の効力は生じません。

一方、市が有する民事上の債権については、一般的に商法が適用されることはなく、例えば個人に金銭を貸し付けた場合の返還請求権については、民法の規定に基づき10年で時効消滅することになり、同様に援用は必要です。

地方公共団体の業務に関して生じた債権については、その債権の時効期間を十分に意識し、適宜、請求するなど時効により消滅させることのないように注意する必要があります。

7 公法上の債権と私法上の債権との区別

このように公法上の債権と私法上の債権については、大きな違いがあります。しかし、その区別は容易ではありません。

例えば、かつては公立病院の使用料についての債権の消滅時効は、公の施設の使用料に該当するものとして地方公共団体の公法上の債権であると解されていました。しかし、最高裁は次のような判決を示し、公立病院の診療についての債権は私法上の債権であるとしています。

「公立病院において行われる診療は、私立病院において行われる診療と本質的な差異はなく、その診療に関する法律関係は本質上私法関係というべきであるから、公立病院の診療に関する債権の消滅時効期間は、法236条１項所定の５年ではなく、民法170条１号により３年と解すべきである。」（最判平成17年11月21日・民集59巻９号2611頁）

さらに、水道料金債権の消滅時効に関し次のような判例があります。「水道供給契約は私法上の契約であり、したがって、被控訴人が有する水道料金債権は私法上の金銭債権であると解される。また、水道供給契約によって供給される水は、民法173条１号所定の『生産者、卸売商人及び小売商人が売却したる産物及び商品』に含まれるものというべきであるから、結局、本件水道料金債権についての消滅時効期間は、民法173条所定の２年間と解すべきこととなる」（東京高判平成13年５月22日・LEX/DBインターネット、最決平成15年10月10日にて上告不受理）。

これらの判決を踏まえて債権の性質を十分に考えて私法上の債権か公法上の債権化を判断し、私法上の債権と考えられる場合には、次の点に注意する必要があります。

①　利用者が消滅時効を援用したときは、料金を徴収できない。

②　利用者が援用の利益を放棄したときは、料金を徴収できる。

③　私法上の債権については、援用がなければ消滅時効が確定しないため、原則として不納欠損処分を行うことができない。援用の有無により、徴収したりしなかったりすることは不都合があることから、各地方公共団体は利用者の援用の有無にかかわらず時効期間を徒過した場合には、一律に免除又は放棄する旨の条例を検討する必要がある。

8 時効の更新

時効制度は、一定期間継続した事実状態に対して、一定の法律上の保護を与えようとするものです。そのため、債務者（義務者）によって相手方の債権（権利）が承認された場合や裁判所の確定判決によって法律関係が明らかになった場合などは、継続した事実状態に対して法律上の保護を与える必要がなくなるため、それまで経過してきた時効期間は意味を有さなくなり、時効の進行はリセットされることになります。このことを時効の更新といいます。民法では、時効の更新の効果を発生させる事由として、①確定判決又は確定判決と同一の効力を有するものによる権利の確定（147条２項）、②義務者による権利の承認（152条）等が規定されています。

なお、法令の規定により地方公共団体が行う納入の通知及び督促は、時効の更新の効力を有することとされています（地方自治法第236条４項）。

9 時効の完成猶予

時効の完成を防ぐために訴訟の提起等を行っても判決が確定するまである程度時間がかかることになり、その間に時効が完成してしまう可能性もあります。これでは、訴訟の提起等を行った意味がなくなってしまいます。そのため、民法は、権利行使に着手したときから更新が完成するまでの間は、時効期間が満了しても時効は完成しないものとしています。これを時効の完成猶予といいます。

たとえば、民法では、①裁判上の請求、②支払督促、③裁判上の和解、民事調停、家事調停、④破産手続参加、⑤強制執行等については、その手続が終了するまでは、時効は、完成しないこととされています（147条1項、148条1項）。また、仮差押・仮処分については、その事由が終了した時から6か月を経過するまでの間は、時効は完成しないこととされています（149条）。催告についても、同様に6か月を経過するまでの間は、時効は完成しないこととされています（改正民法150条）。さらに、民法では、協議を行う旨の合意による時効の完成猶予も規定されています（151条）。これは、権利について協議を行う旨の合意が書面でされたときは、時効の完成を猶予する制度で、その完成猶予の効果は次のいずれか早い時までです。

① その合意があった時から1年を経過した時

② その合意において当事者が協議を行う期間（1年に満たないものに限る。）を定めた時は、その期間を経過した時

③ 当事者の一方から相手方に対して協議の続行を拒絶する旨の通知が書面でされたときは、その通知の時から6か月を経過した時

なお、住民訴訟における4号請求訴訟（176頁参照）に関して、職員等に対して訴訟告知がなされた場合には、その訴訟が終了した日から6月を経過するまでの間は、その訴訟に係る損害賠償又は不当利得返還の請求権の時効は、完成しないこととされています（法242条の2第8項）。

10 時効についての地方公務員の責任

債権の回収に対する住民の目は、厳しくなってきています。債権回収を怠ったとして訴訟を起こされるケースも珍しくありません。平成12年には、新座市の納税課職員が市民税の徴収を懈怠してその徴収権を時効消滅させたとして、監督権者たる市長個人に対する損害賠償請求が認容された判決が出ています。

●公法上の債権の消滅時効の判例（浦和地判平成12年４月24日・判例自治210号35頁）

〔事例〕
　新座市の納税課職員が薬局を経営していたAの市民税３年分（755万6,900円）の徴収権を時効消滅させたことに対し、納税課職員の指揮監督に重大な過失があったとして新座市の住民９名から市長個人に対し、市民税相当額と遅延損害金を新座市に支払うことを求める住民請求を提起せられたもの。なお、国税庁は、Aが滞納していた国税を保全するため不動産差押を行っていたが、新座市は参加差押もしていなかった。
〔判決〕
　参加差押をせずに租税債権を時効消滅させてしまったことは違法であり、納税課の地方公務員が滞納件数に比して少なかったことは理由にはならないとし、市長についても指揮監督上の義務を負っており、それを怠った、との判断を下した。

Point

1　時効

時効とは、ある事実状態が一定の期間継続したことを法律要件として、その事実状態に合わせて権利ないし法律関係の得喪変更を生じさせる制度をいう。時効の存在理由として一般に①永続した事実状態の尊重、②立証の困難の救済、③権利の上に眠る者を保護しない等が挙げられる。

時効期間経過した場合であってもその時効を主張（時効の援用）しなければ、時効による利益が受けられない。

2　取得時効

20年間又は10年間他人の物を占有すれば占有した者は所有権を取得する。

公用廃止があった土地については、取得時効は成立する。黙示的に公用廃止があったと考えられる場合も同様である。

3　消滅時効

債権者が権利を行使することができることを知った時から５年間、又は権利を行使することができる時から10年間、権利を行使しないときは、時効によって消滅する。

地方公共団体を当事者とする金銭債権については、他の法律に規定がない限り、５年で時効消滅する。また、時効の援用の必要もない。

4　時効の更新

確定判決又は確定判決と同一の効力を有するものによる権利の確定、義務者による権利の承認等があった場合、時効は更新され、時効の進行はリセットされる。

5　時効の完成猶予

裁判上の請求、支払督促等が行われている場合、時効期間が経過した場合であっても、支払督促等の手続が終了するまで、時効は、完成しない。

第6節

地方公共団体の財政規律

この節では、地方公共団体の財政規律について学びます。地方公共団体の健全な財政運営を担保するため、監査制度や会計職員の賠償責任が規定されています。また、地方自治法のほか、地方財政法や財政健全化法などにより、財政規律が保たれています。

1 監査制度

地方公共団体における監査には、監査委員による監査のほか、外部監査人による監査があります。

(1) 監査委員

監査委員は、独任制の機関であり、各監査委員は、原則として、単独で権限を行使することができます。ただし、法律により合議によると定められている事項（決算に関する意見（法233条４項）、住民監査請求に関する勧告（法242条11項）等）については、単独で行うことは、できず合議によらなければなりません。

監査委員の定数は、都道府県及び政令指定都市は４人、市町村は２人とされています（法195条２項）。ただし、条例で定数を増加することができます。

監査委員は、地方公共団体の長が、議会の同意を得て、人格が高潔で、普通地方公共団体の財務管理、事業の経営管理その他行政運営に関し優れた識見を有する者（識見委員）及び議員から選任することとされています。ただし、条例で議員のうちから監査委員を選任しないことができます（法196条１項）。

なお、監査委員の任期は、識見委員は４年、議員から選任される委員は議員の任期によることとされています（法196条）。ただし、後任者が選任されるまでの間は、その職務を行うことができます。

監査委員については、公正な監査を行うために、身分保障がなされており、心身の故障のため職務の遂行に堪えないと認めるとき、又は監査委員に職務上の義務違反その他監査委員たるに適しない非行があると認めるとき、意外には罷免されることはありません（法197条の2第2項）。地方公共団体の長が、監査委員にこれらの事由がある認める場合には、議会の同意を得て、これを罷免することができます。ただし、この場合には、議会の常任委員会又は特別委員会において公聴会を開かなければなりません（同条1項。

さらに、より専門的な監査を行うため、専門の学識経験を有する者の中から、監査専門委員を置くことができることとされています（法200条の2第1項、2項）。監査専門委員は、監査委員の委託を受け、その権限に属する事務に関し必要な事項の調査を行います（同条3項）。

（2）監査委員による監査

監査委員が行う監査には、次のものがあります（法199条）。

❶ 一般監査

監査委員は、地方公共団体の財務に関する事務の執行及び地方公共団体の経営に係る事業の管理を監査します。この監査は、毎会計年度、少なくとも1回以上期日を定めて行わなければなりません。また、それ以外に必要があると認めるときは、いつでも監査をすることができます。

ただし、次の事項については、監査の対象外とされています。

①　自治事務にあっては労働委員会及び収用委員会の権限に属する事務で政令で定めるもの

②　法定受託事務にあっては国の安全を害するおそれがあることその他の事由により監査委員の監査の対象とすることが適当でないものとして政令で定めるもの

❷ 特別監査

住民、議会、長からの請求により、監査委員が、その事項について監査を行うのが「特別監査」です。その請求のあった事項が監査の対象となります。特別監査としては次のものがあります。

ａ．直接請求に基づく監査（法75条）

住民の直接請求に基づく監査で、その地方公共団体の事務全般が対象となります。要件は、第５章「住民の自治権」での説明（159頁）をご覧ください。

ｂ．議会の請求による監査（法98条２項）

議会は、監査委員に対してその地方公共団体の事務に関する監査を求めることができます。その内容は、財務に関する事務だけに限られるものではありません。

ｃ．長の要求による監査（法199条２項）

長からその地方公共団体の事務の執行に関し監査の要求があったときは、監査しなければなりません。

ｄ．住民監査請求による監査（法242条）

住民は、違法又は不当な公金の支出等の財務会計上の行為があると認めるときは、監査委員に対し、監査を求め、その行為の防止、是正、損害の補塡等必要な措置を講ずべきことを請求することができます。

ｅ．職員の賠償責任の監査

長は、会計職員等が損害を与えたと認めるときは、監査委員に対し、その事実があるかどうかを監査し、賠償責任の有無及び賠償額を決定することを求め、その決定に基づき、期限を定めて賠償を命じなければなりません（法243条の２第４項）。

監査委員が、賠償責任があると決定した場合に、長が、その職員からなされた損害が避けることのできない事故その他やむを得ない事情によるものであることの証明を相当と認めるときは、議会の同意を得て、賠償責任の全部又は一部を免除することができます。ただし、この場合は、あらかじめ監査委員の意見を聴き、その意見を付けて議会に付議しなければなりません（法243条の２第８項）。

会計職員等の賠償責任（法243条の２）

会計管理者や会計管理者の事務を補助する職員、資金前渡を受けた職員、占有動産を保管している職員、物品を使用している職員が、故意又は重大な過失（現金については、故意又は過失）により、現金、有価証券、物品、占有動産、物品を亡失又は損傷したときは、これによって生じた損害を賠償しなければなりません。

また、①支出負担行為、②支出命令、③支出負担行為の確認、④支出又は支払、⑤契約履行の監督又は検査をする権限を有する職員、その事務を補助する職員が、故意又は重過失でその行為をし、又は怠って地方公共団体に損害を与えた場合も同様に損害を賠償しなければなりません。

❸ その他の監査

ａ．決算の審査（法232条２項）

長は、決算を監査委員の審査に付し、その意見をつけて、議会の認定に付します。

ｂ．現金出納検査（法235条の２）

地方公共団体の現金の出納は、毎月、例日を定めて監査委員がこれを検査しなければなりません。一般的に「例月出納検査」といわれています。

ｃ．指定金融機関等の公金収納等の監査（法235条の２）

監査委員は、必要があると認めるとき、あるいは長の要求があるときは、指定金融機関が取り扱う地方公共団体の公金の収納又は支払いの事務について、監査することができます。

（３）外部監査人による監査

地方公共団体における監査の充実を図るために、従来の監査委員による監査以外に、公認会計士や弁護士などが外部監査人として地方公共団体の監査を行う制度です。

外部監査の形式としては、地方公共団体が外部監査人と年間契約を結び全般的な監査をゆだねる「包括外部監査」と、特定の案件ごとに契約を結ぶ「個別外部監査」とがあります。いずれも契約に当たっては、議会の議決を経る必要があります。

包括外部監査については、外部監査の目的を達成するため、毎会計年度1回以上「外部監査人が必要と認める財務その他の事業を特定して」監査しなければならないとされています（法252条の37）。都道府県、指定都市、中核市は、地方自治法においてこの制度の導入が義務づけられており、その他の地方公共団体は条例により導入することが可能とされています。

包括外部監査契約は、毎会計年度、速やかに、一の者（自然人）と締結しなければなりません。連続して4回、同一の者と契約を締結することはできません。また、包括外部監査及び個別外部監査のいずれも、契約締結に当たってはあらかじめ監査委員の意見を聴くとともに、議会の議決を経る必要があります。監査の結果は、長、議会及び監査委員に報告し、監査委員が公表します。さらに議会は、外部監査人の監査に関し必要があると認めるときは、外部監査人の説明を求めることができます。

個別外部監査は、条例により導入することができます。また、有権者の50分の1以上の署名で請求する事務監査請求、議会が請求する監査、長が要求する監査及び住民監査請求については、監査委員の監査に代えて、個別外部監査人の監査によることを求めることができます。

なお、外部監査契約は、弁護士や公認会計士、税理士、地方公共団体において監査等の行政事務に従事した者など、監査の実務に精通している者でなければなりません（法252条の28第1項・2項）。

（4）適正な監査の実施

地方公共団体において内部統制を的確に進めるためには、適正な監査の実施も不可欠です。

❶ 監査基準

監査委員は、職務を遂行するに当たっては、監査基準に従い、常に公正不偏の態度を保持して、監査等をしなければなりません（法198条の３第１項）。また、監査委員には、守秘義務が課されています（同条２項）。

なお、監査基準は、監査委員の合議によって定めることとされており（法198条の４第２項））、監査基準を定めたときは、直ちに、これを地方公共団体の議会、長、教育委員会等の委員会に通知するとともに、これを公表しなければなりません（同条３項）。総務大臣は、普通地方公共団体に対し、監査基準の策定等について、指針を示すとともに、必要な助言を行うこととされています（同条５項）。

② 監査委員の勧告

監査委員は、監査の結果に関する報告のうち、地方公共団体の議会、長、教育委員会等の委員会において特に措置を講ずる必要があると認める事項については、理由を付して、必要な措置を講ずべきことを勧告することができます。勧告を行った場合、その勧告の内容を公表しなければなりません（法199条11項）。

監査委員から勧告を受けた地方公共団体の議会、長等は、当該勧告に基づき必要な措置を講ずるとともに、その措置の内容を監査委員に通知しなければなりません。この通知を受けた場合、監査委員は、当該措置の内容を公表しなければなりません（同条13項）。

2 国と地方公共団体間における財政負担の原則

（1）国による地方公共団体に対する財政負担

地方財政法は、国による地方公共団体に対する財政負担についても規定しています。地方公共団体の事務を行うために要する経費は当該団体が全額負担することを原則としつつ（地方財政法９条）、国の利害に関係する事務に要する経費として法が定めた事務（義務教育諸学校の建物の建築に要する経費、生活保護に要する経費、感染症の予防に要する経費等）に要する経費について、その全部又は一部を国が負担することとされています（地方財政法10条、10条の２、10条の３）。さらに、国会議員の選挙、検疫、医薬品の検定等に要

●監査委員による監査の流れ

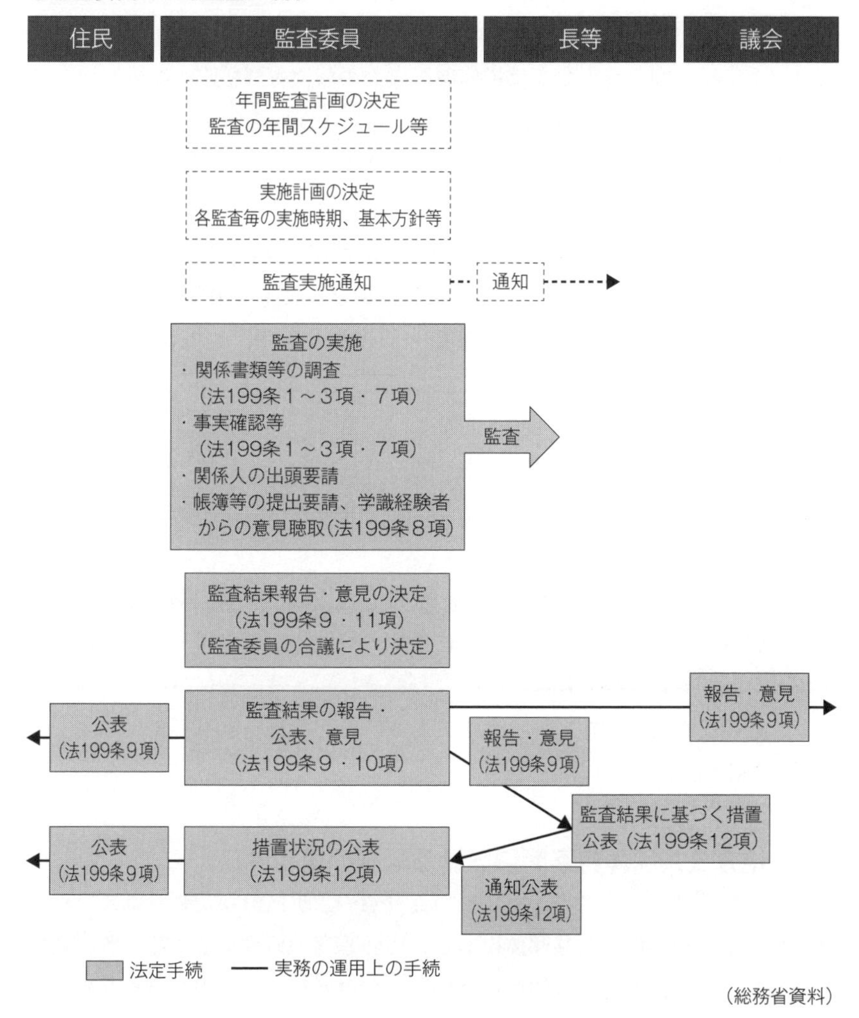

（総務省資料）

する経費については国が負担することとされています（地方財政法10条の４）。

（２）都道府県の行う建設事業に対する市町村の負担

都道府県の行う土木その他の建設事業（高等学校の施設の建設事業を除きます。）で市町村を利するものについては、その建設事業による受益の限度においてその市町村に対して、建設事業に要する経費の一部の負担を求めることができます（地方財政法27条１項）。ただし、市町村が負担すべき金額は、市町村の意見を聞いた上で、都道府県の議会の議決を経て定めなければなりません（地方財政法27条２項）。なお、この金額について不服がある市町村は、総務大臣に対し、異議を申し出ることができます（地方財政法27条３項）。

（３）都道府県が市町村及び住民に負担させてはならない経費

都道府県は、国又は都道府県が実施し経費を負担する道路、河川、砂防、港湾及び海岸に係る土木施設に関する大規模かつ広域にわたる事業のうち、都道府県が負担すべきものとされている経費の全部又は一部を市町村に負担させてはなりません（地方財政法27条の２）。また、都道府県は、都道府県立の高等学校の施設の建設事業費について、住民に対し、直接であると間接であるとを問わず、負担を転嫁することはできません（地方財政法27条の３）。

（４）市町村が住民にその負担を転嫁してはならない経費

市町村は、①市町村の職員の給与に要する経費、②市町村立の小学校、中学校及び義務教育学校の建物の維持及び修繕に要する経費について、住民に対し、直接であると間接であるとを問わず、その負担を転嫁してはなりません（地方財政法27条の４）。

（５）地方公共団体相互間における経費の負担関係

地方公共団体は、法令の規定に基づき経費の負担区分が定められている事務について、他の地方公共団体に対し、当該事務の処理に要する経費の負担を転嫁し、その他地方公共団体相互の間における経費の負担区分を乱すようなことをしてはなりません（地方財政法28条の２）。

３　財政健全化法による規律

（１）制定の経緯

地方財政再建促進特別措置法（旧法）は、普通会計の指標に基づき判断されており、公営企業会計や第三セクター等の赤字は含まれないなどの問題点があり、その点等を見直した財政健全化法が平成21年4月1日から施行されました。

(2) 財政健全化を判断するための財政指標

財政健全化法において、地方公共団体の財政健全化を判断するための財政指標としては、①実質赤字比率、②連結実質赤字比率、③実質公債費比率、④将来負担比率、の四つが規定されています。地方公共団体の長は、毎年度、この四つの指標の数値を監査委員の審査に付した上で、議会に報告し、公表しなければなりません。

さらに、公営企業については、資金不足比率を経営状況の判断基準として定められています。公営企業を経営する地方公共団体の長は、毎年度、当該公営企業の前年度決算の提出を受けた後、速やかに、資金不足比率及びその算定基礎を記載した書類を監査委員の審査に付し、その意見を付けて当該比率を議会に報告するとととともに、公表しなければなりません。

●健全化判断比率等の対象

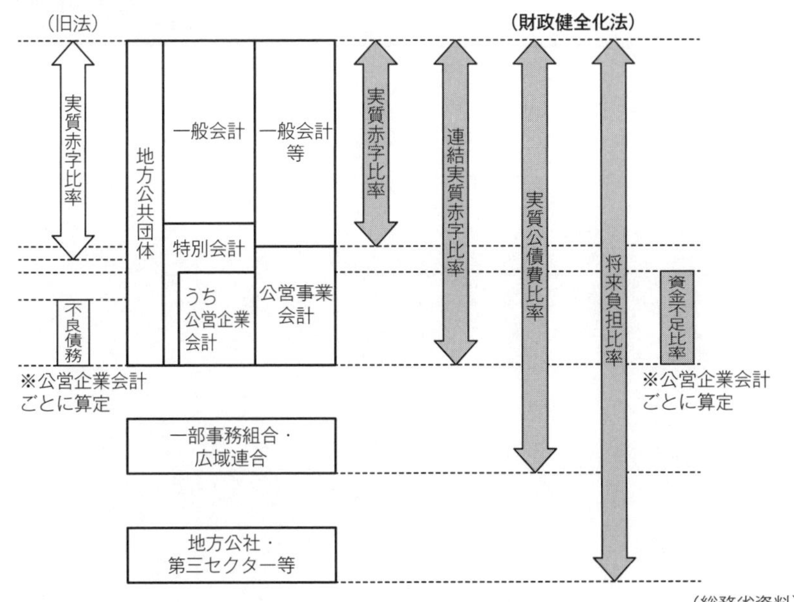

（総務省資料）

財政健全化法の財政指標は、以下の図のとおりそれぞれ異なる会計等を対象としています。旧法では公営企業会計は対象となっていなかったことが分かります。

❶ 実質赤字比率

形式的には黒字であっても、翌年度の収入をその年度に繰り上げていたり、その年度に支払うべきものを翌年度に繰り延べているなどして、実質的には赤字の状態を実質赤字といいます。一般会計等における実質赤字が、財政規模に対してどれくらいの割合になっているかを示すのが実質赤字比率です。

$$実質赤字比率=\frac{一般会計等の実質赤字額}{標準財政規模}$$

❷ 連結実質赤字比率

実質赤字とは、一般会計等において翌年度収入の繰上げをしているなどの実質的な赤字が生じている状態です。これに対して、地方公共団体のすべての会計を合計した結果、実質赤字が生じている状態が連結実質赤字です。そして、財政規模に対する連結実質赤字の割合が連結実質赤字比率である。財政健全化法において新たに導入された指標で、全会計を対象とする指標となっています。

$$連結実質赤字比率=\frac{連結実質赤字額}{標準財政規模}$$

❸ 実質公債費比率

地方債を償還するための経費が公債費です。実質公債費とは、一般会計等における地方債だけでなく、下水道事業などの特別会計で発行した地方債に対する一般会計の負担分などを含めた実質的な地方債償還のことです。

この実質公債費が、財政規模に対してどのくらいの割合になっているかを示すのが実質公債費比率で、過去３か年の比率の平均により算出します。

$$\begin{array}{l}実質公債費比率\\（３か年平均）\end{array}=\frac{\begin{array}{l}（地方債の元利償還金＋準元利償還金）－\\（特定財源＋元利償還金・準元利償還金に係る基準財政需要額算入額）\end{array}}{\begin{array}{l}標準財政規模－\\（元利償還金・準元利償還金に係る基準財政需要額算入額）\end{array}}$$

❹ 将来負担比率

地方公共団体が将来的に負担しなければならないものとして、次のようなものがあげられます。

- 道路整備や学校建設等の公共施設整備の際に発行し、一般会計等が今後償還すべき地方債
- 下水道事業などの特別会計で発行した地方債に対する、将来的な一般会計の負担見込み

- 債務負担行為の支出見込み
- その地方公共団体の全職員が退職したと仮定した場合の退職手当支給見込み
- 土地開発公社や住宅公社、産業文化事業団など関係する団体の負債のうち、その地方公共団体が将来的に負担すべきもの

一方、将来負担に備えた基金や将来負担に対する財源として見込める歳入があります。また、地方債の償還に関しては、普通交付税基準財政需要額に算入されるものもあります。

将来負担から、それらに対する財源見込みを差し引いたものが、財政規模に対してどれくらいの割合になっているかを示すのが、将来負担比率です。

$$\text{将来負担比率}=\frac{\text{将来負担額}-(\text{充当可能基金額}+\text{特定財源見込額}+\text{地方債現在高等に係る基準財政需要額算入見込額})}{\text{標準財政規模}-(\text{元利償還金・準元利償還金に係る基準財政需要額算入額})}$$

❺ 資金不足比率

一般会計等の実質赤字に当たる公営企業会計における資金不足額について、公営企業の事業規模に対する比率で表したもので、公営企業における資金不足の状況を表します。

$$\text{資金不足比率}=\frac{\text{資金の不足額}}{\text{事業の規模}}$$

（3）早期健全化基準、財政再生基準等

財政健全化法で定められた指標が悪化すると「早期健全化団体」あるいは「財政再生団体」になります。会社に例えると、「早期健全化団体」は、倒産はしないものの経営状態があまりよくない会社に当たるもので、いわばイエローカードです。「財政再生団体」は、倒産に当たるもので、まさにレッドカードの状況です。「財政再生団体」になると、国の手助けと管理により財政再生に向けて取り組まなければなりません。

具体的には、健全化判断比率のうちのいずれかが早期健全化基準以上である場合には、地方公共団体の長は、議会の議決を経て財政健全化計画を定め

なければなりません。また、計画の策定後は速やかに公表するとともに、総務大臣又は都道府県知事へ報告し、総務大臣又は都道府県知事はその概要を公表することとされています。さらに、財政健全化団体の長は、毎年度その実施状況を議会に報告し公表することとされています。

「早期健全化団体」あるいは「財政再生団体」の基準は、以下の表のとおりです。

●早期健全化基準及び財政再生基準

<table>
<tr><th rowspan="2"></th><th colspan="2">早期健全化基準</th><th colspan="2">財政再生基準</th><th colspan="2">【参考】
地方債協議許可制移行基準</th></tr>
<tr><th>都道府県</th><th>市町村</th><th>都道府県</th><th>市町村</th><th>都道府県</th><th>市町村</th></tr>
<tr><td>実質赤字比率</td><td>3.75%</td><td>財政規模に応じ11.25～15%</td><td>5%</td><td>20%</td><td>2.5%</td><td>財政規模に応じ2.5～10%</td></tr>
<tr><td>連結実質赤字比率</td><td>8.75%</td><td>財政規模に応じ16.25～20%</td><td>15%</td><td>30%</td><td colspan="2">－</td></tr>
<tr><td>実質公債費比率</td><td></td><td>25%</td><td colspan="2">35%</td><td colspan="2">18%</td></tr>
<tr><td>将来負担比率</td><td>400%（政令指定都市も同じ）</td><td>350%</td><td colspan="2">－</td><td colspan="2">－</td></tr>
<tr><td>公営企業における資金不足比率</td><td colspan="2">（経営健全化基準）20%</td><td colspan="2">－</td><td colspan="2">10%</td></tr>
</table>

Point

1　監査制度

（1）　監査委員及び外部監査人による監査

地方公共団体では、監査委員による監査と外部監査人による監査がある。

①　監査委員による監査

監査委員が行う監査は、ⓐ一般監査、ⓑ特別監査（直接請求に基づく監査等)、ⓒその他の監査（決算の審査等）がある。

② 外部監査人による監査

公認会計士や弁護士などが外部監査人として地方公共団体の監査を行う。外部監査には、包括外部監査と個別外部監査とがある。

（2） 適正な監査の実施

① 監査基準

監査委員は、職務を遂行するに当たっては、監査基準に従い、常に公正不偏の態度を保持して、監査等をしなければならない。監査基準は、監査委員の合議によって定めることとされており、監査基準を定めたときは、直ちに、地方公共団体の議会、長、教育委員会等の委員会に通知するとともに、公表しなければならない。

② 監査委員の勧告

監査委員は、監査の結果に関する報告のうち、議会、長、教育委員会等の委員会において特に措置を講ずる必要があると認める事項については、理由を付して、必要な措置を講ずべきことを勧告することができる。

勧告を受けた議会、長等は、勧告に基づき必要な措置を講ずるとともに、その措置の内容を監査委員に通知しなければならない。

2　会計職員等の賠償責任

会計職員等が故意又は重大な過失（現金は、過失）により物品等を亡失又は損傷したときは、損害を賠償しなければならない。

3　国と地方公共団体間における財政負担

① 地方公共団体の事務経費は、当該団体が全額負担することを原則としつつ、国の関係事務に要する経費は国が負担する。

② 都道府県の行う建設事業でその区域内の市町村の利益となる場合は、その市町村に対して、受益の限度においての負担を求めることができる。

③ 地方公共団体相互の間の経費の負担区分を乱してはならない。

4　財政健全化法による規律

地方公共団体の財政健全化を判断する指標として、ⓐ実質赤字比率、ⓑ連結実質赤字比率、ⓒ実質公債費比率、ⓓ将来負担比率、が定められている。

第7節

判例から学ぶ

1 大牟田市電気税訴訟（福岡地判昭和55年6月5日・判時966号3頁）

・事案の概要

電気及びガスに対する消費税は、昭和25年の地方税法の全面改正により一定の業務に使用する電気に対し非課税とされました。これに対して、大牟田市は、この非課税措置を定める地方税法の規定は、地方公共団体の固有の自主的な課税権を保障した憲法92条に、また、実質的に特定企業の電力消費に対する税負担を免除する点で同14条に違反する無効なものであり、これを立法し、又は改廃しなかった国会又は内閣により、保障された大牟田市固有の課税権を侵害され、非課税措置がなければ大牟田市が徴収すべかりし税額につき損害を被ったとして、国に対し、国家賠償法１条１項に基づく損害賠償を請求しました。

・判決のポイント

判決では「地方税の内容が、第一次的には法律により具体化されること及び第二次的にはこれによつて許容される限度において地方公共団体は条例でその内容について定めることを妨げないことを明らかにしたうえ」で「電気ガス税という具体的税目についての課税権は、地方税法５条２項によつて初めて原告大牟田市に認められるものであり、しかもそれは、同法に定められた内容のものとして与えられるものであつて、原告は地方税法の規定が許容する限度においてのみ、条例を定めその住民に対し電気ガス税を賦課徴収しうるにすぎない」としています。

・学習のポイント

この判決では、憲法は地方公共団体の課税権を保障しているが、具体的税目に関する課税権までを保障するものではないとの判断が示されています。

２ 神奈川県臨時特例企業税事件（最判平成25年３月21日・民集67巻３号438頁）

・事件の概要

神奈川県が、資金量５兆円以上の銀行業を行う法人の法人事業税について、いわゆる外形標準課税を導入する条例を制定したことについて、本件条例は、憲法94条が、「地方公共団体は、（略）法律の範囲内で条例を制定することができる。」と規定し、地方税法２条が、「地方団体は、この法律の定めるところによって、地方税を賦課徴収することができる。」という規定に反するとして争われた事案です。

・判決のポイント

「普通地方公共団体は、地方自治の本旨に従い、その財産を管理し、事務を処理し、及び行政を執行する権能を有するものであり（憲法92条、94条）、その本旨に従ってこれらを行うためにはその財源を自ら調達する権能を有することが必要であることからすると、普通地方公共団体は、地方自治の不可欠の要素として、その区域内における当該普通地方公共団体の役務の提供等を受ける個人又は法人に対して国とは別途に課税権の主体となることが憲法上予定されているものと解される。」「租税の賦課については国民の税負担全体の程度や国と地方の間ないし普通地方公共団体相互間の財源の配分等の観点からの調整が必要であることに照らせば、普通地方公共団体が課することができる租税の税目、課税客体、課税標準、税率その他の事項については、憲法上、租税法律主義（84条）の原則の下で、法律において地方自治の本旨を踏まえてその準則を定めることが予定されており、これらの事項について法律において準則が定められた場合には、普通地方公共団体の課税権は、これに従ってその範囲内で行使されなければならない。」とした上で、本件条例については、地方税法の「その趣旨、目的に反し、その効果を阻害する内容のものであって、法人事業税に関する同法の強行規定と矛盾抵触するものとしてこれに違反し、違法、無効である」としました。

・学習のポイント

各地方公共団体の財政の自立性の観点から、独自の法定外税が検討されています。本判決は、法定外税の創設の可否を考える一つの基準になります。

3 違法な支出負担行為に基づく支出（最判平成25年３月21日・民集67巻３号375頁）

・事案の概要

築上町が町有地上の建物の取壊しに伴いこれを使用していた団体との間で同団体に移転補償をする旨の契約を締結した上、その契約に基づき町長が補償金の支出命令をしたところ、町の住民がこの契約は公序良俗に反し無効であるか又は地方自治法２条14項、地方財政法４条１項に反して違法であるから、本件支出命令も違法であり、それにより町が損害を受けたとして町長個人に対して損害賠償の請求をすることを求めた住民訴訟です。

・判決のポイント

先行行為と後続の財務会計上の行為との関係について、「普通地方公共団体が締結した支出負担行為たる契約が違法に締結されたものであるとしても、それが私法上無効ではない場合には、当該普通地方公共団体が当該契約の取消権又は解除権を有しているときや、当該契約が著しく合理性を欠きそのためその締結に予算執行の適正確保の見地から看過し得ない瑕疵が存し、かつ、当該普通地方公共団体が当該契約の相手方に事実上の働きかけを真しに行えば相手方において当該契約の解消に応ずる蓋然性が大きかったというような、客観的にみて当該普通地方公共団体が当該契約を解消することができる特殊な事情があるときでない限り、当該契約に基づく債務の履行として支出命令を行う権限を有する職員は、当該契約の是正を行う職務上の権限を有していても、違法な契約に基づいて支出命令を行ってはならないという財務会計法規上の義務を負うものとはいえず、当該職員が上記債務の履行として行う支出命令がこのような財務会計法規上の義務に違反する違法なものとなることはない」としました。結論として、「本件移転補償契約は、違法に締結されたものであるとしても、公序良俗に反し私法上無効であるとはいえず、他にこれを私法上無効とみるべき事情もうかがわれないところ、町がその取消権又は解除権を有していたとはいえず、また、町がＢ協議会に事実上の働きかけを真しに行えばＢ協議会においてその解消に応ずる蓋然性が大きかったというような、客観的にみて町がこれを解消することができる特殊な事情があったともいえないから、Ａが本件移転補償契約に基づいて支出命令を行ってはならないという財務会計法規上の義務を負っていたとはいえず、Ａが当該契約に基づく債務の履行として行った本件支出命令がこのような財務会計法規上の義務に違反する違法なものであったということはできない。」として、町長の損害賠償責任を否定しました。

・学習のポイント

この判決では、①私法上無効な場合、②契約の取消権又は解除権を有しているとき、③契約が著しく合理性を欠き予算執行の適正確保の見地から看過し得ない瑕疵が存し、かつ、契約の相手方に事実上の働きかけを真摯に行えば相手方が契約の解消に応ずる蓋然性が大きいような特殊な事情があるときは、支出命令を行ってはならないという基準を示しています。

4　元議員会に対する補助金の公益性（最判平成18年１月19日・集民219号73頁）

・事案の概要

静岡県が元静岡県議会議員会に対してした補助金の支出は公益上の必要性を欠き違法であるなどとして、地方自治法242条の２第１項４号に基づき、県に代位して、県知事の職にあった者等に対し、損害賠償を求めた住民訴訟です。

・判決のポイント

「本件各補助金の対象となった事業は、いずれも被上告人元議員会の会員を対象とした内部的な行事等であって、住民の福祉に直接役立つものではなく、その事業それ自体に公益性を認めることはできない。」などとして「地方自治法232条の２の「公益上必要がある場合」に当たるものと認めた県としての判断は裁量権の範囲を逸脱したものであって、本件各補助金の支出は全体として違法というべきである。」と補助金の公益性を否定しました。

・学習のポイント

補助金交付の公益性の基準について一つの参考になる判例といえます。

5 「陣屋の村」補助金住民訴訟（最判平成17年10月28日・民集59巻８号2296頁）

・事案の概要

大分県挾間町の住民が、同町が挾間町陣屋の村自然活用施設の運営を委託している団体に交付した補助金が地方自治法232条の２の定める「公益上必要がある場合」の要件を満たさないため、その支出は違法であると主張し、地方自治法242条の２第１項４号に基づき、町に代位して、町長の相続人に対し、この補助金に相当する額の損害賠償を求めた住民訴訟です。

・判決のポイント

「本件条例が陣屋の村を設置することとした目的等に照らせば、仮に振興協会による事務処理に問題があり、そのために陣屋の村の運営収支が赤字になったとしても、直ちに、上記目的や陣屋の村の存在意義が失われ、町がその存続を前提とした施策を執ることが許されなくなるものではないというべきである。そうすると、本件雇用によって赤字が増加したという事情があったからといって、それだけで、陣屋の村を存続させるためにその赤字を補てんするのに必要な補助金を振興協会に交付することを特に不合理な措置ということはできない。」として、補助金の交付に公益上の必要性を認め請求を棄却しました。

・学習のポイント

補助金の公益性を認めた判例で、外郭団体等への補助金のあり方を考える上で参考になる判例です。

6 はみ出し自動販売機住民訴訟上告審判決（最判平成16年4月23日・民集58巻４号892頁）

・事案の概要

東京都の住民が、たばこ等の商品の製造業者が自動販売機を東京都の管理する都道にはみ出して設置し、これによって東京都は都道の占用料相当額の損害を被ったとして、地方自治法242条の２第１項４号に基づき、東京都に代位して製造業者に対し損害賠償又は不当利得返還を請求した住民訴訟です。

・判決のポイント

製造業者は「各自動販売機を都道にはみ出して設置した日から撤去した日までの間、何らの占有権原なくこれらの自動販売機を設置してはみ出し部分の都道を占有していたのであるから、東京都は、被上告人らに対し、上記各占有に係る占用料相当額の損害賠償請求権又は不当利得返還請求権を取得した」として、東京都の損害賠償請求権等を認めました。さらに、「客観的に存在する債権を理由もなく放置したり免除したりすることは許されず、原則として、地方公共団体の長にその行使又は不行使についての裁量はない。」として、債権を放置することなどは許されないとしました。ただし、「「債権金額が少額で、取立てに要する費用に満たないと認められるとき」に該当し、これを履行させることが著しく困難又は不適当であると認めるときは、以後その保全及び取立てをしないことができるものとされている（地方自治法施行令171条の５第３号）」として、損害賠償請求権等を行使しなかったからといって違法ということはできないとしました。

・学習のポイント

地方公共団体は債権を理由もなく放置したり免除したりすることは許されないことが示された重要な判例です。ただし一方では、債権の保全及び取立てをしないことができる場合についても示しており、地方公共団体の債権管理について重要な意味を持つ判例です。

7 談合に対する損害賠償事件（最判平成21年４月28日・判時2047号113頁）

・事案の概要

尼崎市の住民が、同市が発注したごみ焼却施設の建設工事の指名競争入札において、入札参加業者が談合をし、正常な想定落札価格と比較して不当に高い価格で落札し上記工事を受注したため、市が損害を被ったにもかかわらず、市長が入札参加業者に対する不法行為に基づく損害賠償請求権の行使を違法に怠っていると主張して、市に代位して、市長等個人に対し、損害賠償を求めた住民訴訟です。

・判決のポイント

「地方公共団体が有する債権の管理について客観的に存在する債権を理由もなく放置したり免除したりすることは許されない」「もっとも、地方公共団体の長が債権の存在をおよそ認識し得ないような場合にまでその行使を義務付けることはできない上、不法行為に基づく損害賠償請求権は、債権の存否自体が必ずしも明らかではない場合が多いことからすると、その不行使が違法な怠る事実に当たるというためには、少なくとも、客観的に見て不法行為の成立を認定するに足りる証拠資料を地方公共団体の長が入手し、又は入手し得たことを要する」として、高裁に差し戻しました。

・学習のポイント

債権管理のあり方については、はみ出し自動販売機事件と同様の判断が示されましたが、不法行為に基づく損害賠償請求権については客観的に見て不法行為の成立を認定するに足りる証拠資料を地方公共団体の長が入手し得た場合でなければ債権管理を怠っているとはいえないとしています。

第9章

地方公共団体と契約

　地方公共団体は、その事務の執行に当たって数多くの契約を締結しています。その数は、行政事務の外部化に伴いますます増えており、契約の重要性は高まっています。

　契約については、民法の一般原則のほかに地方自治法で多くの特則を規定しています。地方公共団体における適正な契約事務の執行のためには、その特則に関する知識も不可欠です。

第1節

契約の原則

この節では、地方公共団体の契約方法の原則について学びます。契約に関する一般法として民法がありますが、地方公共団体の契約は原則として競争入札によるとするなど、さまざまな特則が規定されています。また、総合評価競争入札方式に関する知識も実務上重要になっています。

地方公共団体の締結する売買、貸借、請負その他の契約は、地方自治法によって、一般競争入札、指名競争入札、随意契約又はせり売りの方法によるものとされています。このうち、指名競争入札や随意契約、せり売りの方法は、政令の定める場合に該当するときに限りできるとされており、一般競争入札によることが原則となっています。

このように、一般競争入札による契約の締結を原則とした趣旨は、地方公共団体の行う契約については、公正性あるいは経済性が求められていて、そのためには一般競争入札が最もふさわしい契約方法であると考えるためです。

1 契約締結の方法

（1）一般競争入札

入札情報を公告して参加申込を募り、希望者同士で競争に付して契約者を決める方式を「一般競争入札」といいます。一般競争入札は、原則として広くだれもに入札に参加する機会を与え、できるだけ地方公共団体に有利な条件で申込みをした者と契約を締結しようとするものです。一般競争入札は、だれでも自由に競争をする機会が与えられるべきものですが、契約の適正な履行をすることが不可能と思われる者との契約の締結を防止するため、公共性を失わない限度において参加者の資格を制限することが必要となります。地方自治法施行令167条の４第１項では、特別の理由がある場合を除くほか、一般競争入札に当該入札に係る契約を締結する能力を有しない者及び破産者で復権を得ない者を参加させることができないとしています。この「一般競争入札に当該入札に係る契約を締結する能力を有しない者」とは、民法上の制限行為能力者を意味します。

また、同条２項では、契約の適正な履行、入札の適正な執行を行うために、契約に関して不正の行為を行った者、入札に関して不正を行った等を３年以内の期間を定めて一般競争入札に参加させないことができるとしています。

（２）指名競争入札

発注者である地方公共団体が指名した者同士で競争に付して契約者を決める方式を「指名競争入札」といいます。地方自治法施行令167条において、次の場合に限って例外的に指名競争入札が認められています。

① 工事又は製造の請負、物件の売買その他の契約でその性質又は目的が一般競争入札に適しないものをするとき

② その性質又は目的により競争に加わるべき者の数が一般競争入札に付する必要がないと認められる程度に少数である契約をするとき

③ 一般競争入札に付することが不利と認められるとき

（３）随意契約

随意契約とは、国、地方公共団体などが入札によらずに任意で決定した相手と契約を締結することをいいます。地方公共団体の契約では入札を行うことが原則で、随意契約は法令の規定によって認められた場合にのみ行うことができます。具体的に地方自治法施行令167条の２において次の場合に限って随意契約を締結することが規定されています。

① 売買、貸借、請負その他の契約でその予定価格が下表に掲げる額の範囲内において地方公共団体の規則で定める額を超えない契約

<table>
<tr><td rowspan="2">工事又は製造の請負</td><td>都道府県及び指定都市</td><td>250万円</td><td rowspan="2">財産の売払い</td><td>都道府県及び指定都市</td><td>50万円</td></tr>
<tr><td>市町村</td><td>130万円</td><td>市町村</td><td>30万円</td></tr>
<tr><td rowspan="2">財産の買入れ</td><td>都道府県及び指定都市</td><td>160万円</td><td rowspan="2">物件の貸付け</td><td colspan="2" rowspan="2">30万円</td></tr>
<tr><td>市町村</td><td>80万円</td></tr>
<tr><td rowspan="2">物件の借入れ</td><td>都道府県及び指定都市</td><td>80万円</td><td rowspan="2">その他のもの</td><td>都道府県及び指定都市</td><td>100万円</td></tr>
<tr><td>市町村</td><td>40万円</td><td>市町村</td><td>50万円</td></tr>
</table>

（注）市町村は、指定都市を除いたもの。

② 契約の性質又は目的が競争入札に適しないものをするとき
③ 地域活動支援センター、小規模作業所等において製作された物品を地方公共団体の規則で定める手続により買い入れる契約又は役務の提供を受ける契約をするとき
④ 地方公共団体の規則で定める手続により、新商品の生産又は新たな役務の提供により新たな事業分野の開拓を図る者として地方公共団体の長の認定を受けた者から、新商品の買入れ又は借入れを行う契約、又は新たな役務の提供を受ける契約をするとき
⑤ 緊急の必要により競争入札に付することができないとき
⑥ 競争入札に付することが不利と認められるとき
⑦ 時価に比して著しく有利な価格で契約を締結することができる見込みのあるとき
⑧ 競争入札に付し入札者がないとき、又は再度の入札に付し落札者がないとき
⑨ 落札者が契約を締結しないとき

（４）総合評価競争入札

先に説明したように地方公共団体の締結する契約は、原則として一般競争入札で行うこととされています。一般競争入札という最低価格による自動落札方式においては、価格のみで決定することになるのです。しかし、契約の目的によっては、単に価格だけでなく相手方の提案内容や事業者の経営姿勢などを含めて幅広い視点から契約の相手方を選定する方が望ましい場合もあります。そのような視点を踏まえて、地方公共団体においては、平成11年２月の地方自治法施行令の改正によって「総合評価方式」が可能になりました。すなわち地方自治法施行令は167条の10の２で、地方公共団体の長は、契約を締結しようとするときには、「当該契約の性質又は目的から」、最低価格による自動落札によらず、「価格その他の条件が当該普通地方公共団体にとつて最も有利なものをもつて申込みをした者を落札者とすることができる」と定めています。

地方公共団体の長は、総合評価競争入札を行おうとするときは、あらかじ

め、学識経験を有する者の意見を聴かなければなりません。また、学識経験を有する者の意見を聴いた上で、事前に落札者決定基準を定めなければなりません。

各地方公共団体では、落札者決定基準の設定に当たって、性能、機能や技術力のみならず、労働基準法の遵守の程度や障害者雇用率の達成度、地域最低賃金の遵守など公正労働の基準、男女協働参画社会への貢献に関する基準、社会への貢献と地球環境への配慮という基準等を含めることによって「企業の社会的責任」（ＣＳＲ:Corporate Social Responsibility）を果たそうとする企業を政策的に支援することも可能になっています。

（５）せり売り

せり売りは、動産の売払いで契約の性質がせり売りに適しているの場合に限って行うことができます（施行令167条の３）。せり売りの対象となるのは、動産に限られていることに注意が必要です。近年は、インターネットオークションを活用している地方公共団体も多くなっています。

2 契約の基準となる価格

（１）予定価格

地方公共団体が入札を行う場合には、予定価格を設定することとされています。予定価格とは、あらかじめ設定する契約価格の基準となる価格をいい、この価格よりも地方公共団体にとって不利な価格での契約はできません。

（２）最低制限価格

工事請負等については、著しい低価格での入札によって工事等の品質が確保できない場合があり、そのような落札を防止するために、最低制限価格を設けることができます（施行令167条の10第２項）。この他にも、著しい低価格の入札の場合に、その積算根拠等の調査を行った上で落札者を決定する低入札価格調査制度もあります（施行令167条の10第１項）。

Point

地方公共団体の締結する売買、貸借、請負その他の契約は、一般競争入札、指名競争入札、随意契約又はせり売りの方法によるものとされている。

① 一般競争入札：入札情報を公告して参加申込を募り、希望者同士で競争に付して契約者を決める方式。地方公共団体における契約の原則手続である。

② 指名競争入札：発注者である地方公共団体が指名した者同士で競争に付して契約者を決める方式。地方自治法施行令で認められた場合のみ行うことができる。

③ 随意契約：国、地方公共団体などが入札によらずに任意で決定した相手と契約を締結する方式。地方自治法施行令において規定された場合に限って締結することができる。

④ 総合評価競争入札：当該契約の性質又は目的から、最低価格による自動落札によらず、価格その他の条件が当該地方公共団体にとって最も有利なものをもって申し込みをした者を落札者とする方式である。総合評価競争入札を行おうとするときは、あらかじめその総合評価競争入札方式の実施について学識経験者の意見を聴くとともに、学識経験者の意見を聴いた上で事前に落札者決定基準を定めなければならない。

⑤ せり売り：動産の売り払いで、契約の性質がせり売りに適しているものに限って行うことができる。

第2節

契約に関するその他の規定

この節では契約に関する予算や議決等の手続を学びます。契約によって地方公共団体は財政負担を負うことになるため、当然あらかじめ予算上の措置が必要になります。また、財政負担が大きな契約については、議会の議決を求めるなど、より慎重な契約手続が求められています。

1 契約と予算上の措置

地方公共団体の支出の原因となるべき契約その他の行為（支出負担行為）は、法令又は予算の定めるところに従い行わなければなりません（法232条の3）したがって、地方公共団体が契約締結を行う場合には、予算の措置がなされていなければなりません。この条項に違反して締結した契約の効力について、判例等において明確な判断はなされていませんが、法令に違反する契約として無効とされる可能性があります。

2 議決を要する契約

地方自治法96条1項5号及び8号で「その種類及び金額について政令で定める基準に従い条例で定める契約を締結すること」及び「その種類及び金額について政令で定める基準に従い条例で定める財産の取得又は処分をすること」については、議会の議決を必要とされています。多額の経費を要する契約等については、議会の審議を経て慎重に契約締結を行うためです。これを受けて地方自治法施行令別表で定められている基準に基づいて各地方公共団体が条例で議決を要する契約の金額を定めています。したがって、その条例で定められた基準以上の契約を締結しようとする場合は、議会の議決が必要です。この他にも、和解等の契約については、地方自治法により議会の議決が必要とされています。これに違反して議会の議決を経ずに締結した契約については、無効なものと解されます。

契約の締結についての議会の議決は、議案提出の時点で、相手方やその内容等を特定しておく必要があります。あらかじめ契約の相手方と仮契約を締結しておき、議会の議決を経て初めて本契約を締結します。この仮契約の性質は、議会の議決を得たときに特定の契約を締結する旨の契約であることから、契約の予約であると解されています。

具体的な手続の流れは、次のとおりです。

「仮契約」→「議会の議決」→「本契約」

地方公共団体において契約をするに当たって、その契約のために補正予算を議決する必要がある場合に、同じ議会に予算の議案と契約締結の議案を同時に上程することができるかということが問題になる場合があります。先に説明したように、契約に関する議案を上程するに当たっては、事前に仮契約を締結する必要があります。また、支出の原因となるべき契約その他の行為については予算の定めるところに従う必要があることから、仮契約の締結前に予算措置がなされている必要があります。したがって、契約締結議案とそれにかかる予算を同一の議会に上程することはできません。

具体的には、次の手順になります。

「予算措置」　→　「仮契約」→「議会の議決」　→　「本契約」

3 契約書を作成する場合の規律

地方公共団体が契約につき契約書を作成する場合には、当該地方公共団体の長又はその委任を受けた者が契約の相手方とともに、契約書に記名押印しなければ、当該契約は確定しません（法234条5項）。この規定は、最高裁判決（昭和35年５月24日）を受けて、契約の確定時期を明確にしたものです。ただし、実際は各地方公共団体の規則等で少額の契約等については、契約書の作成が省略されていることもあります。

また、政府契約の支払遅延防止等に関する法律（以下「支払遅延防止法」といいます。）４条では、国の機関が締結する契約書には、次頁の表の内容を書面で明らかにしなければならないとされています。

この法律は、その題名から分かるように、政府の行う契約を対象としていますが、同法14条でこの法律の規定が地方公共団体の契約に準用されることが規定されています。したがって、地方公共団体が契約書を作成する場合

●契約書に記載すべき事項

①　給付の内容 ②　対価の額 ③　給付の完了の時期 ④　契約の目的たる給付の完了の確認又は検査の時期 ⑤　対価の支払の時期	⑥　各当事者の履行の遅滞その他債務の不履行の場合における遅延利息、違約金その他の損害金 ⑦　契約に関する紛争の解決方法 ⑧　その他必要な事項

には、支払遅延防止法の規定に準じて契約書を作成する必要があります。

4 契約と会計年度

予算の執行は、会計年度独立の原則により、年度開始前に行うことができません（法208条１項)。ここでいう「予算の執行」とは、支出負担行為（契約の締結その他の行為）を第一段階として、支出命令を経て、出納機関による支払いと最終段階に至るまでのすべてを意味します。したがって、そのような行為を年度開始前に行うことはできません。例えば、入札は支出負担行為たる契約とは異なりますが、支出負担行為（契約）の一連の手続であり、予算執行に含まれると解されるため、前年度中に翌年度予算についての入札を行うことはできないと考えられます。

5 長期継続契約

電気・ガス・水の供給、電気通信役務の提供を受ける契約又は不動産を借りる契約等は、長期継続契約として債務負担行為の議決を得る必要がないものとされています。さらに、「翌年度以降にわたり物品を借り入れ又は役務の提供を受ける契約で、その契約の性質上翌年度以降にわたり契約を締結しなければ当該契約に係る事務の取扱いに支障を及ぼすようなもののうち、条例で定めるもの」についても、同様に長期継続契約として債務負担行為の議決を得る必要がありません。

6 履行確保に関する特別規定

地方公共団体の契約が適正に履行されない場合には、地方公共団体の運営に支障を来します。民事法上、直接強制等の強制履行について規定されていますが、地方自治法ではさらに履行確保を図るため特別の規定を設けています。

まず、地方自治法234条の２第１項では、契約の適正な履行を確保するため又はその受ける給付の完了を確認するため必要な監督と検査をしなければならないとしています。また、地方自治法施行令167条の16では、「普通地方公共団体は、当該普通地方公共団体と契約を締結する者をして当該普通地方公共団体の規則で定める率又は額の契約保証金を納めさせなければならない」とし、契約保証金の納付を義務づけています。さらに、地方自治法234条の２第２項では相手方が契約上の義務を履行しないときは納付させた契約保証金は地方公共団体に帰属すると定めています。ただし、この契約保証金については、各地方公共団体の規則等で一定の場合は免除できます。

この契約保証金は、相手方の不履行に対して損害賠償による損害の補塡を容易にするとともに相手方に心理的圧迫を与え義務の履行を促そうとするものです。民事上の損害賠償の予定としての性質を有すると解されています。

7　契約解除に関する特別規定

地方自治法においては、地方公共団体の保有する財産を適正かつ有効に活用するため、特別に238条の５で次のとおり規定しています。

①　地方公共団体が普通財産を貸し付けた場合、その期間中であっても公用又は公共用に供する必要が生じたときは、契約を解除できる旨を規定。ただし、借受人がこれによって損失を受けたときはこれを補償しなければならない。

②　地方公共団体の長が、一定の用途・その用途に供さなければならない期日及び期間を指定して普通財産を貸し付けた場合に、借受人が指定された期日を経過しても、その用途に使用しないとき、あるいはその用途に供した後、指定された期間内にその用途を廃止したときは、その契約を解除することができる。

③　①及び②については、地上権、地役権等の用益物権を設定して行う場合にも準用される。

①の規定は、憲法29条の「私有財産は、正当な補償の下に、これを公共のために用ひることができる。」という規定に基づいて設けられているものです。

Point

1　契約と予算上の措置

地方公共団体が契約締結を行う場合には予算の措置がなされていなければならない。これに違反して締結した契約は、無効とされる可能性がある。

2　議決を要する契約

種類及び金額について政令で定める基準に従い条例で定める契約を締結すること及びその種類及び金額について政令で定める基準に従い条例で定める財産の取得又は処分をすることについては、議会の議決が必要とされている。

3　契約書を作成する場合の規律

地方公共団体が契約書を作成する場合は、当該地方公共団体の長又はその委任を受けた者が契約の相手方とともに、契約書に記名押印しなければ、当該契約は確定しない。

4　契約と会計年度

契約締結等の予算の執行は、会計年度独立の原則により、債務負担行為として定めなければ、年度開始前に行うことができない。

5　長期継続契約

電気・ガス・水の供給、電気通信役務の提供を受ける契約又は不動産を借りる契約等は長期継続契約として債務負担行為の必要がない。

6　履行確保に関する特別規定

地方公共団体の契約の適正な履行を確保するため又はその受ける給付の完了を確認するため、必要な監督と検査をしなければならない。

7　契約解除に関する特別規定

地方公共団体が普通財産を貸し付けた場合、期間中でも公用等の必要が生じたときは、契約を解除できる。ただし、損失は補償しなければならない。

第3節

判例から学ぶ

1 指名回避損害賠償請求事件（最判平成18年10月26日・集民221号627頁）

・事案の概要

徳島県木屋平村の発注する公共工事の指名競争入札に平成10年度まで継続的に参加していた建設業者が、同11年度から同16年度までの間、村長から違法に指名を回避されたとして、国家賠償法1条1項に基づき、合併により同村の地位を承継した美馬市に対し、逸失利益等の損害賠償を求めた事案です。

・判決のポイント

「地方公共団体が、指名競争入札に参加させようとする者を指名するに当たり、〔1〕工事現場等への距離が近く現場に関する知識等を有していることから契約の確実な履行が期待できることや、〔2〕地元の経済の活性化にも寄与することなどを考慮し、地元企業を優先する指名を行うことについては、その合理性を肯定することができるものの、〔1〕又は〔2〕の観点からは村内業者と同様の条件を満たす村外業者もあり得るのであり、価格の有利性確保（競争性の低下防止）の観点を考慮すれば、考慮すべき他の諸事情にかかわらず、およそ村内業者では対応できない工事以外の工事は村内業者のみを指名するという運用について、常に合理性があり裁量権の範囲内であるということはできない。」と地元優先発注についての基本的な考え方を示しました。その上で、この事案については「上告人（業者：著者注）は、平成6年の代表者等の転居後も含めて長年にわたり村内業者として指名及び受注の実績があり、同年以降も、木屋平村から受注した工事において施工上の支障を生じさせたこともうかがわれず、地元企業としての性格を引き続き有していたともいえる。また、村内業者と村外業者の客観的で具体的な判断基準も明らかではない状況の下では、上告人について、村内業者か村外業者かの判定もなお微妙であったということができるし、仮に形式的には村外業者に当たるとしても、工事内容その他の条件いかんによっては、なお村内業者と同様に扱って指名をすることが合理的であった工事もあり得た」とし、「主たる営業所が村内にないなどの事情から形式的に村外業者に当たると判断し、そのことのみを理由として、他の条件いかんにかかわらず、およそ一切の工事につき平成12年度以降全く上告人を指名せず指名競争入札に参加させない措置を採ったとすれば、それは、考慮すべき事項を十分考慮することなく、一つの考慮要素にとどまる村外業者であることのみを重視している点において、極めて不合理であり、社会通念上著しく妥当性を欠くものといわざるを得」ないとしました。

・学習のポイント

最高裁は、地方公共団体が指名競争入札に参加させようとする者を指名するに当たり、地元企業を優先する指名を行うことについては、合理性を肯定しています。ただし、その措置については一定の制約があることも示しており、地方公共団体が地元企業に優先的に発注する際の参考となります。

２ 売却処分無効確認等請求事件（最判昭和62年５月19日・民集41巻４号687頁）

・事案の概要

阪南町長が町有地を同町の監査委員であった者らに随意契約の方法で売り渡したことについて、同町の住民が、本件売買における価格は不当に廉価である等と主張して、町長に対して、右売買による所有権移転登記の抹消登記手続及び未履行の所有権移転登記手続の差止めを求めた事案です。

・判決のポイント

「このように随意契約の制限に関する法令に違反して締結された契約の私法上の効力については別途考察する必要があり、かかる違法な契約であっても私法上当然に無効になるものではなく、随意契約によることができる場合として前記令の規定の掲げる事由のいずれにも当たらないことが何人の目にも明らかである場合や契約の相手方において随意契約の方法による当該契約の締結が許されないことを知り又は知り得べかりし場合のように当該契約の効力を無効としなければ随意契約の締結に制限を加える前記法及び令の規定の趣旨を没却する結果となる特段の事情が認められる場合に限り、私法上無効になるものと解するのが相当である。」とした上で「本件売買契約は私法上当然に無効であるということはでき」ないとしました。

・学習のポイント

地方公共団体の締結した契約は法令に違反した場合、すべて無効になるわけではなく、違法であることが何人の目にも明らかである場合や契約の相手方が契約が違法であることを知り得べかりし場合等に限って、契約は私法上無効になるという、契約の効力に関する基準を示しています。地方公共団体ではそもそも違法な契約は締結すべきではありませんが、もし法令に違反した場合の契約の効力を考える参考になる判例です。

著者紹介

松村　享（まつむら・すすむ）

名古屋学院大学法学部教授・元四日市市会計管理者

昭和59年、同志社大学法学部法律学科卒業、三重県四日市市入庁。総務部行政法務係長、総務部総務課長、総務部次長、理事、会計管理者等を歴任し、平成30年３月に退職。同年４月から名古屋学院大学法学部教授として、行政法、地方自治法を担当する。

四日市市役所において23年間にわたり法務を担当し、全国初の事業所税減額条例など様々な法的課題に取り組んできた。一方、同志社大学法科大学院をはじめ、全国市町村国際文化研修所、日本経営協会等で講師を務める。理論と実務を踏まえて分かりやすく法律を解説することをポリシーに著作、講義に取り組み、読者や受講生から高い評価を受けている。

『自治体職員のための図解でわかる外部委託・民営化事務ハンドブック』（第一法規、平成29年）、『地方公務員のための法律入門 第２版』（ナカニシヤ出版、平成28年）など、多数の著書・論考をもつ。

（平成30年5月現在）

基礎から学ぶ 入門 地方自治法　増補

2018年６月20日　第１刷発行
2024年９月10日　第６刷発行（増補）

著　者　松村 享

発　行　株式会社ぎょうせい
〒136-8575　東京都江東区新木場1-18-11
URL：https://gyosei.jp

フリーコール　0120-953-431
ぎょうせい　お問い合わせ　検索　https://gyosei.jp/inquiry/

〈検印省略〉

印刷　ぎょうせいデジタル株式会社

ISBN978-4-324-10497-2
（5108427-00-000）
〔略号：基礎から自治〕